D1728714

Werner Oswald

BMW Automobile 1928–1993

Werner Oswald

BMW Automobile
1928–1993

Geschichte und Typologie der Marken Dixi und BMW

Motorbuch Verlag Stuttgart

Redaktion und Umbruch: Werner Oswald
Schutzumschlag: Johann Walentek

Fotos und Bilder

Archiv Werner Oswald (299), BMW Historisches Archiv (68),
Automobilwerk Eisenach (11), Archiv Erik Eckermann (10),
Daimler-Benz Werk Sindelfingen (8), Klaus-Jürgen Mertink (8),
Rainer Simons (6), Dr. Paul Simsa (6), Henning Zaiss (4),
Deutsches Museum (3), Max Hahn (3), Dr. Walter Schneider-
Sallmann (3), Bundesarchiv (2), Dieter Jockisch (2),
Michael Graf Wolff Metternich (2), Ute Demes (1),
Manfred Gihl (1), Tobias Kreutz (1), Randolf Kugler (1),
Engelbert Männer (1), Pfiffer (1), Alexander Frhr. von
Saint-André (1), H. P. Seufert (1), Walter J. Spielberger (1),
Rupert Stuhlemmer (1), Fritz Widl (1)

Abgeschlossen nach dem Stand vom 1. September 1993

ISBN 3-613-01573-0

7. Auflage 1994.
Copyright © by Motorbuch Verlag, Postfach 10 37 43, 70032 Stuttgart.
Ein Unternehmen der Paul Pietsch-Verlage GmbH + Co.

Satz: primustype Hurler GmbH, 73274 Notzingen.
Druck: Dr. Cantz'sche Druckerei, 73760 Ostfildern.
Bindung: E. Riethmüller, 70176 Stuttgart.
Printed in Germany.

Inhalt

Die Bayerischen Motoren Werke
und die BMW Automobile seit 1945

Liebe Leser,

alle deutschen Automarken, soweit sie bis heute überleben, haben eine wechselvolle Geschichte hinter sich gebracht. Sie durchliefen im Laufe der Jahrzehnte Höhen und Tiefen, Konjunkturen und Rezessionen. Doch wenn man die Schicksale der einzelnen Firmen vergleicht, dann waren es doch wohl die Bayerischen Motoren Werke, die am meisten vom branchenüblichen Auf und Ab durchgeschüttelt wurden. Die Dramatik ihrer Geschichte mag zu der Faszination beitragen, welche dazu anregt, sich mit dem Thema BMW immer wieder zu beschäftigen.

Mein Buch „Alle BMW Automobile 1928–1978" brachte es auf 6 Auflagen, was als Beweis dafür gelten dürfte, daß die BMW-Freunde in aller Welt diese Dokumentation, die Art dieser Dokumentation zu schätzen wissen. Aber nach 15 Jahren war es an der Zeit, ein neues Buch über die Geschichte und Typologie der Marken Dixi und BMW herauszubringen. Dabei wurde die nun vorliegende Arbeit keineswegs etwa nur mit den inzwischen neu hinzugekommenen Autos von BMW ergänzt. Eine Neubearbeitung des gesamten Titels wurde vorgenommen. Schließlich gewinnt der Historiker auch über längst geschichtliche Fakten immer wieder neue Erkenntnisse und Einsichten, die dem interessierten Publikum nicht vorenthalten bleiben sollen.

Liebe Freunde und verehrte Kollegen standen mir bei der Aufarbeitung der BMW-Geschichte zur Seite. An erster Stelle danke ich Hans Fleischmann, dem früheren Leiter des BMW-Archivs. An der aktuellen Neubearbeitung meines Buches war er zwar nicht mehr beteiligt, aber die Fülle des Materials, das er für die bisherigen Auflagen herangeschafft hatte, bildet immer noch den Grundstock für die Dokumentation des historischen Teils. Wichtige Ergänzungen zur Geschichte der Eisenacher Produktion lieferten Klaus Mertink (Berlin) sowie Horst Ihling und Herr Stück. Etliche einzigartige und deshalb besonders willkommene Bilder und teilweise auch Informationen stellten mir Erik Eckermann, Michael Graf Wolff Metternich, Rainer Simons, Dr. Paul Simsa und Henning Zaiss zur Verfügung. Ihnen allen und ebenso den hilfsbereiten Einsendern privater Fotos sei an dieser Stelle sehr herzlich gedankt.

Ing. Werner Oswald
Postfach 126
82034 Deisenhofen

Wartburg Motorwagen und Dixi: Vorfahren der BMW Automobile

Gegründet wurden die Bayerischen Motoren Werke im Jahr 1916 und mit dem Automobilbau begann BMW erst 1928, aber deren Vorgeschichte reicht viel weiter zurück. Als Ursprungsdatum sei der 3. Dezember 1896 festgehalten, an dem ein Bankenkonsortium unter dem Vorsitz des Geheimrats Heinrich Ehrhardt mit einem Kapitaleinsatz von 1,25 Millionen Goldmark die „Fahrzeugfabrik Eisenach AG" entstehen ließ. Der Geheime Baurat Generaldirektor Dr.-Ing. e. h. Heinrich Ehrhardt (1840–1928), ein ideenreicher, vielseitiger Ingenieur und Unternehmer, hatte mit dem Rheinmetall-Konzern die nach Krupp zweitgrößte Rüstungskapazität im deutschen Kaiserreich aufgebaut. Seine Werke im Rheinland, in Westfalen und Thüringen lieferten Geschütze, Panzerplatten, vielen anderen Heeresbedarf, aber auch Werkzeugmaschinen und die unterschiedlichsten Konsumgüter.

Wartburg-Motorwagen (1898–1903)

Zur Gründung des neuen Unternehmens in Eisenach war Ehrhardt durch die Kaiserliche Militärverwaltung veranlaßt worden, die ihrem zuverlässigen Lieferanten mit einem Auftrag über 1000 bespannte Militärfahrzeuge (Munitions- und Sanitätswagen, Feldküchen, Protzen) ein weiteres Betätigungsfeld angeboten hatte. Außerdem wurde die Herstellung von Fahrrädern aufgenommen, nämlich von sogenannten Bergrädern mit Kardanantrieb und Zweigang-Übersetzung. An Motorfahrzeuge, die man damals beim Heer noch nicht verwendete, war zunächst nicht gedacht.

Dessen ungeachtet begann man in der Fahrzeugfabrik Eisenach schon bald nach deren Gründung mit je einem selbstgebauten Drei- und einem Vierrad-Motorwagen zu experimentieren, was jedoch anscheinend wenig Erfolg versprach. Daraufhin erwarb Geheimrat Ehrhardt am 12. September 1898 die Alleinlizenz für Deutschland von der französischen Firma Decauville, die 1897 eine recht gut verkäufliche Voiturette herausgebracht hatte. Zunächst komplettierte die Fahrzeugfabrik Eisenach aus Frankreich angelieferte Fahrgestelle, ehe sie als fünfte deutsche Fabrik – nach Benz in Mannheim, Daimler in Cannstatt, Dürkopp in Bielefeld und Opel in Rüsselsheim – mit dem Serienbau von Motorwagen begann. Die „Wartburg-Kutschierwagen", wie sie hießen, gab es bis 1901 mit luftgekühltem 500 ccm - 3,5 PS- oder wassergekühltem 750 ccm - 5 PS-Zweizylindermotor, der völlig offen und ungeschützt unter dem Fahrersitz lag. Die Vorderräder mit starrer Faustachse und Halbelliptik-Querfederung ließen sich mittels einer Handkurbel lenken. Dem etwas hochbeinigen Wägelchen mag man heute kaum mehr zutrauen, daß damit 1899 bereits 22 Goldene Medaillen und Erste Preise gewonnen wurden. Bei Rennen fuhren die Wartburg-Wagen bis zu 60 km/h und auf der ersten Internationalen Motorwagen-Ausstellung 1899 in Berlin fanden sie ebenfalls große Aufmerksamkeit. Der Verkauf lief ausgezeichnet, übrigens auch an ausländische Kunden. Unter dem Namen „Cosmobile" gelangten die Fahrzeuge aus Eisenach sogar nach Amerika. Sechs Wartburg-Wagen aus jener Pionierzeit blieben bis heute erhalten: Je einer im BMW-Museum und im Eisenacher Werksmuseum, je einer in den Technischen Museen Prag und Oslo sowie je einer bei einem Münchener und einem norwegischen Privatbesitzer.

Von 1901 bis 1903 wurden die Wartburg-Motorwagen in verschiedenen Zweizylinder-Ausführungen gebaut, wiederum nach Decauville-Lizenzen, jetzt aber mit vornliegendem Motor, Kardanantrieb und Lenkrad mit schräggestellter Lenksäule. 1902 erschien der erste große Wartburg mit 3,1 Liter-15 PS-Vierzylinder-Motor. Als Rennwagen mit 22 PS Leistung, Fünfganggetriebe, 650 kg Gewicht und 120 km/h Geschwindigkeit siegte er am 31. August 1902 beim Internationalen Automobil-Rennen in Frankfurt am Main.

Unabhängig von den Motorwagen und auch konstruktiv völlig anders geartet baute man von 1900 bis 1902 in Eisenach Elektro-Droschken System Lundell (nach einer englischen Lizenz). Sie waren noch gestaltet wie Pferdekutschen („Landauer"), besaßen aber einen viel massiveren Unterbau, um die schweren Batterien und

Einer der ersten Wartburg Kutschierwagen aus dem Jahre 1889, hier mit luftgekühltem 500 ccm 3,5 PS Zweizylinder-Motor.

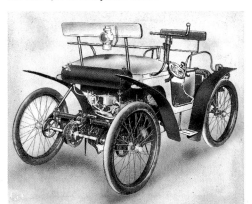

Rückansicht des Wartburg Kutschierwagens, hier mit wassergekühltem 750 ccm 5 PS Zweizylinder-Motor. Mit dem Handrad auf der rechten Seite des Wagens wird der Motor vom Fahrersitz aus angeworfen.

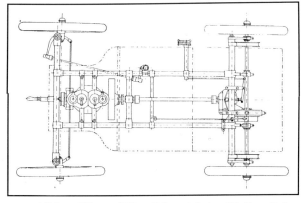

Fahrgestell eines Wartburg-Motorwagens von 1903, mit vornliegendem Motor und Stahlrohr-Rahmen.

den E-Motor aufnehmen zu können. 1899 schließlich begann die Firma auch Motorlastwagen (Marke „Eisenach") zu bauen. Davon kam allerdings nur noch eine geringe Stückzahl zustande.

Geheimrat Heinrich Ehrhardt nämlich überwarf sich mit den anderen Aktionären, legte im Juli 1904 den Vorsitz im Aufsichtsrat nieder und gründete unter Mitnahme der Decauville-Lizenzen in Zella-St. Blasien einen auf den eigenen Namen lautenden Automobilbau. (Die Automarke Ehrhardt existierte bis 1924). Die Fahrzeugfabrik Eisenach war damit aus dem Rheinmetall-Konzern ausgeschieden und stellte die Produktion auf Motorfahrzeuge eigener Konstruktion um.

Etwa 250 Wartburg Kutschier- und Motorwagen sollen in der Zeit von 1898 bis 1903 ausgeliefert worden sein.

Wartburg 5 PS Vis-à-Vis von etwa 1900/1901.

Wartburg Tonneau von 1902 mit vornliegendem Motor, normaler Andrehkurbel und Automobillenkung. 8,5 PS 1,4 Liter Zweizylinder, Dreiganggetriebe, Radstand 1758 mm, Gewicht 850 kg, Geschwindigkeit 35 bis 40 km/h.

Wartburg Elektromobile wurden von 1900 bis 1902 nach einer englischen Lizenz (System Lundell) gebaut. Die Batterien waren in der Mitte unter dem Wagenboden untergebracht. Zwei Elektromotoren arbeiteten direkt auf die Hinterräder. Es gab Landauer und andere Kutschwagenaufbauten für den Privatgebrauch sowie mehrsitzige Aufbauten (wie im Bild) als Droschken oder Taxameter.

Dixi Automobile (1904–1925)

Auf der Frankfurter Automobil-Ausstellung 1904 erschien der erste „Dixi", wie von nun an lange Zeit die Eisenacher Automobile heißen sollten. Dieser erste Dixi war der Typ S 12, der zunächst als Tourenwagen, als Coupé und als „Ablieferungswagen" (Nutzlast bis zu 12 Zentner) angeboten wurde. Der Wagen besaß einen wassergekühlten 2,8 Liter-Vierzylinder-Motor mit paarweise zusammengegossenen Zylindern sowie Kardanantrieb. Das Wechselgetriebe war bei einem Teil der Fahrzeuge an der Hinterachse angebaut, die Fußbremse wirkte auf die Kardanwelle und die Handbremse auf die hinteren Holzspeichenräder. Entwickelt hatte den für seine Zeit recht fortschrittlichen Dixi S 12 Ingenieur Willy Seck (1868–1955), damals einer der fähigsten deutschen Automobilkonstrukteure, der sich vorher bereits bei Bergmann (Gaggenau), bei Cudell und bei Scheibler einen Namen gemacht hatte. Seck blieb zwar nur kurze Zeit als Technischer Direktor bei der Fahrzeugfabrik Eisenach, doch leitete nach ihm Obering. Schwarz aus dem S 12 eine ganze Folge weiterer Typen ab, von denen einer bis 1925 Bestand hatte.

Zum S 12 brachte die Fahrzeugfabrik Eisenach noch im gleichen Jahr 1904 den von Ing. Trumann konstruierten Kleinwagen Dixi T 7 mit 7,7 PS-Einzylinder-Motor und Zweigang-Getriebe heraus (Preis 3800 Mark), woraus im Laufe der folgenden Jahre ebenfalls eine umfangreiche Typenreihe entstand. So war das vielfältige Programm der Dixi Personenautomobile vor dem ersten Weltkrieg durch eine merkwürdige und gewiß nicht sehr sinnvolle Zweigleisigkeit gekennzeichnet.

Auf der T-Reihe basierte übrigens auch der 1905 herausgebrachte Typ U 30, ein gewaltiger Luxuswagen mit 6,5 Liter-Vierzylinder-Motor. Er besaß noch Kettenantrieb, weil man diesen für robuster hielt, zumal man

Dixi Personenwagen 1904 bis 1927

Typ	Baujahr	Stück-zahl	Zyl.-zahl	Bohrung x Hub	Hubraum	Leistung	Bemerkungen
J 24	1904 – 1905	9	4 Zyl.	110 x 130 mm	4920 ccm	24 PS	Kettenantrieb
COS	1904 – 1906	120	1 Zyl.		1380 ccm	8,4 PS	
S 6	1904 – 1905	18	2 Zyl.	95 x 100 mm	1408 ccm	10 PS	IOE-Ventile
S 12, S 13, S 14	1904 – 1907	110	4 Zyl.	95 x 100 mm	2815 ccm	12 – 22 PS	IOE-Ventile
S 15	1907 – 1910	75	4 Zyl.	100 x 110 mm	3430 ccm	28 – 32 PS	IOE-Ventile
S 16	1911 – 1925	710	4 Zyl.	95 x 120 mm	3378 ccm	32 – 39 PS	11 550–15 700 Mark
T 7	1904 – 1906	60	1 Zyl.	110 x 130 mm	1234 ccm	7,7 PS	
T 12, T 13, T 14,	1904 – 1907	60	2 Zyl.	110 x 130 mm	2468 ccm	12 – 17 PS	
T 20	1911 – 1920	77	4 Zyl.	194 x 130 mm	4380 ccm	40 – 45 PS	
T 24	1904 – 1905	5	4 Zyl.	110 x 130 mm	4920 ccm	32 PS	Kettenantrieb
T 25	1906 – 1910	86	4 Zyl.	110 x 130 mm	4920 ccm	32 – 38 PS	
U 30, U 35	1907 – 1910	50	4 Zyl.	117,5 x 150 mm	6502 ccm	45 PS	Kettenantrieb
				120 x 150 mm	6782 ccm	55 PS	
				125 x 150 mm	7320 ccm	65 PS	
UR 35	1908	2	4 Zyl.	125 x 150 mm	7320 ccm	75 PS	Rennwagen?
R 8	1908 – 1916	650	4 Zyl.	74,5 x 90 mm	1558 ccm	14 – 16 PS	
R 9	1912 – 1915	175	4 Zyl.	74,5 x 110 mm	1905 ccm	21 PS	
R 10	1914 – 1923	500	4 Zyl.	74,5 x 120 mm	2078 ccm	22 – 24 PS	8 100–11 200 Mark
R 12	1910 – 1921	553	4 Zyl.	87 x 110 mm	2598 ccm	22 – 30 PS	10 300–14 300 Mark
R 16	1905 – 1908	3	4 Zyl.	105 x 130 mm	4470 ccm	20 PS	
D 1 (R 5)	1915 – 1923	404	4 Zyl.	65 x 98 mm	1292 ccm	5/14 PS	
U 1 (20)	1914 – 1924	78	4 Zyl.	100 x 165 mm	5148 ccm	55 PS	17 600–22 000 Mark
G 1 – G 7	1921 – 1927	2300	4 Zyl.	70 x 102 mm	1559 ccm	18 – 30 PS	G 5 = Sportwagen
H 1	1925 – 1926	6	4 Zyl.	54 x 84 mm	763 ccm	12 – 15 PS	Versuch
P 1	1925	4	6 Zyl.	70 x 102 mm	2341 ccm	36 PS	Versuch
P 2	1926	4	6 Zyl.	80 x 118 mm	3518 ccm	60 PS	Versuch
PP 3	1926 – 1927	16	4 Zyl.	70 x 102 mm	1559 ccm	24 PS	6/24 PS mit Pulsgetr.
P 4 (Cyklon)	1927 – 1928	75	6 Zyl.	70 x 102 mm	2350 ccm	9/40 PS	

einer Kardanwelle die Übertragung hoher Motorleistungen nicht recht zutrauen wollte. 1908 folgte dem U 30 der Typ U 35 mit noch größerem 26/65 PS-7,3 Liter-Vierzylinder-Motor und nun auch hier mit Kardanantrieb. Diese Ausführung war der größte jemals angebotene Dixi.

1908 brachte die Fahrzeugfabrik Eisenach mit dem 6/14 PS Typ R 8 den ersten Dixi mit einem verhältnismäßig kleinen 1,5 Liter-Vierzylinder-Motor auf den Markt. Mit ihm und den folgenden R-Typen gelangte das Werk erstmalig zu eindrucksvolleren Produktionsergebnissen, was freilich nicht allein an der marktgerechten Machart dieser Autos lag, sondern auch am in der Zwischenzeit erfolgten Ausbau der Fabrikationsanlagen. 1914 hatte man eine Herstellungskapazität von 300 bis 400 Automobilen pro Jahr erreicht.

Seit der Verselbständigung der Firma wurden in geringer Zahl die sogenannten Eisenach-Lastwagen weitergebaut. Ab 1910 verstärkte man deren Produktion, nannte sie ebenfalls „Dixi" und baute vor allem die Heerestype mit Kettenantrieb, den Subventionslastzug UO 30 mit 5 to Nutzlast und 10 to Anhänger. Er basierte auf dem Luxuswagen des Typs U 30. Insgesamt wurden von 1904 bis 1927 in Eisenach 2622 Lastwagen und Omnibusse hergestellt.

Als weitere Produktionszweige wurden 1909 der Luftschiff- und 1910 der Bootsmotorenbau aufgenommen. Ein 1910 konstruierter Wagen mit Dampfantrieb kam nicht über das Versuchsstadium hinaus.

Nach dem ersten Weltkrieg konnte die Herstellung von Automobilen weitergeführt werden. Als Kühlerfigur und als Markenzeichen über dem Schriftzug „Dixi" zierte sie ab 1919 ein laufender Centaur mit fliegender Mähne. Doch der Wegfall des Hauptgeschäftes, der Heereslieferungen, bereitete Sorgen. Die Rettung versprach man sich von dem im Mai 1921 erfolgten Zusammenschluß mit der „Gothaer Waggonfabrik AG",

Dixi Personenwagen-Produktion 1904 bis 1929

	1899–1903	1904	1905	1906	1907	1908	1909	1910	1911	1912	1913	1914
Wartburg	ca. 265	ca. 250	1	1	2	9	2					
Dixi												
J 24	9		6	2	–	–	1					
COS	120		30	49	37	3	1					
S 6	18		6	12								
S 12, S 13, S 14	110		25	32	30	23						
S 15	75					8	22	20	25			
S 16	710									7	37	32
T 7	60		13	36	6	2	2	1				
T 12, T 13, T 14	60		1	24	18	10	1	–	2			
T 20	77								12	14	14	19
T 24	5		1	4								
T 25	86				17	30	24	12	3			
U 30, 35	50					16	16	7	11			
UR 35	2						2					
R 8	650					57	149	116	121	100	49	43
R 9	175									55	83	33
R 10	500											34
R 12	553							51	69	83	57	69
R 16	3			2	–	–	1					
R 5 (D 1)	404											
U 1 (20)	78											2
G 1–G 7	2 300											
H 1	6											
P 1	4											
P 2	4											
PP 3	16											
P 4 (Cyklon)	75											
3/15 PS	9 407											
	15 822	ca. 250	83	162	110	101	129	189	208	206	259	240	232

wobei aus der Fahrzeugfabrik Eisenach die Dixi-Werke wurden. Nun war aber auch die Gothaer Waggonfabrik nicht viel gesünder, denn sie hatte auf den im Weltkrieg mächtig ausgeweiteten Flugzeugbau verzichten müssen. So geriet sie bald samt den Dixi-Werken unter die Kontrolle des berüchtigten Börsenspekulanten Jakob Schapiro (geb. 1885 in Odessa), der damals auch bei NSU, Cyklon, Schebera, Hansa und Benz maßgeblichen Einfluß ausübte. Die Dixi-Werke arbeiteten jahrelang mit zufriedenstellendem Ergebnis, sahen sich aber 1926 infolge des nachlassenden Verkaufs ihres nicht mehr dem Markt entsprechenden Einheitstyps erneut in Schwierigkeiten. 1927 gab man die Herstellung von Fahrrädern auf, um sich von nun an hauptsächlich dem Kleinwagenbau zu widmen. Dies wird zwar konsequent bewerkstelligt, kostet aber zu viel Geld. Per 1. Oktober 1928 stößt Schapiro die inzwischen modern eingerichteten, nun aber völlig überschuldeten Dixi-Werke (etwa 1200 Beschäftigte) an BMW ab.

Dixi S 12
Fahrgestell
1904/1905

1915	1916	1917	1918	1919	1920	1921	1922	1923	1924	1925	1926	1927	1928/29
21	–	–	3	64	75	112	126	106	93	34			
				12	6								
9	6												
4													
6	26	–	–	40	93	125	99	77					
7	–	–	–	77	80	60							
2	1	–	–	53	99	110	92	47					
–	–	–	–	2	4	8	8	25	29				
						10	132	232	498	823	520	85	
										6			
										4			
											4		
											1	15	
													75
												142	9 265
49	33	–	3	248	357	425	457	487	620	867	525	242	9 340

Oben links:
Dixi T 7 Coupé
Preis ca. 4200 Mark
1905

Oben rechts:
Dixi S 14 Landaulet
4 Zylinder, 2,8 Liter
1907

Dixi S 15 Tourenwagen
4 Zylinder, 3,4 Liter
32 PS, 75 km/h
1910

Dixi S 14
Sanitäts-Automobil
etwa 1907

Dixi U 35
Reise-Limousine
1910

Dixi T 24
Schwerer Tourenwagen mit
aufsteckb. Sonnendach
1904

Dixi R 8 Limousine
1,6 Liter, 16 PS
etwa 1913

Dixi T 20
4,3 Liter, 40 PS
Tourenwagen mit aufge-
setztem Limousinendach
etwa 1913

Dixi T 25
Tourenwagen
4,9 Liter, 32 PS
etwa 1910

Dixi R 5
Tourenwagen mit aufge-
setztem Limousinendach
1,3 Liter, 14 PS
etwa 1914

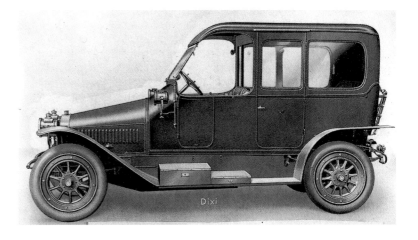

Dixi U 1
Tourenwagen
etwa 1922

Dixi 6/18 und 6/24 PS (1921–1928)

Die Dixi-Werke bauten bis 1924/25 noch mehrere aus der Zeit vor dem ersten Weltkrieg stammende Typen, nämlich den nicht sehr gut verkäuflichen 5/14 PS (D 1), den 8/24 PS (R 10), den 13/39 PS (S 16) und schließlich den 20/55 PS (U 1), der den Motor des gleichzeitig gebauten Lastwagens besaß. Zwar versuchte man, diese Fahrzeuge mit modischen Karosserien aufzuwerten, doch technisch und leistungsmäßig waren sie veraltet, was ihre Ablösung durch die neuen G-Typen notwendig machte.

1921 erschien der 1,6 Liter 6/18 PS Typ G 1, aus dem schon 1923 der 6/24 PS Typ G 2 entstand. Dieser Wagen, vom Technischen Direktor Leonhard C. Graß ziemlich aufwendig entworfen, zeichnete sich sowohl durch eine gewisse Sportlichkeit als auch durch Zuverlässigkeit und Wirtschaftlichkeit im Alltagsbetrieb aus. So fand der Dixi trotz seines relativ hohen Preises recht guten Anklang. Für den Motorsport gab es Ausführungen mit 30 bis 36 PS (Typ G 5), ja, ein paar Wagen waren sogar als Renn-Einsitzer hergerichtet. Tatsächlich beruhten die Beliebtheit und das Ansehen der Dixi-Wagen auch auf den zahlreichen Sporterfolgen, die zu jener Zeit noch für den Verkauf eines normalen Serienautomobils sehr förderlich, manchmal sogar unerläßlich waren.

Zur Automobil-Ausstellung im Herbst 1923 stellten die Dixi-Werke einen G 1 als Stromlinienwagen vor, dessen Aufbau Paul Jaray entworfen hatte. Um die Fortschrittlichkeit des „Walfisch", wie ihn die Leute nannten, besonders zu betonen, war er mit einem selbstschaltenden Planetengetriebe ausgestattet worden, einer Erfindung des Ingenieurs Erich Friedrich Puls. Der lichtblau lackierte Wagen wurde viel bestaunt, fast jede Zeitung brachte sein Bild, doch kaufen wollte ihn niemand. So blieb es bei dem einzigen Musterexemplar.

Durch Zufügung von zwei weiteren Zylindern an den G-Motor entstand der Sechszylinder Typ P 1 mit 2341 ccm Hubraum. Da seine Leistung nicht genügte, entwickelte man den 13/60 PS Sechszylinder. Sein 3,5 Liter-Motor mit 7 Kurbelwellenlagern erreichte seine Höchstleistung bei 2500 U/min. 4 Versuchswagen dieses Typs wurden gebaut, von denen einer als luxuriös ausgestattete Sechssitzer-Limousine auf der Berliner Automobil-Ausstellung 1926 zwar höflichen Beifall, aber wenig Kaufinteresse fand. Der 1700 kg schwere Wagen lief maximal 85 km/h, was wiederum als Qualifikation wenig überzeugte. Ein noch größerer 23/70 PS 5,8 Liter-Prototyp gelangte nicht mehr zur Produktionsreife.

Doch von den G-Typen wurden immerhin 2300 Stück gebaut und verkauft.

**Dixi 6/24 PS Typ G 2 Cabriolet 4 Türen
Schnittmodell auf der
Berliner Automobil-Ausstellung 1925**

	Dixi 6/18 PS 1921–1923	Dixi 6/24 PS 1923–1927
Motor	Dixi	Dixi
Zylinderzahl	4 (Reihe)	4 (Reihe)
Bohrung × Hub	70 × 102 mm	70 × 102 mm
Hubraum	1568 ccm	1568 ccm
Leistung	18 PS bei 2000 U/min	24 PS bei 2600 U/min
Verdichtung		1:5,25
Vergaser	1 Spritzvergaser Dixi	1 Flachstromvergaser Zenith 26 mm
Ventile	Seitlich stehend	Seitlich stehend
	Seitliche Nockenwelle	Seitliche Nockenwelle
	Antrieb durch Kette	Antrieb durch Kette
Kurbelwellenlager	3	3
Kühlung	Thermosyphon	Thermosyphon
Schmierung	Druckumlauf	Druckumlauf
Zündung	Bosch Magnetzünder	Bosch Magnetzünder
Batterie	12 Volt (unter Wagenboden)	12 Volt (unter Wagenboden)
Kraftübertragung	Antrieb auf Hinterräder	Antrieb auf Hinterräder
Kupplung	Konuskupplung	Konuskupplung
Schaltung	Schalthebel außen rechts	Schalthebel innen rechts
Getriebe	4 Gang	4 Gang
Übersetzungen	I. 4,37	I. 4,305
	II. 2,64	II. 2,706
	III. 1,59	III. 1,631
	IV. 1,00	IV. 1,000
		1927 auf Wunsch:
		Halbautomatisches Planetengetriebe (Puls)
		Vorwählschaltung am Lenkrad
		I. 3,55
		II. 2,16
		III. 1,00
Antriebs-Übersetzung	4,50	4,50
Fahrwerk	Preßstahl-Rahmen	Preßstahl-Rahmen
Vorderradaufhängung	starr, Halbfedern	starr, Halbfedern
Hinterradaufhängung	starr, Ausleger-Halbfedern	starr, Ausleger-Halbfedern
Lenkung	Spindel, rechts	Spindel, rechts
Fußbremse	Mechanisch, Antriebswelle, Außenbacken	Mechanisch, Antriebswelle, Außenbacken bzw.
		(ab 1925) Mechanisch, 4 Räder, Innenbacken
Handbremse	Mechanisch, Hinterräder	Mechanisch, Hinterräder
Allgemeine Daten		
Radstand	2840 mm	2840 mm
Spur vorn/hinten	1150/1150 mm	Bis 1925: 1150/1150 mm
		Ab 1925: 1240/1260 mm
Gesamtmaße		4200 × 1500 × 1780 mm
Räder	Drahtspeichen	Drahtspeichen
Reifen	710 × 100 mm	760 × 90 bzw. (ab 1927) 30 × 5,25 Niederdruck
Fahrgestellgewicht	630 kg	850 kg
Wagengewicht	Phaeton 900 kg	Phaeton 1150 kg
		Limousine 1280 kg
Zuläss. Gesamtgewicht	Phaeton 1380 kg	Phaeton 1450 kg
		Limousine 1580 kg
Höchstgeschwindigkeit	65 km/h	75 km/h
Verbrauch/100 km	9 Liter	10 Liter
Kraftstofftank	? Liter (im Motorraum)	45 Liter (im Heck)
Preise		
Phaeton 3 Türen		RM 6800,–
Limousine 3 Türen		RM 7800,–

Dixi G-Typen

1921–1923	G 1	6/18 PS, kleine Bremstrommeln
1923–1925	G 2	6/24 PS
	G 3	Renn- und Sportwagen (bis 36 PS)
1926	G 4	Große Bremstrommeln, aber noch Hochdruckreifen 760 × 90
	G 5	Renn- und Sportwagen Halbballonreifen 765 × 105
1927	G 6	Vierrad-Innenbackenbremsen Ballonreifen 30 × 5,25
1927	G 7	(auch PP 3) Puls-Getriebe

Dixi 6/18 PS Typ G 1
Tourenwagen
1921

Dixi 6/18 PS Typ G 1
Limousine
1921

Dixi 6/24 PS Typ G 2
Phaeton
Karosserie Buhne
1923

Dixi 6/24 PS Typ G 4
Berliner Taxi
Karosserie Schebera
1925

Dixi 6/24 PS Typ G 2
„Walfisch"
Stromlinien-Limousine
(Entwurf Paul Jaray)
Prototyp 1923

Dixi 6/24 PS Typ G 7
Limousine
1926

Dixi Typ P 2
6 Zyl., 3,5 Liter, 13/60 PS
Phaeton 6 Sitze
Prototyp 1926

Dixi 9/40 PS (1928)

Die Cyklon-Automobilwerke in Mylau/Vogtland, einst durch den im früheren Berliner Werk hergestellten Cyklonette Dreiradwagen bekannt geworden, hatte Jakob Schapiro im Jahr 1922 übernommen und der von ihm gleichfalls kontrollierten Waggonfabrik Gotha angegliedert. Er ließ bei Cyklon jahrelang die Fahrgestelle für das Schebera-Kleinauto bauen, das sich jedoch nur schlecht verkaufen ließ. So entschloß man sich, bei Cyklon einen völlig neuen Wagen unter eigener Marke herauszubringen.

Es kam im Herbst 1927 der Cyklon 9/40 PS, konstruiert von Direktor Dr. Eisner. Der Wagen machte in Form und Technik einen ansprechenden Eindruck. Nun besaß man in Gotha keinerlei Erfahrung im Automobilgeschäft in bezug auf den Verkauf und den Kundendienst. Andererseits brauchten die Dixi-Werke dringend einen modernen Nachfolger für den 6/24 PS, so daß sie den Cyklon 9/40 PS als Dixi 9/40 PS in das eigene Verkaufsprogramm übernahmen bzw. übernehmen mußten. Doch war und blieb er in Eisenach ein ungeliebtes Kind. Die Endmontage fand überwiegend bei der Gothaer Waggonfabrik, zum geringeren Teil aber auch in Eisenach statt. Obwohl dieser nun billigste Sechszylinder auf dem deutschen Markt ein guter Wagen war, fand er nur mäßigen Absatz. Insgesamt werden schätzungsweise wohl nur ein paar hundert Stück ausgeliefert worden sein. Limousine und offener Tourenwagen besaßen die gleichen Karosserien von Ambi-Budd wie der Adler Standard 6. Außerdem gab es ein Cabriolet (Karmann) und einen Roadster. Nach dem Verkauf der Dixi-Werke an BMW wurde der Sechszylinder-Wagen wieder nur noch von den Cyklon-Werken angeboten, was aber mangels einer leistungsfähigen Händlerorganisation wenig Sinn hatte. Cyklon brachte Ende 1929 noch einen kleineren 1,8 Liter Sechszylinder heraus, von dem aber auch nur mehr einige Musterexemplare gebaut wurden. 1931 ist die Firma erloschen. In Deutschland gibt es noch zwei 9/40er in fahrbereitem Zustand.

Dixi 9/40 PS
Cabriolet 2 Fenster
Karosserie Karmann
1928

Dixi 9/40 PS
Limousine 4 Türen
Karosserie Ambi-Budd
1928

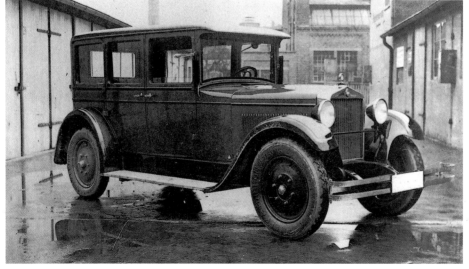

	Cyklon 9/40 PS Dixi 9/40 PS 1927–1929	Dixi 3/15 PS Typ DA 1 1927–1929
Motor	Cyklon	Dixi
Zylinderzahl	6 (Reihe)	4 (Reihe)
Bohrung × Hub	70 × 102 mm	56 × 76 mm
Hubraum	2350 (Steuer 2339) ccm	748,5 (Steuer 743) ccm
Leistung	40 PS bei 3200 U/min	15 PS bei 3000 U/min
Verdichtung	1:5	1:5,6
Vergaser	1 Flachstromvergaser	1 Flachstromvergaser
	Zenith 26 K	Zenith 22 K oder Solex
Ventile	Seitlich stehend	Seitlich stehend
	Seitliche Nockenwelle	Seitliche Nockenwelle
	Antrieb durch Novotext-Stirnräder	Antrieb durch Gußeisen-Stirnräder
Kurbelwellenlager	3	2
Kühlung	Thermosyphon	Thermosyphon, 5 Liter Wasser
Schmierung	Kombinierte Druck- und Tauchschmierung	Druckumlauf
	8 Liter Öl	2,5 Liter Öl
Batterie	6 V 125 Ah	6 V 45 Ah
	(unter Bodenbrett hinten links)	(unter Vordersitz rechts)
Lichtmaschine		60 W
Kraftübertragung	Antrieb auf Hinterräder	Antrieb auf Hinterräder
Kupplung	Einscheibentrockenkupplung	Einscheibentrockenkupplung
Schaltung	Schalthebel Wagenmitte	Schalthebel Wagenmitte
Getriebe	3 Gang	3 Gang
Übersetzungen	I. 3,55	I. 3,25
	II. 1,87	II. 1,82
	III. 1,00	III. 1,00
Antriebs-Übersetzung	5,50	4,88 (9:44)
Fahrwerk	U-Profil-Preßstahl-Rahmen	U-Profil-Preßstahl-Rahmen
Vorderradaufhängung	starr, Halbfedern	starr, 1 Querfeder
Hinterradaufhängung	starr, Underslung-Halbfedern	starr, Ausleger-Viertelfedern
Lenkung	Schnecke, links	Schnecke, links
Fußbremse	Mechanisch (Gestänge), 4 Räder	Mechanisch (Seilzug), Hinterräder
	Trommel-⌀ 350 mm, 40 mm breit	
Handbremse	Mechanisch (Gestänge), Hinterräder	Mechanisch (Seilzug), Vorderräder
Allgemeine Daten		
Radstand	2950 mm	1905 mm
Spur vorn/hinten	1376/1376 mm	1000/1030 mm
Gesamtmaße	4350 × 1650 × 1780 mm	2800 × 1170 × 1625 mm
Räder	Scheiben	Drahtspeichen
Felgen	Wulst	Geradseit-Tiefbett
Reifen	Anfangs 30 × 5,77" Ballon,	26 × 3,50" Niederdruck
	dann 775 × 145 Niederdruck	auch 3,50/3,75-19
Fahrgestellgewicht	900 kg	280 kg
Wagengewicht	Tourenwagen 1200 kg	Tourer 440 kg
	Limousine 1300 kg	Limousine 490 kg
Zuläss. Gesamtgewicht	Tourenwagen 1650 kg	Tourer 700 kg
	Limousine 1750 kg	Limousine 750 kg
Höchstgeschwindigkeit	90 km/h	75 km/h
Verbrauch/100 km	15 Liter	6 Liter
Kraftstofftank	50 Liter (im Heck)	20 Liter (hinter Spritzwand)

Preise	**1928**		**1927/28**	
	Tourenwagen 4 Türen	RM 6175,–	Roadster 2 Sitze	RM 2750,–
	Limousine 4 Türen	RM 6475,–	Tourer 3/4 Sitze	RM 2800,–
	Roadster 2/2 Sitze	RM 6500,–	Coupé 2 Sitze	RM 3150,–
	Cabriolet 4 Sitze 2 Fenster	RM 8275,–	Limousine 3/4 Sitze	RM 3200,–

23

Dixi 3/15 PS (1927–1929)

Mitte der zwanziger Jahre entwickelte man bei Dixi nicht nur drei große Wagen, aus denen nichts wurde, sondern auch einen kleinen. 1925/26 entstand der dreisitzige 3/12 PS Typ H 1 („Diana") mit 763 ccm-Motor, der sich aber wegen seiner Kompliziertheit nicht für ein preisgünstiges Serienprodukt eignete. Das Werk geriet in Zeitnot, weil ein Bankkredit für die bereits eingeleitete Produktionsumstellung auf größere Stückzahlen bald abgedeckt werden mußte. Deshalb befaßte man sich nicht länger mit der Eigenentwicklung eines Kleinwagens. Schapiro besorgte kurzerhand von der größten Automobilfabrik Englands die Nachbaulizenz für den Austin Seven, der dort bereits seit 1922 gebaut wurde, sich bestens bewährt hatte und zu den populärsten Kleinwagen jener Zeit gehörte.

Die Dixi-Werke ließen Anfang 1927 aus England mit der Eisenbahn 100 Original Austin kommen, die ab April mit geringen Änderungen, aber noch mit Rechtslenkung, als Dixi verkauft wurden. Die gesamten Zeichnungen und sonstigen Fertigungsunterlagen mußten ganz rasch auf metrische Maße umgearbeitet werden, und neben einigen weniger wichtigen Änderungen erhielt der Wagen eine Linkslenkung sowie Batterie- statt Magnetzündung. Beibehalten wurde der wassergekühlte, ebenso robuste wie laufruhige 750 ccm-Vierzylinder-Motor, das Getriebe und die geteilte Kardanwelle, das raffiniert einfache Fahrgestell, allerdings auch die recht abenteuerlichen Bremsen. Aber schneller als allerhöchstens 75 km/h konnte man ja sowieso nicht fahren. Die Eisenacher Produktion des Dixi 3/15 PS Typ DA 1 (DA = Dixi-Austin oder Deutsche Ausführung) begann im Dezember 1927, der offizielle Verkauf am 1. Januar 1928. Die Karosserien wurden originalgetreu im Werk Eisenach hergestellt. BMW ließ nach der Übernahme der Firma den 3/15 PS Dixi Typ DA 1 noch etwa ein halbes Jahr lang weiterlaufen, ehe im Juli 1929 der 3/15 PS BMW Typ DA 2 herauskam. Insgesamt wurden 9308 Wagen des Typs DA 1 hergestellt, mehr, als von allen früheren Dixi-Modellen zusammen. Doch der kleine Dixi 3/15 PS sollte das letzte, aber auch das berühmteste Modell unter diesem Markenzeichen werden. Noch heute, nach über 50 Jahren, läuft er in zahlreichen Exemplaren und wird, wenn überhaupt, nur zu Liebhaberpreisen abgegeben. Denn: Wer noch einen besitzt, der hat ihn lieb. Als der kleine Dixi, obwohl er sich glänzend verkaufte, ab Juli 1929 den Namen BMW erhielt, begann ein neues Kapitel in der Geschichte des deutschen Automobilbaus.

Dixi 3/15 PS (Typ DA 1) Tourer 3/4 Sitze 1927–1929

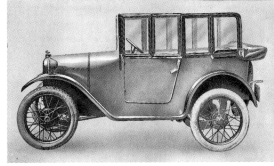

Dixi 3/15 PS (Typ DA 1) ▲ ▲
Tourer 3/4 Sitze
1927–1929

Dixi 3/15 PS (Typ DA 1)
Zweisitzer offen
1928–1929

Dixi 3/15 PS (Typ DA 1)
Coupé 2 Sitze
1928–1929

▼ ▼
Dixi 3/15 PS (Typ DA 1)
Limousine 3/4 Sitze
1928–1929
Besitzer:
Klaus-Jürgen Mertink,
Berlin-Kauslsdorf

Dixi 3/15 PS (Typ DA 1)
Cabriolet 2 Sitze
Einzelstück 1929
Karosserie:
Büschel (Gotha)

Die Bayerischen Motoren Werke bis 1945 und die BMW Automobile aus Eisenach

Die Bayerischen Motoren Werke (BMW) verdanken ihre Existenz und ihren rasch erworbenen Markenruf im wesentlichen drei Männern, nämlich zwei Österreichern und einem Schwaben, deren Namen heute kaum noch geläufig sind: Dem Kommerzialrat Camillo Castiglioni (1879–1961), dem Generaldirektor Franz Joseph Popp (1896–1954) und dem Direktor Dr.-Ing. e. h. Max Friz (1883–1966).

Im mährischen Brünn aufgewachsen, kam Popp als junger Ingenieur zur AEG-Union in seiner Geburtsstadt Wien. Die Firma wollte nach Ausbruch des Krieges 1914 den Flugmotorenbau aufnehmen, nachdem die hierfür bei Austro-Daimler bestehende Kapazität nicht ausreichte. Deshalb schickte die Firma ihren Ingenieur Popp zum Studium des Flugmotorenbaus im Deutschen Reich zu Daimler, zu Benz und zur NAG. Doch scheiterte die Aufnahme der Fabrikation an den fehlenden Werkzeugmaschinen. Als Popp, jetzt Reserveoffizier der österreichisch-ungarischen Marine, erneut das Fehlen geeigneter Flugmotoren erkannte, schlug er den Lizenzbau des 350 PS Austro-Daimler bei den Rapp-Motorenwerken in München vor. Dort baute man bereits seit 1913 Flugmotoren, die jedoch qualitativ weder der preußischen und bayerischen noch der österreichischen Heeresverwaltung genügten, wogegen sie bei der österreichischen Marine zur Einführung gelangten. Deren Leitung folgte nun Popps Anregung und schickte ihn selbst als Abnahmeingenieur der k.u.k. Marine nach München, um den Bau von 224 Austro-Daimler 350 PS-Motoren zu überwachen.

Bald freilich mußte Popp einsehen, daß weder die kaufmännische noch die technische Leitung des Werkes zur Ausführung dieses Auftrags befähigt war. Zunächst sorgte er für die Anstellung des erfahrenen Konstrukteurs Max Friz. 1917 gründete er mit Hilfe des aus Triest stammenden Bankkaufmanns Camillo Castiglioni, der bereits Austro-Daimler maßgeblich kontrollierte, aus der Flugmaschinenfabrik Gustav Rau GmbH. und den Rapp Motorenwerken GmbH. die „Bayerischen Motoren Werke GmbH.", wobei Rapp ausschied, Popp die Geschäftsführung übernahm und Castiglioni die Kapitalmehrheit hielt. Indes stellte es sich heraus, daß der Motoren-Auftrag für die k.u.k. Marine nicht genügte, um dafür vom bayerischen Kriegsministerium Leute, Material und Werkzeugmaschinen freigestellt zu bekommen. Daher mußte die preußische Heeresverwaltung als Kunde gewonnen werden.

Bevor Max Friz zu Rapp kam, stand er im Dienst der Daimler-Motoren-Gesellschaft. Dort war er maßgeblich an der Konstruktion der ersten für die Militärfliegerei brauchbaren Motoren beteiligt gewesen, und vorher hatte er schon am Motor des beim Großen Preis von Frankreich 1914 siegreichen Mercedes Rennwagens mitgewirkt. Er verließ Daimler, weil man dort für den von ihm vorgeschlagenen Höhenflugmotor kein Interesse zeigte, und weil man ihm überdies eine erbetene Gehaltsaufbesserung um 50 Mark abschlug. So realisierte er nun in München seine Konstruktion, die den bewährten 160 PS Mercedes-Motor bei gleichen Einbaumaßen in der

BMW 1926–1942
Produktion, Umsatz, Belegschaft

	Automobil-produktion	Umsatz*)	Beleg-schaft*)
1926	–	9 Mill. RM	1 000
1927	–	17 Mill. RM	1 500
1928	–	27 Mill. RM	2 600
1929	5 350	34 Mill. RM	3 800
1930	6 792	36 Mill. RM	3 100
1931	3 326	27 Mill. RM	2 900
1932	2 886	20 Mill. RM	2 800
1933	5 839	32 Mill. RM	4 700
1934	8 322	81 Mill. RM	12 500
1935	8 724	128 Mill. RM	11 100
1936	8 847	81 Mill. RM	12 500
1937	8 172	143 Mill. RM	13 800
1938	9 410	180 Mill. RM	18 600
1939	8 703	275 Mill. RM	26 900
1940	2 236	287 Mill. RM	30 600
1941	253	385 Mill. RM	35 400
1942	–	560 Mill. RM	42 300

*) einschließlich Motorrad- und Flugmotorenbau

Leistung erheblich übertreffen sollte. Das gelang, und 1917 erhielt das Werk von der preußischen Heeresverwaltung einen ersten Auftrag über 200 Motoren. Man bedenke: Am 20. Mai 1917 war mit der Konstruktion des BMW III a begonnen worden, und bereits am 17. September 1917 lief der erste Motor ohne jeden Zwischenfall auf dem Prüfstand. Anfang November begann die Flugerprobung, die so zufriedenstellend verlief, daß der Auftrag auf 2000 Motoren erhöht wurde.

Weil die Mittel der GmbH. für die Abwicklung so umfangreicher Geschäfte nicht ausreichten, wurde diese am 13. August 1918 in eine mit 12 Millionen Mark Stammkapital ausgestattete Aktiengesellschaft umgewandelt. Dem ersten Aufsichtsrat der Bayerischen Motoren Werke AG. gehörten folgende Persönlichkeiten an:

Direktor Dr. H. Chr. Dietrich (Bayer. Vereinsbank, München) (Vorsitz)
Kommerzialrat Camillo Castiglioni (Wiener Bankverein)
Generaldirektor Fritz Neumeyer (Zündapp, Nürnberg)
Dr. Hjalmar Schacht (Nationalbank für Deutschland, Berlin)
Generaldirektor Wiedmann (Bayer. Hypotheken- & Wechsel-Bank, München)
Kommerzienrat Josef Böhm (Bayer. Handelsbank, München)
Direktor Paul Goldstein (Allgem. Depositenbank, Wien)
Hauptmann Dr. Joseph (Insp. d. Fliegertruppen, Berlin)

Zum Generaldirektor wurde Oberingenieur Franz Joseph Popp bestellt, Chefkonstrukteur blieb Max Friz. Am Rande des Münchener Flugplatzes Oberwiesenfeld entstanden ausgedehnte Fabrikneubauten, die zum Teil schon Anfang 1918 bezogen worden waren. Außerdem wurden BMW-Flugmotoren in Lizenz bei der Gasmotorenfabrik Deutz und bei Opel in Rüsselsheim gebaut.

Das Kriegsende im November 1918 beendete schlagartig den beispiellosen Aufstieg der jungen Firma. In nur zwei Jahren war aus den unbedeutenden und konkursreifen Rapp-Motorenwerken eine der größten Flugmotorenfabriken mit 3500 Arbeitern entstanden. Diese waren allerdings hauptsächlich noch mit der Serienherstellung älterer Baumuster beschäftigt, denn nur etwa 70 der 2000 bestellten BMW III a-Flugmotoren wurden ausgeliefert.

Als nach dem ersten Weltkrieg in Deutschland zunächst keine Flugmotoren mehr gebaut werden durften, konstruierte Max Friz Lastwagen-, Boots-, Stationär- und Hilfsmotoren, die alle unter dem Namen „Bayern-Motor" auf den Markt kamen. Einen 500 ccm Zweizylinder-Boxermotor verwendeten Victoria sowie BMW selbst für das lizenzweise hergestellte Helios Motorrad. Zum wichtigsten Geschäft des Werkes aber war die Fabrikation von Knorr-Luftdruckbremsen für Eisenbahnwaggons geworden. Bald übernahm die Kunze-Knorr-Bremsen AG. alle Einrichtungen und Liegenschaften der Bayerischen Motoren Werke an der Moosacher Straße und machte aus ihrer neuen Tochter die Süddeutsche Bremsen AG. Nun kaufte Castiglioni 1922 den Firmennamen „Bayerische Motoren Werke" sowie den Motorenbau samt dessen Personal, Konstruktionen, Material und Einrichtungen zurück, zumal dieser Zweig für die Knorr AG. ohnehin nur einen unnützen Ballast bedeutete. Dazu erwarb Castiglioni die an der Lerchenauer Straße nahezu stilliegenden Bayerischen Flugzeugwerke AG., die 1915 aus der Flugmaschinenfabrik von Gustav Otto hervorgegangen und am 7. März 1916 in das Handelsregister eingetragen worden war. Dieses Datum gilt inzwischen als der offizielle Gründungstag der Bayerischen Motoren Werke AG. Übrigens war Gustav Otto der Sohn von Nikolaus August Otto, dem Erfinder des Viertakt-Motors.

Der zurückgekaufte Motorenbau wurde in die Hallen des ehemaligen Flugzeugwerks verlegt, wo nun die „neuen" Bayerischen Motoren Werke mit dem Bau eines von Max Friz konstruierten Motorrades begannen. Dieses verdankte seine Entstehung nur dem Umstand, daß sich der Konstrukteur über die Verwendung seines Boxermotors in der ziemlich untauglichen Helios-Maschine geärgert hatte. 1923 erschien die aufsehenerregende BMW R 32 mit Doppelrohrrahmen, Kardanantrieb und quer eingebautem, luftgekühltem 500 ccm Zweizylinder-Boxermotor. Damit begann die ruhmreiche Geschichte der BMW Motorräder. Und 1924 setzte auch der Flugmotorenbau wieder ein.

Nächstes Ziel von Generaldirektor Popp war es nun, den Bau kompletter Kleinautos aufzunehmen. So beteiligte sich BMW zunächst an der Entwicklung eines recht unkonventionellen Wagens, den die Schwäbischen Hüttenwerke AG. (Wasseralfingen) nach einer 1924 entstandenen Konstruktion von Dipl.-Ing. Wunibald Kamm gebaut hatten. Diesen SHW-Wagen kennzeichneten ein Zwei- oder Vierzylinder-Boxermotor, Vorderradantrieb, selbsttragende Leichtmetallkarosserie und Schraubenfederung der einzeln aufgehängten Räder. Das Projekt eilte seiner Zeit weit voraus, aber es steckte noch voller Probleme. Drei Versuchsexemplare des

SHW-Wagens liefen, doch ging er nie in Serie. Die Münchener nämlich ließen, letztlich gewiß sehr zu ihrem Vorteil, von diesem risikoreichen Vorhaben ab, als sich ihnen die Gelegenheit bot, die zwar hoch verschuldeten, aber gut eingerichteten Dixi-Werke zu erwerben. So konnte viel rascher und erfolgversprechender mit dem Bau eigener Automobile begonnen werden.

Nachdem zuvor das Aktienkapital der Bayerischen Motoren Werke von 10 auf 16 Mill. RM erhöht worden war, kaufte BMW am 16. November 1928 die Dixi-Werke. Der Kaufpreis betrug 10 Mill. RM, abgedeckt hauptsächlich durch die Übernahme von 7,8 Mill. RM Schulden. Mit Wirkung vom 1. Oktober 1928 wurden die Dixi-Werke zur Zweigniederlassung Eisenach der Bayerischen Motoren Werke AG., München.

Die Transaktion hatte im wesentlichen noch Camillo Castiglioni bewerkstelligt. Doch sein Einfluß schwand nun rasch dahin. Sein Gegenspieler hieß Dr. h. c. Emil Georg von Stauss, Direktor der Deutschen Bank (Berlin), der, wie schon bei Daimler-Benz, ab 1927 auch dem Aufsichtsrat der Bayerischen Motoren Werke vorsitzt. Er sorgt dafür, daß Castiglioni seine Beteiligung an BMW (5 Mill. RM Aktien) und an Daimler-Benz (3,4 Mill. RM Aktien) einem Bankenkonsortium unter Führung der Deutschen Bank und der Danat-Bank überläßt und im Oktober 1929 aus dem Aufsichtsrat von BMW ausscheidet.

Unter Verzicht auf das übrige Programm der seitherigen Dixi-Werke beschränkte sich BMW nach deren Übernahme in Eisenach vorläufig auf die Produktion und Weiterentwicklung des kleinen 3/15 PS Wagens. Der Münchener Vorstand hatte auch das Werk Eisenach in seine Zuständigkeit einbezogen. Betriebsleiter in Eisenach aber blieb Direktor Leonhard Graß, der schon für den Entwurf des 6/24 PS Dixi verantwortlich gezeichnet hatte und der auch weiterhin im Werk „sein" Konstruktionsbüro unterhielt. Dadurch sah jedoch offenbar Direktor Max Friz seine Kompetenz geschmälert. Ein paar Jahre lang setzte er durch, daß das Münchener Konstruktionsbüro für den Eisenacher Automobilbau maßgeblich arbeitete.

Zum 1. März 1932 löste BMW vorzeitig den Lizenzvertrag mit Austin und brachte das 3/20 PS Modell heraus, dessen Karosserien im Werk Sindelfingen der Daimler-Benz AG. gefertigt wurden. Doch dieses Auto, wie vorher schon die unglückliche Modifikation des 3/15 PS zeigten, daß Max Friz, befähigter Motoren- und Motorrad-Konstrukteur, kein Gespür für die Automobiltechnik besaß. So erwies es sich bald als wahrer Segen für BMW, daß das Eisenacher Konstruktionsbüro unbeirrt weitergearbeitet hatte. 1933 erschien, ohne Friz, ja sogar gegen ihn in Eisenach entwickelt, der kleine 1,2 Liter 30 PS Sechszylinder BMW 303, ein pikfein konstruiertes Wägelchen, das auf Anhieb allgemeine Sympathie gewann. An seiner Entwicklung war bereits Dipl.-Ing. Fritz Fiedler (1899–1972) beteiligt, der auf Anregung seines Freundes Rudolf Schleicher im Sommer 1932 als Prokurist und Chefkonstrukteur für den Automobilbau nach Eisenach gekommen war. Fiedler, vorher bei Stoewer und dann vor allem bei Horch erfolgreich tätig gewesen, prägte bei BMW fortan bis 1964 Form und Technik der BMW Automobile.

Als Betriebsleiter des Eisenacher Werks fungierte zu jener Zeit noch Direktor Leonhard Graß. Im September 1937 folgte ihm Direktor Georg Ostermeyer (früher Auto Union und Röhr). Mit dem neuen kleinen Sechszylinder machte BMW allerdings auch den wichtigsten Personenwagenmodellen von Daimler-Benz Konkurrenz, weshalb die Zusammenarbeit beider Firmen im Automobilbau nur eine kurze Episode blieb. Beigetragen hat hierzu freilich auch, daß infolge des Konjunkturumschwunges Daimler-Benz die Produktionsmöglichkeiten seiner Werke wieder selbst voll ausnützen konnte. Jedenfalls pflegten die Stuttgarter und die Münchener – wohl vor allem im Hinblick auf die Interessenabgrenzung im Flugmotorenbau – weiterhin freundschaftliche Kontakte. Generaldirektor Dr. Wilhelm Kissel (Daimler-Benz AG.) saß ab 1932 bis zu seinem Tod im Jahre 1942 im Aufsichtsrat der Bayerischen Motoren Werke. Andererseits gehörte Generaldirektor Franz J. Popp schon seit 1926 dem Aufsichtsrat der Daimler-Benz AG. an. Eine schon damals geplante Fusion der beiden Firmen war übrigens nur deshalb gescheitert, weil BMW nicht hatte durchsetzen können, daß Daimler-Benz auf den Flugmotorenbau verzichtet.

Über die schwierigen Krisenjahre 1930 bis 1932 kam BMW verhältnismäßig gut hinweg. Mit den Motorrädern und Kleinwagen verfügte die Firma über ein zeitgemäßes Lieferprogramm. Obwohl auch hier das Geschäft Einbußen erlitt, konnte selbst in dieser Zeit ein beträchtlicher Teil der mit den Dixi-Werken übernommenen Schulden abgedeckt werden. Ab 1933 wurden mit rasch wachsendem Anteil wieder die Flugmotoren zum wichtigsten Teil der Produktion. Immerhin aber arbeiteten 1933 von 4700 Beschäftigten der Firma 2400 für den Automobilbau. 1935 wird ein neues Flugmotorenwerk in Eisenach seiner Bestimmung übergeben, dessen Leitung Direktor Max Friz übernimmt. Als weiterer Fabrikationszweig entsteht in Eisenach 1936 der Hee-

S.H.W.-Wagen
(Prototyp 1925)

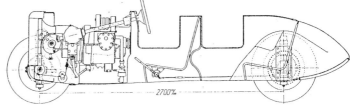

Die Schwäbischen Hüttenwerke AG. (Wasseralfingen) laborierten jahrelang an der Entwicklung eines von dem späteren Professor Wunibald Kamm entworfenen Automobils. Es zeichnet sich durch eine Fülle von Konstruktionsmerkmalen aus, die dem damaligen Stand der Technik weit voraus waren. Doch ebendies war zuviel der Fortschrittlichkeit, denn deren serienmäßige Realisierung wäre zu teuer und voller Unwägbarkeiten gewesen. Die wichtigsten Besonderheiten des S.H.W.-Wagens: Wassergekühlter Boxermotor (Luftkühlung für später vorgesehen), Vorderradantrieb, selbsttragende Leichtmetallkarosserie (bei Luftschiffbau Zeppelin GmbH in Friedrichshafen hergestellt), Schraubenfederung der einzeln aufgehängten Räder, hochgelegtes Lenkgetriebe, halbautomatische Soden-Viergang-Schaltung. Drei Versuchswagen wurden in den Jahren 1924/25 gebaut, nämlich zwei mit Einliter-Zweizylinder- und einer mit Zweiliter-Vierzylinder-Boxermotor. Letzterer ist automobilhistorisch hauptsächlich deshalb bemerkenswert, weil sich BMW an seiner Entwicklung beteiligte. Dahinter stand die Absicht, mit einem technisch besonders anspruchsvollen Personenwagentyp das eigene Bauprogramm zu erweitern, wofür sich der S.H.W.-Wagen hervorragend zu eignen schien. Aber die Versuche zogen sich allzusehr in die Länge. Als die Münchener dann kurz entschlossen die Gelegenheit zur Übernahme der Eisenacher Dixi-Werke ergriffen hatten, war für sie der S.H.W.-Wagen gestorben. Welch ein Glück für BMW, kann man da im nachhinein nur sagen. – Die beiden Einliter-Wagen fielen vermutlich der Verschrottung anheim, während Wunibald Kamm den Zweiliter-Wagen noch jahrelang selbst benützte. Schließlich ließ er ihn als Schnittmodell für das Deutsche Museum kaputtsägen. 1987 kehrte der S.H.W.-Wagen nach dort zurück, jetzt aber von BMW originalgetreu wiederaufgebaut.

---

resgerätebau, der Infanterie- und Pakgeschütze, Nebelwerfer und Infanteriekarren erzeugt. 1939 wurden die bis dahin zu Siemens gehörenden Brandenburgischen Motorenwerke GmbH. (Bramo) dazugekauft.

So war in den dreißiger Jahren der Automobilbau bei BMW fast zu einem Nebenzweig geworden, aber er trug sehr wesentlich zum guten Ruf und hohen Ansehen der Marke bei. Aus dem 1,2 Liter Sechszylinder BMW 303 war wenig später ein 1,5 Liter und 1935 ein 1,9 Liter-Modell geworden, aus dem wiederum der Zweiliter-BMW 326 und der 80 PS BMW 328 entstand, der beliebteste und erfolgreichste Sportwagen seiner Zeit. Kurz vor dem Krieg erschien schließlich noch der repräsentative 3,5 Liter-Typ, von dem jedoch nur mehr wenige hundert Wagen fertiggestellt werden konnten. 1941 wurde der Automobilbau eingestellt, nachdem sich ein vom Heereswaffenamt konstruierter, bei Stoewer, Hanomag und BMW gebauter 2 Liter-Geländewagen im Fronteinsatz nicht bewährte. Bis 1944 hingegen blieben die schweren Wehrmacht-Gespanne mit Seitenwagenantrieb (BMW R 75) in der Produktion.

Im September 1942 wechselte Generaldirektor Popp in den Aufsichtsrat der Bayerischen Motoren Werke AG. über. Neuer Vorstandsvorsitzender wurde Dipl.-Ing. Fritz Hille, der 1935 von Bramo zu BMW gekommen war. Popp starb 68 Jahre alt 1954 in Stuttgart.

Von Kriegsschäden blieb das Eisenacher BMW-Werk nahezu verschont. Nach Beendigung der Kampfhandlungen kam ihm der Umstand zugute, daß die Amerikaner im April 1945 Thüringen besetzten. Als diese das Land im Juni 1945 den Sowjets übergaben, hatten die Plünderungen und Verwüstungen seitens der Roten Armee bereits aufgehört. Das BMW-Werk Eisenach blieb von da an jahrelang von der Besatzungsmacht vereinnahmt. Dachorganisation war die Sowjet AG., später Staatliche AG. „Awtovelo", die verhältnismäßig

Produktion BMW Automobile 1929–1941

	3/15 PS	3/20 PS	303	309	315	319	329
1929	5350						
1930	6792						
1931	3326						
1932	480	2406					
1933		4453	1386				
1934		356	914	3658	3390	4	
1935				1880	3705	3139	
1936				462	2390	3265	621
1937					280	238	558
Gesamtzahl	15948	7215	2300	6000	9765	6646	1179

	320	321	326	327	327/328	328	335
1936	7		2098			3	1
1937	1518		4939	14		171	
1938	2660	55	4705	746	132	164	3
1939		3073	3313	370	427	126	301
1940		490	776	140	10		85
1941		79	118	36			20
1942/43							5
Gesamtzahl	4185	3697	15949	1306	569	464	415

Fahrgestell-Nummern der Dixi und BMW Automobile 1927–1941

Typ	Jahr	Nummern
Dixi 3/15 PS (DA 1)	1927	1001– 1042
	1928	1043– 7785
	1929	7786– 10308
BMW 3/15 PS (DA 2)	1929	10309– 15658
	1930	15659– 19908
	1930	20009– 21008
	1930	21059– 22450
	1931	22451– 22597
BMW Wartburg (DA 3)	1930	19909– 20008
	1930	21009– 21058
BMW 3/15 PS (DA 4)	1931	22598– 25776
	1932	25777– 26256
BMW 3/20 PS (AM 1, AM 3)	1932/33	30001– 32500
BMW 3/20 PS (AM 4)	1933/34	32501– 37215
BMW 303	1933	45000– 46300
	1934	46301– 47300
BMW 315 und 315/1	1934	47301– 50690
	1935	50691– 52000
	1935	66001– 68395
	1936	68396– 70785
	1937	70786– 71065
BMW 309	1934	60001– 63658
	1935	63659– 65538
	1936	65539– 66000
BMW 319 und 319/1	1935	53001– 56095
	1935	56201– 56423
	1936	56424– 59466
	1937	59467– 59703
BMW 329	1936/37	86001– 87179
BMW 320 (1911 ccm)	1937	90001– 90642
BMW 320 (1971 ccm)	1937	90643– 91539
	1938	91540– 94185
BMW 321	1939	94186– 97246
	1940/41	97247– 97882
BMW 326	1936	75001– 77069
	1937	77070– 82099
	1938	82100– 85000
	1938	110001–111867
	1939	111868–114999
	1940/41	115000–115894
BMW 327 (55 PS)	1937	73001– 73014
	1938	73015– 73761
	1939	73762– 74130
	1940	74131– 74200
	1940/41	87201– 87376
BMW 327/28 (80 PS)	1938	74201– 74339
	1939	74340– 74755
	1940	74756– 74770
BMW 328	1937	85001– 85173
	1938	85174– 85329
	1939	85330– 85464
BMW 335	1936	100001
	1938	100002–100004
	1939	100005–100305
	1940	100306–100390
	1941	100391–100410
	1942/43	100411–100415

rasch wieder beachtliche Produktionsergebnisse ermöglichte, weil sie bei den Materialzuteilungen stets Vorrang genoß. Erst im Juni 1952 ging das Werk wieder in deutschen Besitz über und wurde zum „Volkseigenen Betrieb" erklärt.

Der Automobilbau in Eisenach lief wieder ab Oktober 1945. Ermöglicht war dies, weil die Russen bei der Demontage des Ambi-Budd-Werks in Berlin die noch vorhandenen Preßwerkzeuge der BMW Vorkriegstypen nach Eisenach schafften, während alles andere aus dieser großen Karosseriefabrik spurlos verschwand. Von den Eisenachern wurde zunächst der BMW 321 noch jahrelang weitergeliefert, dann kam in geringer Stückzahl der BMW 327 hinzu und schließlich folgte der aus dem Typ 326 abgeleitete EMW 340. Dessen Produktion wurde 1955 eingestellt, weil man von da an die volle Kapazität des Werks für die Fertigung des DKW-Abkömmlings IFA F 9 ausnützen wollte, die bereits im Sommer 1953 nach Eisenach verlegt worden war. Bis zur „Wende" 1990 lieferten die Eisenacher Motoren Werke als zweitgrößte Automobilfabrik der ehemaligen DDR den Wartburg Personenwagen mit Dreizylinder-Zweitaktmotor und Frontantrieb. Doch der Versuch, an der lebendig gebliebenen BMW-Tradition teilzuhaben, war 1955 mit dem Ende des EMW 340 aufgegeben worden.

Auf Antrag der Bayerischen Motoren Werke AG., München, wurde am 11. Oktober 1949 deren Zweigniederlassung Eisenach für aufgelöst erklärt. Damit standen Namen und Markenzeichen BMW nur mehr dem Münchener Stammwerk zu. Doch Awtovelo benutzte sie noch bis Ende 1951, was bei Lieferungen in westliche Exportländer kuriose Manipulationen notwendig machte. Erst die Umbenennung in Eisenacher Motoren Werke (EMW) schaffte dieses Problem aus der Welt.

BMW 3/15 PS (1929–1932)

BMW baute nach dem Erwerb des Eisenacher Werks den kleinen Dixi 3/15 PS (Typ DA 1) noch bis zur Jahresmitte 1929 weiter. Im April 1929 wurden die Preise für den Tourer auf 2200 RM, für den offenen Zweisitzer auf 2500 RM herabgesetzt, außerdem Teilzahlung in 24 Monatsraten von 93 bis 107 RM ermöglicht. Die letzten Original-Dixi gab man 1930 für 1750 RM ab.

Dem Dixi 3/15 PS (Typ DA 1) folgte Ende Juli 1929 der BMW 3/15 PS (Typ DA 2). Werbespruch: Innen größer als außen! Er unterschied sich vom Vormodell nicht nur durch das Markenzeichen und andere Kühlermaske, sondern vor allem durch ordentliche Vierradbremsen und den Fortfall der Trittbretter zugunsten eines breiteren Aufbaus. Eine neue Ganzstahlkarosserie für die Limousine, hergestellt von Ambi-Budd (Berlin) und gestaltet nach dem Vorbild des französischen Rosengart (ebenfalls ein Lizenz-Nachbau des Austin Seven). Merkmale der neuen Limousine waren Kurbel- statt Schiebefenster in den Türen, große Heckscheibe, ein kleiner Koffer am Heck, verstellbare Vordersitze und Leichtmetall-Scheibenblenden an den Drahtspeichenrädern. Weiterhin in Eisenach gefertigt wurden die beiden offenen Modelle, von jetzt an aber in Leichtbauweise mit Kunstlederbezug und wie zuvor schon mit einsteckbaren Zelluloidscheiben.

Ab 1930 gab es den Typ DA 2 auch als Zweifenster-Cabriolet mit 3–4 Sitzen, Karosserie in Holz-Stahl-Bauweise, Innenraum mit Kunstlederbezug. Später kam noch ein Zweisitzer-Cabriolet hinzu. Beide Cabriolets besaßen feste Seitenteile. Ferner wurde ein Kasten-Lieferwagen angeboten (250 kg Nutzlast, 1,75 m² Ladefläche, 0,75 m³ Laderaum, Aufbau von Ami-Budd). Von den in der Statistik ausgewiesenen Fahrgestellen dürfte nur ein geringer Teil mit Sonderkarosserien verwendet worden sein, weil es sich wohl überwiegend um Fahrzeuge für die Reichswehr gehandelt haben wird.

Ab 15. Februar 1931 erhielt der BMW 3/15 PS (Typ DA 4) eine vordere „Schwingachse", deren primitive Bauart (ohne Parallelführung der gelenkten Vorderräder!) die Fahreigenschaften verschlechterte statt verbesserte. Bei der aktualisierten Karorsserielinie konnte die Limousine unte Verzicht auf den kleinen Koffer am Heck innen um 20 cm verlängert werden, so daß jetzt 4 Erwachsene Platz (wenn auch kaum den nötigen Raum) fanden.

Als zusätzliches Modell gab es 1930 den BMW Wartburg (Typ DA 3) mit sehr gefälliger, im Werk hergestellter Zweisitzer-Bootsheck-Karosserie aus Leichtmetall, umlegbarer und splitterfreier Windschutzscheibe, höherer Motorleistung und zwecks Tieferlegung gekröpfter Vorderachse. Die dubiose Schwingachse des DA 4 blieb ihm erspart. Der kleine Sportwagen war bei vielen Rennen seiner Klasse erfolgreich.

Erwähnt sei in diesem Zusammenhang, daß von etwa 1932 bis etwa 1937 die Firma Gebrüder Jhle Karosseriebau (Bruchsal) bei zahlreichen (schätzungsweise ein paar hundert Stück) gebrauchten Dixi und BMW

Preise	BMW DA 2		BMW Wartburg DA 3	BMW DA 4	Produktion
	1929	1930/31	1930/31	1931/32	
Zweisitzer offen	RM 2200,–	RM 2175,–	RM 3100,–	RM 2175,–	Zweisitzer offen
Tourenwagen 3/4 Sitze	RM 2200,–	RM 2175,–	–	RM 2175,–	Tourenwagen offen
Limousine 3/4 Sitze*)	RM 2500,–	RM 2475,–	–	RM 2475,–	Limousine 2 Türen
ds. mit Sonnendach	–	RM 2625,–	–	–	ds. mit Sonnendach
Coupé 2 Sitze	–	–	–	RM 2575,–	Coupé 2 Sitze
Cabriolet 2 Sitze	–	–	–	RM 2625,–	Cabriolet 2 Sitze
Cabriolet 3/4 Sitze	–	RM 2625,–	–	RM 2675,–	Cabriolet 3/4 Sitze
Kasten-Lieferwagen	–	RM 2400,–	–	RM 2350,–	Kasten-Lieferwagen
Fahrgestell				RM 1900,–	Fahrgestell
*) Radverblendscheiben	+ RM 50,–	+ RM 50,–			

3/15 PS die Serienkarosserie durch niedlich aussehende Sport-Zweisitzer-Aufbauten ersetzte. Man erkennt sie daran, daß sie Kühlermasken nach dem inzwischen bei BMW eingeführten Vorbild sowie gerade Vorderachsen (nicht gekröpft wie beim BMW Wartburg) besaßen. Der Umbau kostete etwa 1200 RM.

Geliefert wurden bis Frühjahr 1932 insgesamt 15 948 BMW 3/15 PS. Den Dixi 3/15 PS hatte es 9408 mal gegeben, alle zusammen also 25 356 Stück. Einen „Dixi-BMW" oder „BMW-Dixi" hat es aber niemals gegeben, und wer eben solche Wortkombination dennoch gebraucht, dokumentiert damit seine Unkenntnis der Automobilgeschichte.

Im übrigen hatte der Austin 7 („Seven") aus England weltweite Anerkennung gefunden. Er wurde nämlich nicht nur als Dixi und als BMW in Deutschland lizenzweise nachgebaut, sondern auch in Frankreich als „Rosengart", in den USA als „American Bantam" und in Japan als „Datsun". Und auch dieser Datsun wurde zum Ursprung des weitgefächerten Programms einer den heutigen Automobilbau mitprägenden Weltmarke.

Dixi (Austin)	Dixi DA 1		BMW DA 2	BMW Wartburg DA 3	BMW DA 4	BMW AM 1–4
1927	1927	1928–29	1929–1931	1930	1931–1932	1932–1934
5	–	1 727	1 387	150	475	405
80	42	4 831	1 834	–	175	252
5	–	1 879	6 600	–	2 575	5 055
–	–	–	120	–	–	800
–	–	674	–	–	210	–
–	–	–	300	–	–	11
–	–	–	1 374	–	–	471
10	–	19	435	–	–	53
–	–	136	268	–	45	168
100	42	9 266 1928: 6 743	12 318	150	3 480	7 215

BMW 3/15 PS (Typ DA 2) Limousine 3/4 Sitze 1929–1931

BMW 3/15 PS (Typ DA 2 und DA 4) Tourer 3/4 Sitze 1929–1932

BMW 3/15 PS (Typ DA 2 und DA 4) Zweisitzer offen 1929–1932

Motor
Zylinder
Bohrung × Hub
Hubraum
Leistung
Verdichtung
Vergaser

Ventile

Kurbelwellenlager
Kühlung
Schmierung
Batterie

Lichtmaschine

Kraftübertragung
Kupplung
Schaltung

Getriebe
Synchronisierung
Übersetzungen

Antriebsübersetzung

Fahrwerk
Vorderradaufhängung

Hinterradaufhängung

Lenkung
Fußbremse
Handbremse
Schmierung

Allgemeine Daten
Radstand
Spur vorn / hinten
Gesamtmaße

Räder

Felgen
Reifen

Wendekreis
Bodenfreiheit
Fahrgestellgewicht
Wagengewicht

Zuläss. Gesamtgewicht
Höchstgeschwindigkeit
Verbrauch / 100 km
Kraftstofftank

BMW 3/15 PS Typ DA 2 1929–1931	BMW Wartburg Typ DA 3 1930–1931	BMW 3/15 PS Typ DA 4 1931–1932	BMW 3/20 PS AM 1 und AM 3: 1932–1933 Tpy AM 4: 1933–1934
4 (Reihe)	4 (Reihe)	4 (Reihe)	4 (Reihe)
56 × 76 mm	56 × 76 mm	56 × 76 mm	56 × 80 mm
748,5 (Steuer 743) ccm	748,5 (Steuer 743) ccm	748,5 (Steuer 743) ccm	782 ccm
15 PS bei 3000 U/min	18 PS bei 3500 U/min	15 PS bei 3000 U/min	20 PS bei 3500 U/min
1:5,6	1:7	1:5,6	1:5,6
1 Flachstromvergaser	1 Flachstromvergaser	1 Flachstromvergaser	1 Flachstromvergaser
Solex 26 ∅	Solex 26 ∅	Solex 26 ∅	Solex
Lufttrichter 17 mm	Lufttrichter 18 mm	Lufttrichter 17 mm	
Seitlich stehend	Seitlich stehend	Seitlich stehend	Hängend
Seitliche Nockenwelle	Seitliche Nockenwelle	Seitliche Nockenwelle	Seitliche Nockenwelle
Antrieb Gußeisen-Stirnräder	Antrieb Gußeisen-Stirnräder	Antrieb Gußeisen-Stirnräder	Antrieb Duplex-Kette
2	2	2	2
Thermosyphon, 5 Liter Wasser	Thermosyphon, 5 Liter Wasser	Thermosyphon, 5 Liter Wasser	Pumpe, 7,5 Liter Wasser
Druckumlauf, 2,5 Liter Öl	Druckumlauf, 2,5 Liter Öl	Druckumlauf, 2,5 Liter Öl	Druckumlauf, 2,5 Liter Öl
6 V 45 Ah	6 V 45 Ah	6 V 45 Ah	6 V 45 Ah
(unter Vordersitz rechts)	(unter Vordersitz rechts)	(unter Vordersitz rechts)	
60 W	60 W	60 W	60 W
Antrieb auf Hinterräder	Antrieb auf Hinterräder	Antrieb auf Hinterräder	Antrieb auf Hinterräder
Einscheibentrockenkupplung	Einscheibentrockenkupplung	Einscheibentrockenkupplung	Einscheibentrockenkupplung
Schalthebel Wagenmitte	Schalthebel Wagenmitte	Schalthebel Wagenmitte	Schalthebel Wagenmitte
			1932/33: 1933/34:
3 Gang	3 Gang	3 Gang	3 Gang 4 Gang
Ohne	Ohne	Ohne	Ohne Ohne
I. 3,25	I. 3,25	I. 3,25	I. 4,00 I. 4,30
II. 1,82	II. 1,82	II. 1,82	II. 1,82 II. 2,64
III. 1,00	III. 1,00	III. 1,00	III. 1,00 III. 1,62
			IV. 1,00
5,35 (9:48)	5,35 oder 4,88	5,35 (9:48)	5,90 5,85
U-Profil-Rahmen	U-Profil-Rahmen	U-Profil-Rahmen	Zentralkasten-Niederrahmen
starr, 1 Querfeder	starr, 1 Querfeder	achslos, 1 Querfeder	achslos, 1 Querfeder
	(gekröpfte Vorderachse)		
starr, Ausleger-Viertelfedern	starr, Ausleger-Viertelfedern	starr, Ausleger-Viertelfedern	je 1 Querfeder
			vor und hinter der Pendelachse
Schnecke	Schnecke	Schnecke	Schnecke
Seilzug auf 4 Räder	Seilzug auf 4 Räder	Seilzug auf 4 Räder	Seilzug auf 4 Räder
Seilzug auf Vorderräder	Seilzug auf Vorderräder	Seilzug auf Vorderräder	Seilzug auf Hinterräder
Nippel	Nippel	Nippel	Nippel
1905 mm	1905 mm	1905 mm	2150 mm
1000/1030 mm	1000/1030 mm	1000/1030 mm	1100/1100 mm
3000 × 1275 × 1625	3100 × 1150 × 1400 mm	3000 × 1275 × 1625 mm	3200 × 1420 × 1550 mm
	(Höhe mit Verdeck)		
Drahspeichen	Drahtspeichen	Drahtspeichen	Scheiben
z. T. mit Scheibenblenden		z. T. mit Scheibenblenden	
Halbflachfelgen	Halbflachfelgen	Halbflachfelgen	Tiefbett 2,75 D × 17
27 × 4" Ballon	26 × 3,50" Ballon	4,00-18	4,50-17
	oder 4,00-18		
10,5 Meter	10,5 Meter	10,5 Meter	10,5 Meter
220 mm	170 mm	220 mm	
300 kg	300 kg	300 kg	475 kg
Zwei- und Dreisitzer offen:	Sport-Zweisitzer:	Zwei und Dreisitzer offen:	Limousine:
470 kg	410 kg	485 kg	650 kg
Limousine und Cabriolet:		Limousine und Cabriolet:	
535 kg		550 kg	
800 kg		800 kg	940 kg
75 km/h	85 bis 95 km/h	75 km/h	80 km/h
6 Liter Benzin	6,5 Liter Gemisch	6 Liter Benzin	7,5 Liter Benzin
20 Liter (im Motorraum)	20 Liter (im Motorraum)	20 Liter (im Motorraum)	25 Liter (im Motorraum)

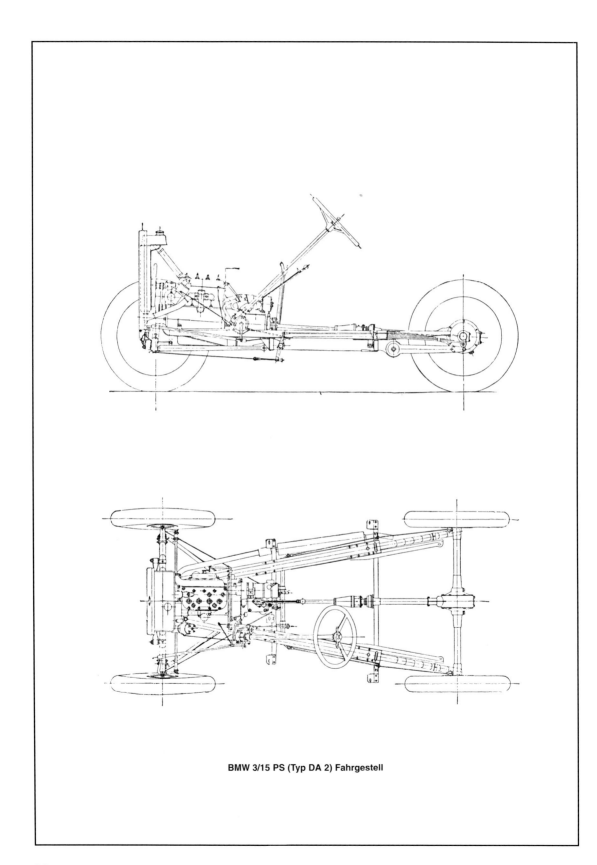

BMW 3/15 PS (Typ DA 2) Fahrgestell

BMW 3/15 PS (Typ DA 2) Cabriolet 3/4 Sitze 1930–1931

BMW 3/15 PS (Typ DA 2) Cabriolet 2 Sitze 1930–1931

BMW 3/15 PS (Typ DA 2) Kasten-Lieferwagen (350 kg Nutzlast) 1929–1931

Bild oben links:
BMW 3/15 PS (Typ DA 4)
Limousine 4 Sitze
1931–1932

Bild oben rechts:
BMW 3/15 PS (Typ DA 4)
Coupé 2 Sitze
1931–1932

BMW Wartburg (Typ DA 3)
Sport-Zweisitzer
1930

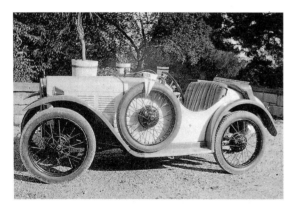 

BMW Wartburg (Typ DA 3)
Sport-Zweisitzer
1930

BMW/Jhle
Sport-Zweisitzer
1933–1937

BMW 3/20 PS (1932–1934)

Per 1. März 1932 kündigte BMW den Lizenzvertrag mit Austin. Direktor Max Friz wollte von nun an Automobile eigener Konstruktion bauen lassen. Man arbeitete an einem Wagen mit Frontantrieb und Zweizylinder-Zweitaktmotor, der aber nicht die erhoffte Leistung brachte. Zeitdruck und interne Auseinandersetzungen führten schließlich zu einer radikalen Modernisierung des seitherigen Motors. Das Ergebnis war eine hervorragend gelungene Neukonstruktion. Ungeniert machte man den Motor noch langhubiger, um über mehr Inhalt Leistung zu gewinnen. Der Kurbeltrieb lief nun in zwei Gleit- statt Wälzlagern, ein Zylinderkopf mit Hängeventilen kam hinzu, und die seitliche Nockenwelle wurde durch eine Duplexkette statt der bisherigen Gußeisen-Stirnräder angetrieben.

Ende März 1932 erschien der BMW 3/20 PS (Typ AM 1, das bedeutete: 1. Auto München) mit diesem neuen Motor. Neu war überhaupt der ganze Wagen. Vom Vorgängertyp DA 4 hatte man lediglich und leider die dilletantisch anmutende Vorderschwingachse übernommen. Besondere Merkmale waren der vorn zur Aufnahme des Motors gegabelte Zentralkastenrahmen, die durchlaufende (nicht mehr geteilte) Kardanwelle, die hintere (kinematisch auch nicht astreine) Pendelachse und die vom Werk Sindelfingen der Daimler-Benz AG. gefertigten Karosserien. Der BMW 3/20 PS sah etwas plump, aber vertrauenerweckend aus, war solid verarbeitet und wesentlich geräumiger als sein Vorgänger, aber zu schwer für den Motor und abenteuerlich in den Fahr-, Lenk- und Bremseigenschaften.

Insgesamt wurden 7215 Stück des BMW 3/20 PS gebaut. Alle 4 Serienkarosserien stammten aus Sindelfingen. Nur eine geringe Zahl von Fahrgestellen wurde mit Sonderaufbauten versehen, nämlich als sehr niedrige Zweisitzer-Sport-Cabriolets oder als offene Sport-Zweisitzer, die im Gegensatz zum Serien-Roadster nur seitliche Ausschnitte statt Türen und keinen Klappsitz im Heck besaten. Hersteller dieser Sonderkarosserien waren hauptsächlich die Firmen Reutter (Stuttgart) und Ludwig Weinberger (München). Preise:

Roadster 2 (2) Sitze	RM 2650,–
Tourenwagen 4 Sitze	RM 2650,–
Limousine 4 Sitze	RM 2650,–
Rolldach-Limousine 4 Sitze	RM 2785,–
Cabriolet 2 Fenster 4 Sitze	RM 3260,–
Fahrgestell	RM 2050,–
Kasten-Lieferwagen	RM 2600,–

Karosserie-Produktion für BMW bei Daimler-Benz Werk Sindelfingen

Nov./Dez. 1931	5	
1932	2 469	(2315 Limousinen, 152 Cabriolets, 1 Tourenwagen, 1 Lieferwagen)
1933	4 701	
1934	6 170	(4409 Limousinen, 1761 Cabriolets)
1935	5 756	(4436 Limousinen, 1320 Cabriolets)
1936	2 991	(2717 Limousinen, 274 Cabrio-Limousinen)
Jan./Febr. 1937	105	
	23 097	

Eine Aufschlüsselung der Zahlen nach BMW-Typen ist nicht bekannt.

BMW 3/20 PS Roadster
Karosserie Sindelfingen der Daimler-Benz AG.

BMW 3/20 PS
Cabriolet 2 Fenster
Karosserie Sindelfingen
1932–1934

BMW 3/20 PS
Roadster 2/2 Sitze
Karosserie Sindelfingen
1932–1934

BMW 3/10 PS   ▶
Tourer 4 Sitze
Karosserie Sindelfingen
1932–1934   ▶

◀ BMW 3/20 PS
Limousine 2 Türen
Karosserie Sindelfingen
1932–1934

BMW 3/20 PS
Roadster 2 Sitze
Karosserie Reutter
Sonderkarosserie 1933

BMW 3/20 PS
Roadster 2 Sitze
Karosserie Ludwig Weinberger
Sonderkarosserie 1933

◄
◄
BMW 3/20 PS
Sport-Cabriolet 2 Sitze
Karosserie Musigk & Haas
Sonderkarosserie 1933

BMW Dreirad-Lieferwagen (1932–1934)

Als typisches Produkt der Krisenjahre brachte BMW im Herbst 1932 einen Dreirad-Lieferwagen heraus. Er besaß einen gebläsegekühlten Motorrad-Motor (zunächst 200 ccm 6 PS, dann 400 ccm 14 PS), Dreiganggetriebe und Kardanantrieb auf das Hinterrad, welches an einem gefederten Schwingarm lief. Vorderachse starr. Trapez-Rohrrahmen. Gewicht 350 kg. Tragkraft 650 kg und zwei Personen. Ladefläche 1600×900 mm. Verbrauch 6 Liter. Besonders stolz war BMW auf den vollständig verschließbaren Fahrersitz. Doch auch hier waren die Münchener Konstrukteure über den Stand der Entwicklung nicht im Bild: Die Bauart des BMW Dreirad-Lieferwagens war bereits überholt, als seine Produktion begann. Die beiden führenden Marken auf diesem Gebiet, nämlich Tempo und Goliath, gingen anläßlich der Berliner Automobil-Ausstellung im Februar 1933 vom motorradmäßigen Vorderlader zum automobil-ähnlicheren Hinterlader mit geschlossenem Fahrerhaus über. Außerdem begann die Produktion des BMW Transport-Dreirads erst, als die jahrelange Wirtschaftskrise gerade zu Ende ging. So wurden insgesamt nur 600 BMW Dreirad-Lieferwagen hergestellt:

> 1932: 40 BMW Typ F 76 (200 ccm, Preis RM 1350,–)
> 1933: 210 BMW Typ F 76
> 297 BMW Typ F 79 (400 ccm, Preis RM 1500,–)
> 1934: 53 BMW Typ F 79

BMW experimentierte damals auch mit einem Zweisitzer-Personen-Dreirad. Der abgebildete Versuchswagen war offensichtlich von der Serienreife noch weit entfernt. Daß er diese nie erreichte, war für BMW gewiß kein Schaden. Beide Dreirad-Entwicklungen liefen übrigens in München, nicht etwa in Eisenach!

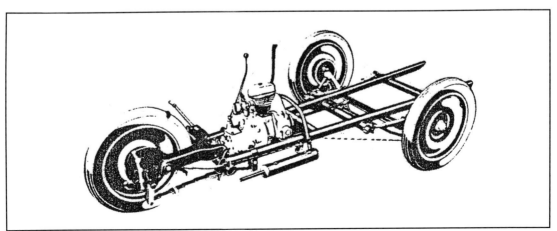

BMW 303 (1933–1934)

Die Krisenjahre 1929 bis 1932 hatte BMW besser überstanden als die meisten deutschen Automobilfabriken, weil deren populäre Kleinwagen ein zeitgemäßes Angebot darstellten. Und wieder im richtigen Moment erschien der kleine Sechszylinder-Wagen BMW 303, welcher der damaligen Aufbruchstimmung entsprach und dazu die Voraussetzungen bot, um die mit der Konjunktur rasch wachsenden Ansprüche zu erfüllen.

Der BMW 303 stand am Beginn einer völlig neuen Baureihe. Sehr sauber (in Eisenach) konstruiertes Fahrgestell mit Tiefrahmen aus 90 mm-Stahlrohren, ordentlich geführter Querfeder-Vorderachse, hinten Starrachse mit Underslung-Halbfedern, sehr direkter Zahnstangenlenkung (nur 2 Lenkraddrehungen von Anschlag zu Anschlag), 16"-Aero-Reifen sowie hervorragender Abstimmung von Federn und Stoßdämpfern. Der 1,2 Liter Sechszylinder Zweivergaser-Motor (abgeleitet vom 3/20 PS Vierzylinder) im verhältnismäßig kleinen Wagen ergab ein recht temperamentvolles Gefährt.

Drei bei der Berliner Automobil-Ausstellung im Februar 1933 vorgestellte Prototypen wirkten rein optisch noch nicht überzeugend. Die ersten Limousinen-Karosserien lieferte das Werk Sindelfingen der Daimler-Benz AG., Serie ab April 1933 mit Karosserien von Ambi-Budd (Berlin). Eigentliche Einführung und Feuertaufe des neuen Wagens bei der damals ungemein populären und reklameträchtigen 2000 Kilometer-Fahrt durch Deutschland.

Bei allem Wohlwollen für den kleinsten Sechszylinder der Welt fand der 1,2 Liter-Motor aber offenbar doch nicht genügend viele Käufer. Er blieb nur ein Jahr im Programm, ehe er im April 1934 vom BMW 315 abgelöst wurde. Schon ab Februar 1934 war die Limousine leicht modifiziert worden, weshalb die BMW 303 und 315 des Baujahrs 1934 völlig gleich aussahen.

BMW 309 (1934–1936)

Um aber die bisherige Kundschaft nicht zu verlieren, brachte BMW im Februar 1934 als Nachfolger des BMW 3/20 PS den BMW 309 heraus, einen Wagen der neuen Baureihe, aber mit 0,9 Liter Vierzylinder-Motor. Durch Hubraumvergrößerung des seitherigen Vierzylinders etwas mehr Leistung (damit Ausgleich des höhe-

Preise	BMW 303 1933–1934	BMW 309 1934–1936	BMW 315 1934–1937	BMW 319 1935–1937	BMW 329 1936–1937
Limousine 2 Türen	RM 3600,–	RM 3200,–	RM 3750,–	RM 4150,–	–
Cabrio-Lim. 2 Türen	–	RM 3400,–	RM 3950,–	RM 4350,–	–
Viersitzer offen	–	RM 3700,–	RM 4100,–	RM 4500,–	–
Cabriolet 4 Fenster	RM 4400,–	RM 4000,–	RM 4400,–	RM 4800,–	RM 4950,–
Sport-Cabriolet 2 Sitze	RM 4600,–	RM 4200,–	RM 4750,–	RM 5150,–	RM 5800,–
Sport-Zweisitzer offen	–	–	RM 5200,–	RM 5800,–	–

Produktion	BMW 303 1933–1934	BMW 309 1934–1936	BMW 315 1934–1937	BMW 319 1935–1937	BMW 329 1936–1937
Limousine 2 Türen	1503	2859	4881	3029	–
ds. mit Schiebedach	150	1	1	–	–
Cabrio-Lim. 2 Türen	2	1456	1378	569	–
Cabriolet 4 Fenster	542	284	2281	2066	1011
Sport-Cabriolet 2 Sitze	27	–	20	238	42
Viersitzer offen	2	179	137	75	–
Sport-Zweisitzer offen	–	–	230	178	–
Fahrgestell	74	1221	837	491	126
	2300	6000	9765	6646	1179

ren Gewichts) sowie Zweipunkt-Gummilagerung des Motors, um ähnliche Laufkultur wie bei den Sechszylindern zu erreichen. Fahrgestell und Karosserie wie bei den neuen Sechszylindern. Die Produktion des BMW 309 entfiel 1936 ersatzlos, um den inzwischen gewachsenen Bedarf an Sechszylindern decken zu können.

BMW 315 (1934–1937)

Ab April 1934 Nachfolger des BMW 303, von dem er sich nur durch den größeren Hubraum unterschied. Er brachte es auf eine Höchstgeschwindigkeit von 100 km/h, was damals zur Qualifikation eines Klassewagens gehörte. Der BMW 315 erreichte die höchste Stückzahl aller Ausführungen dieser Baureihe. Im offiziellen Verkaufsprogramm wurde der Typ 315 allerdings nur bis etwa Mitte 1936 geführt. Alle später bis in das Jahr 1937 hinein gelieferten Wagen und Fahrgestelle waren für die Wehrmacht bestimmt.

Als sehr gefällig gezeichneter Sport-Zweisitzer erschien im Sommer 1934 der BMW 315/1 mit Dreivergaser-Motor und höherer Verdichtung. Errang auf Anhieb aufsehenerregende Sporterfolge in der 1,5 Liter-Klassse. Später gab es dazu ein abnehmbares Coupédach, das allerdings ebenso wie das serienmäßige Klappdach das hübsche Auto arg verschandelte.

BMW 319 (1935–1937)
BMW 329 (1936–1937)

Damit der hübsche neue Sportwagen auch in der 2 Liter-Klasse fahren und gewinnen konnte, entwickelte BMW hierfür rasch einen 1911 ccm-Motor mit 55 PS Leistung, der sich sofort als sehr erfolgreich erwies. Die ersten Exemplare des BMW 319/1, der sich vom BMW 315/1 nicht unterschied, waren Ende 1934 fertig. Der Spaß an den beiden Sportwagen wurde allerdings durch die ungenügenden Bremsen ziemlich beeinträchtigt.

Der 1,9 Liter-Motor kam dann geradezu zwangsläufig, allerdings mit gezügelter Leistung, auch in allen anderen Modellen der laufenden Baureihe zum Einsatz. Sie liefen als BMW 319. Ihr einziges äußeres Merkmal: Drei Chromzierleisten auf beiden Seiten der Motorhaube.

Die Sindelfinger Karosseriespezialisten von Daimler-Benz schlugen 1934 vor, als BMW 319 auf das vorhandene Fahrgestell der Baureihe eine größere und geräumigere Limousine zu setzen. Weil aber die Proportionen der Heckpartie nicht überzeugten, beließ es BMW auch für den 319 bei den gewohnten Aufbauten.

Als dann aber 1936 der völlig neue BMW 326 herauskam und sich auf dem Markt rasch durchsetzte, erwies sich dessen Preisabstand zum 319 als zu groß, zumal der letztere neben dem neuen großen Bruder äußerlich antiquiert aussah. Um die Zeit bis zur Serienreife eines „kleineren" 326 (dem späteren BMW 320) zu überbrücken, wurde rasch in Anlehnung an den Sindelfinger Vorschlag von 1934 ein Zwischen- oder Übergangsmodell herausgebracht, der BMW 329. Er wurde ab September 1936 bis Mitte 1937 als Sonderausführung des BMW 319 mit dessen Motor und Fahrgestell angeboten, während das Kühlergesicht und etliche Stilmerkmale bereits dem BMW 326 entsprachen. Als Limousine gab es den BMW 329 nicht, sondern nur als Viersitzer-Cabriolet mit etwas mehr Platz und serienmäßiger Lederausstattung, aber plump aussehender Heckpartie, außerdem als Zweisitzer-Cabriolet mit viel gefälligeren Proportionen. Glücklich fühlte man sich bei BMW mit dem Typ 329 nicht, freilich dann auch ebenso wenig mit dem allzu rasch zusammengeklopften BMW 320 als Nachfolger.

	BMW 309 1934–1936	BMW 303 1933–1934	BMW 315 1934–1937
Motor			
Zylinder	4 (Reihe)	6 (Reihe)	6 (Reihe)
Bohrung × Hub	58 × 80 mm	56 × 80 mm	58 × 94 mm
Hubraum	845 ccm	1173 ccm	1490 ccm
Leistung	22 PS bei 4000 U/min	30 PS bei 4000 U/min	34 PS bei 4000 U/min
Verdichtung	1:5,6	1:5,6	1:5,6
Vergaser	1 Vertikalvergaser Solex 26 BFLV	2 Vertikalvergaser Solex 26 BFLV	2 Vertikalvergaser Solex 26 BFLV
Ventile	Hängend Seitliche Nockenwelle Antrieb durch Duplex-Kette	Hängend Seitliche Nockenwelle Antrieb durch Duplex-Kette	Hängend Seitliche Nockenwelle Antrieb durch Duplex-Kette
Kurbelwellenlager	2	4	4
Kühlung	Pumpe, 6 Liter Wasser	Pumpe, 7,5 Liter Wasser	Pumpe, 7,5 Liter Wasser
Schmierung	Druckumlauf, 2,5 Liter Öl	Druckumlauf, 4 Liter Öl	Druckumlauf, 4 Liter Öl
Batterie	6 V 45 Ah	6 V 75 Ah	6 V 75 Ah
Lichtmaschine	60 W	60 W	90 W
Kraftübertragung	Antrieb auf Hinterräder	Antrieb auf Hinterräder	Antrieb auf Hinterräder
Kupplung	Einscheibentrockenkupplung	Einscheibentrockenkupplung	Einscheibentrockenkupplung
Schaltung	Schalthebel Wagenmitte	Schalthebel Wagenmitte	Schalthebel Wagenmitte
Getriebe	4 Gang (Hurth)	4 Gang (Hurth)	4 Gang (Hurth)
Synchronisierung	III–IV	III–IV	III–IV
Übersetzungen	I. 4,42 II. 2,54 III. 1,65 IV. 1,00	I. 4,42 II. 2,54 III. 1,65 IV. 1,00	1934/35: I. 4,08 II. 2,35 III. 1,52 IV. 1,00 1936/37: I. 3,65 II. 2,22 III. 1,51 IV. 1,00
Antriebs-Übersetzung	5,85	5,15 (7:36)	5,15 (7:36)

Fahrwerk

Voderradaufhängung	Leiterrahmen, Stahlrohr-Längsträger, 4 Kasten-Querträger Querlenker unten, 1 Querfeder oben
Hinterradaufhängung	starr, Halbfedern
Lenkung	Zahnstange (1:11,2)
Fußbremse	Mechanisch, 4 Räder, Innenbacken, Trommel-∅ 240 mm
Handbremse	Seilzug auf Hinterräder
Schmierung	WV-Eindruck-Zentral

Allgemeine Daten	BMW 309	BMW 303	BMW 315
Radstand	2400 mm	2400 mm	2400 mm
Spur vorn/hinten	1153/1220 mm	1153/1220 mm	1153/1220 mm
Gesamtmaße	3750 × 1440 × 1550 mm	3900 × 1440 × 1550 mm	3900 × 1440 × 1550 mm
Räder	Scheiben	Scheiben	Scheiben
Felgen	Tiefbett 3,25 D × 16	Tiefbett 3,25 D × 16	Tiefbett 3,25 D × 16
Reifen	5,25-16	5,25-16	5,25-16
Wendekreis	10,6 Meter	10,6 Meter	10,6 Meter
Bodenfreiheit	200 mm	200 mm	200 mm
Fahrgestellgewicht	500 kg	550 kg	550 kg
Wagengewicht	Limousine 750 kg	Limousine 820 kg	Limousine 845 kg
Zuläss. Gesamtgewicht	1200 kg	1250 kg	1250 kg
Höchstgeschwindigkeit	80 km/h	90 km/h	100 km/h
Verbrauch/100 km	8,5 Liter	10 Liter	10,5 Liter
Kraftstofftank	35 Liter (im Motorraum)	35 Liter (im Motorraum)	35 Liter (im Motorraum)
Kraftstofförderung	Gefälle	Gefälle	Gefälle

BMW 315/1 Sport 1934–1936	BMW 319/1 Sport 1934–1936	BMW 319 1935–1937	BMW 329 1936–1937
6 (Reihe)	6 (Reihe)	6 (Reihe)	
58 × 94 mm	65 × 96 mm	65 × 96 mm	
1490 ccm	1911 (Steuer 1898) ccm	1911 (Steuer 1898) ccm	
40 PS bei 4300 U/min	55 PS bei 4000 U/min	45 PS bei 3750 U/min	
1:6,5 bzw. (ab 1935) 1:6,8	1:6,8	1:5,6	
3 Flachstromvergaser	3 Flachstromvergaser	2 Vertikalvergaser	
Solex 26 BFRH	Solex 30 BFRH	Solex 26 BFLV	
Hängend	Hängend	Hängend	
Seitliche Nockenwelle	Seitliche Nockenwelle	Seitliche Nockenwelle	
Antrieb durch Duplex-Kette	Antrieb durch Duplex-Kette	Antrieb durch Duplex-Kette	
4	4	4	
Pumpe, 7,5 Liter Wasser	Pumpe, 7,5 Liter Wasser	Pumpe, 7,5 Liter Wasser	
Druckumlauf, 4 Liter Öl	Druckumlauf, 4 Liter Öl	Druckumlauf, 4 Liter Öl	
6 V 75 Ah	6 V 75 Ah	6 V 75 Ah	
90 W	90 W	90 W	
Antrieb auf Hinterräder	Antrieb auf Hinterräder	Antrieb auf Hinterräder	
Einscheibentrockenkupplung	Einscheibentrockenkupplung	Einscheibentrockenkupplung	
Schalthebel Wagenmitte	Schalthebel Wagenmitte	Schalthebel Wagenmitte	
4 Gang (Hurth)	4 Gang (Hurth)	4 Gang (Hurth)	
III–IV	III–IV	III–IV	
1934 ab 1935	I. 3,63	I. 3,63	
I. 4,08 I. 3,63	II. 2,07	II. 2,07	
II. 2,35 II. 2,07	III. 1,38	III. 1,51	
III. 1,52 III. 1,38	IV. 1,00	IV. 1,00	
IV. 1,00 IV. 1,00	4,50 oder 3,90	4,38	
4,50 oder 3,90			

Leiterrahmen, Stahlrohr-Längsträger, 4 Kasten-Querträger
Querlenker unten, 1 Querfeder oben
starr, Halbfedern
Zahnstange (1:11,2)
Mechanisch, 4 Räder, Innenbacken, Trommel-∅ 240 mm
Seilzug auf Hinterräder
WV-Eindruck-Zentral

BMW 315/1 Sport	BMW 319/1 Sport	BMW 319	BMW 329
2400 mm	2400 mm	2400 mm	2400 mm
1153/1220 mm	1153/1220 mm	1153/1220 mm	1153/1220 mm
3800 × 1440 × 1350	3800 × 1440 × 1350	3900 × 1440 × 1550 mm	4000 × 1440 × 1550 mm
Scheiben	Scheiben	Scheiben	Scheiben
Tiefbett 3,25 D × 16	Tiefbett 3,25 D × 16	Tiefbett 3,25 D × 16	Tiefbett 3,25 D × 16
5,25-16	5,25-16	5,25-16	5,25-16
10,6 Meter	10,6 Meter	10,6 Meter	10,6 Meter
200 mm	200 mm	200 mm	200 mm
550 kg	560 kg	550 kg	550 kg
Sportwagen 750 kg	Sportwagen 780 kg	Limousine 850 kg	Cabriolet 880 kg
1100 kg	1140 kg	1300 kg	1300 kg
120 km/h	130 km/h	115 km/h	110 km/h
11,5 Liter	12 Liter	11 Liter	11,5 Liter
42 Liter (im Motorraum)	42 Liter (im Motorraum)	40 Liter (im Motorraum)	40 Liter (im Motorraum)
Elektr. Pumpe	Elektr. Pumpe	Gefälle	Gefälle

Stand der Bayerischen Motorenwerke AG. auf der Internationalen Automobil-Ausstellung im Februar 1933. Hier wurden zum ersten Male die kleinen BMW 1,2 Liter Sechszylinder gezeigt. Form und Linienführung der Musterwagen wirkten allerdings noch ziemlich unfertig. Aber schon wenige Monate später, als die Serienproduktion begann, stimmten die Linien!

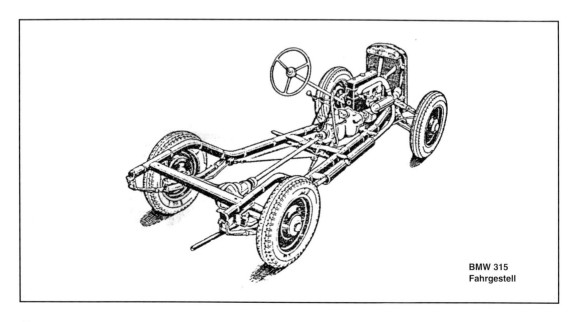

BMW 315
Fahrgestell

BMW 303
6 Zylinder 1,2 Liter
Limousine 2 Türen
Karosserie Sindelfingen
1933

BMW 303
6 Zylinder 1,2 Liter
Cabriolet 4 Fenster
1933

BMW 303
6 Zylinder 1,2 Liter
Sport-Cabriolet 2 Sitze
Karosserie Gläser
1933

BMW 303
6 Zylinder 1,2 Liter
Tourer 2 Türen
(nur 2 Stück)
1933

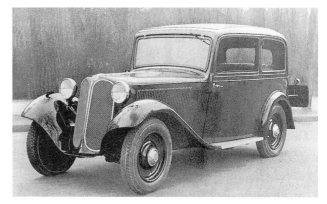

BMW 309
4 Zylinder 0,9 Liter
Limousine 2 Türen
1934–1936

BMW 309
4 Zylinder 0,9 Liter
Cabrio-Limousine 2 Türen
1934–1936

BMW 309
4 Zyinder 0,9 Liter
Cabriolet 4 Fenster
1934–1936

BMW 309
4 Zyinder 0,9 Liter
Tourer 2 Türen
1934–1936

BMW 303 (6 Zylinder 1,2 Liter)
BMW 315 (6 Zylinder 1,5 Liter)
Limousine 2 Türen
1934

BMW 303 (6 Zylinder 1,2 Liter)
BMW 315 (6 Zylinder 1,5 Liter)
Cabrio-Limousine 2 Türen
1934

BMW 315
6 Zylinder 1,5 Liter
Sport-Cabriolet 2 Sitze
Karosserie Reutter
1934

BMW 315
6 Zylinder 1,5 Liter
Tourer 2 Türen
1934

BMW 315
6 Zylinder 1,5 Liter
Limousine 2 Türen
1935–1936

BMW 315
6 Zylinder 1,5 Liter
Cabriolet 4 Fenster
1936–1937

BMW 315
6 Zylinder 1,5 Liter
Cabriolet 4 Fenster
1935–1936

BMW 315
6 Zylinder 1,5 Liter
Limousine 2 Türen
1936–1937

BMW 319
6 Zylinder 1,9 Liter
Limousine 2 Türen
1935–1937

BMW 319
6 Zylinder 1,9 Liter
Tourer 2 Türen
1935–1937

BMW 319
6 Zylinder 1,9 Liter
Cabrio-Limousine 2 Türen
1935–1937

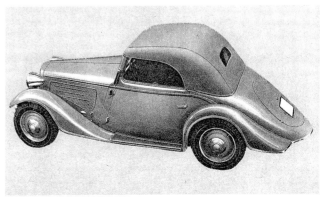

BMW 319
6 Zylinder 1,9 Liter
Sport-Cabriolet 2 Sitze
1935–1937

BMW 315/1
6 Zylinder 1,5 Liter
Sport-Zweisitzer
Musterwagen 1934

BMW 315/1
6 Zylinder 1,5 Liter
Sport-Zweisitzer
1934–1936

BMW 319/1
6 Zylinder 1,9 Liter
Sport-Zweisitzer
1934–1936

Bild oben links:
BMW 315/1
mit Verdeck

Bild oben rechts:
BMW 315/1
mit Coupé-Aufsetzdach

BMW 315
Tourer 2 Sitze
Karosserie:
Ludwig Weinberger
1935

BMW 315
Cabriolet 2 Fenster
Karosserie:
Ludwig Weinberger
1937

Ludwig Weinberger (München)
war in den dreißiger Jahren BMW-
Vertreter und Karosserieschneider
zugleich. Bis zum Kriegsausbruch
versah er etwa 300 BMW-Fahrge-
stelle mit Sonderkarosserien. Häu-
fig befanden sich darunter offene
Zwei- und Viersitzer im Stil engli-
scher Tourer, wie der abgebildete
BMW 315 von 1935. Doch überwiegend baute Weinberger typisch
deutsche Cabriolets, zierlich in
den frühen, eher behäbig in den
späteren dreißiger Jahren.

BMW 319/1
Sport-Cabriolet 2 Sitze
Karosserie:
Ludwig Weinberger
1936

BMW 315
Sport-Cabriolet 2 Sitze
Karosserie Wendler
1934

BMW 319/1
Sport-Coupé 2 Sitze
im „Bugatti-Look"
Karosserie:
Erdmann & Rossi
1935

BMW 319/1
Sport-Cabriolet 2 Sitze
Karosserie Drauz
1935

Als 1934 der BMW 319 vorbereitet wurde, schlug das Karosseriewerk Sindelfingen (Daimler-Benz) vor, diesen geräumigeren Aufbau auf das vorhandene Fahrgestell zu setzen. Wegen seiner ausladenden Heckpartie, welche die Proportionen und die Gewichtsverteilung störte, fand er bei BMW keinen Gefallen, und man beschloß, die seitherigen Aufbauten weiter zu verwenden. Doch 1936 sah sich BMW vor der Notwendigkeit, rasch einen Zwischentyp herauszubringen, um die Zeit bis zum Serienanlauf des BMW 320 zu überbrüken. Für diesen Zwischentyp 329 griff man auf den damaligen Sindelfinger Vorschlag zurück. Realisiert wurde aber nur ein Cabriolet und keine Limousine.

BMW 329
6 Zylinder 1,9 Liter
Cabriolet 4 Sitze
1936–1937

BMW 329
6 Zylinder 1,9 Liter
Cabriolet 2 Sitze
Karosserie Drauz
1937

BMW 326 (1936–1941)

Die seitherigen Sechszylinder von BMW genossen zwar einen ausgezeichneten Ruf bei den Liebhabern sportlicher Automobile, doch außerhalb dieses begrenzten Kundenkreises galten sie halt doch nur als Kleinwagen, zwar erfreulich leistungsfähig und anspruchsvoll ausgestattet, aber mit arg wenig Platz für Familie und Gepäck. Außerdem brachte es die rasch aufblühende Wirtschaft mit sich, daß die seitherige Kundschaft von BMW, inzwischen älter, bequemer und wohlhabender geworden, nun nach einem rundum vollgültigen Mittelklassewagen, und zwar einem Wagen der gehobenen Mittelklasse, verlangte.

Der BMW 326, der zum meistverkauften BMW der Vorkriegsjahre werden sollte, wurde im Februar 1936 auf der Berliner Automobil-Ausstellung vorgestellt. Die Serienproduktion begann im Juli 1936. Komfort und eine eher behäbige Repräsentation waren hier mehr betont als Leistung und Sportlichkeit.

Äußere Kennzeichen des Modells 1936 waren die geteilten Doppel-Stoßstangen und die 17"-Scheibenräder. Zum Jahresbeginn 1937 erfolgte der Übergang auf 16"-Lochscheibenräder. Ab 1939 kamen, einheitlich für das gesamte BMW-Programm, durchgehende, einteilige Stoßstangen vorn und hinten.

Die Ganzstahl-Karosserien für die Limousinen lieferte Ambi-Budd. Die Cabriolets stammten hauptsächlich von Autenrieth, aber auch von Baur (etwa 50 Stück) und anderen Firmen.

BMW 320 (1937–1938)
BMW 321 (1939–1941)

Nachdem sich der BMW 326 über Erwarten gut einführte, aber doch verhältnismäßig teuer war und überdies die seitherigen Sechszylinder nun ziemlich alt aussehen ließ, brauchte man ganz dringend als neues Einstiegsmodell einen deutlich kleineren, leichteren und billigeren Wagen, der jedoch in seiner äußeren Erscheinung dem 326 zu entsprechen hatte. So erschien als Nachfolger der BMW 319 und 329 im Juli 1937 der BMW

Preise	**BMW 320** 1937–1938	**BMW 321** 1939–1941
Limousine 2 Türen	RM 4500,–	RM 4800,–
ds. mit Schiebedach	–	RM 5100,–
Limousine 4 Türen	–	–
ds. mit Schiebedach	–	–
Cabriolet 4 Fenster	RM 5250,–	RM 5650,–
ds. mit Schiebetüren	–	–
Cabriolet 4 Türen	–	–
Sport-Zweisitzer offen	–	–
Sport-Cabriolet	–	–
Sport-Coupé	–	–
Fahrgestell	RM 3980,–	RM 4150,–

Produktion	**BMW 320** 1937–1938	**BMW 321** 1939–1941
Limousine 2 Türen	2416	2078
Limousine 4 Türen	–	–
Cabriolet 4 Fenster	1635	1551
Cabriolet 4 Türen	–	–
Sport-Zweisitzer offen	–	–
Sport-Cabriolet	–	–
Sport-Coupé	–	–
Fahrgestell	134	63
	4185	**3692**

320. Es gab ihn nur mit zwei Türen, aber ebenfalls als Limousine und als Cabriolet. Die ersten 640 Wagen des neuen Typs besaßen noch den vom 319 und 329 her bekannten 1911 ccm-Zweivergasermotor, ehe ab Ende Oktober 1937 der 1971 ccm-Einvergasermotor gleicher Leistung zum Einbau kam. Als schlimmer Fehler erwies es sich, daß man der Einfachheit halber die Vorderachse aus den kleineren Vorgängern übernommen hatte. Die war nun entschieden zu schwach, was zu gefährlichen Brüchen führte. In teueren Umtauschaktionen ließ daraufhin das Werk alle erreichbaren Wagen mit der Vorderachse des BMW 326 ausrüsten. Es gelang, diese üble Geschichte dank großzügiger Kulanz mit solcher Verschwiegenheit durchzuziehen, daß sie keinerlei Publizität erfuhr und von der Öffentlichkeit unbemerkt blieb.

Aufmerksame Beobachter mögen wohl vorübergehend ein wenig überrascht gewesen sein, wieso dem doch immer noch neuen BMW 320 derart bald ein angeblich noch neuerer BMW 321 folgte. Dieser lief ab Dezember 1938, besaß nun serienmäßig die Vorderachse des 326, dazu etwas stärkere Reifen sowie als äußeres Merkmal – unbegreiflicherweise! – nun hinten statt der ursprünglich vorn angeschlagenen Türen. Auch beim BMW 320 und 321 kamen die Ganzstahl-Karosserien der Limousinen von Ambi-Budd, die Cabriolets (weiterhin mit Holzgerippe) von Autenrieth, Baur (etwa 400 Stück), Reutter und anderen Firmen.

BMW 327 (1937–1941)
BMW 327/28 (1938–1940)

Um auch wieder ein attraktives Zweisitzer-Cabriolet anbieten zu können, brachte man im November 1937 den BMW 327 auf den Markt. Der 1971 ccm-Motor besaß zwei Vergaser und brachte 55 PS, eine Leistung, die noch vor wenigen Jahren dem BMW 319/1 genügte, um die gesamte Konkurrenz zu schlagen. Inzwischen gehörte sie zur Normalität. So wurde dieses Cabriolet wegen seiner geradezu makellosen Eleganz vom Publikum und auch von der Fachpresse bewundert, doch jene Kundschaft, auf die es ankam, reagierte zunächst recht zurückhaltend. Ihr nämlich kam es bei einem BMW dieser Art nicht entscheidend und schon gar nicht allein auf die Schönheit an, sondern in erster Linie auf Sportlichkeit und Leistung. Außerdem brauchte man schon eine gewisse Zeit, um sich mit dem für damalige Begriffe arg happigen Preis abzufinden.

BMW 326 1936–1941	BMW 327 1937–1941	BMW 327/28 1938–1940	BMW 328 1937–1939	BMW 335 1939–1941
–	–	–	–	–
–	–	–	–	–
RM 5500,–	–	–	–	RM 7850,–
RM 5810,–	–	–	–	–
RM 6050,–	–	–	–	RM 9050,–
RM 7300,–	–	–	–	–
RM 7300,–	–	–	–	RM 9600,–
–	–	–	RM 7400,–	–
–	RM 7500,–	RM 8130,–	–	–
–	RM 7450,–	RM 8100,–	–	–
RM 4450,–	–	–	RM 5900,–	RM 6700,–

BMW 326 1936–1941	BMW 327 1937–1941	BMW 327/28 1938–1940	BMW 328 1937–1939	BMW 335 1939–1941
–	–	–	–	–
10 142	–	–	–	233
4 060	–	–	–	118
1 093	–	–	–	40
–	–	–	403	–
–	1124	482	–	–
–	179	86	–	–
641	1	1	59	24
15 936	**1304**	**569**	**462**	**415**

Als sich dann der Verkauf zu beschleunigen begann, kam der Krieg und damit das vorläufige Ende einer aussichtsreichen Karriere. Und heute gilt dieses Cabriolet als der schönste BMW der Vorkriegszeit.

Die Produktion des BMW 327 begann im Dezember 1937. (Die ersten Wagen besaßen ein Hurth-Schnellganggetriebe mit Freilauf im I. und II. Gang sowie einer Hinterachse 4,55.) Wegen seines lahmenden Verkaufs wurde das Auto bereits ab April 1938 wahlweise mit dem 80 PS-Motor des BMW 328 lieferbar. Von nun an betrachteten auch PS-Enthusiasten, die damals freilich noch in bescheideneren Größenordnungen dachten als heutzutage, auch diesen BMW als gesellschaftsfähig. Ab Oktober 1938 wurde der 55 PS BMW 327 und der 80 PS BMW 327/28 auch als Sport-Coupé angeboten. Die Karosserien beider Modelle fertigten, soweit dem Verfasser bekannt, nur Autenrieth und Ambi-Budd. (Die Firma Ambi-Budd fertigte zwar in ihrem Hauptwerk Berlin-Johannisthal nur Ganzstahlkarosserien, doch gehörte ihr auch die einstmals größte deutsche Karosseriefabrik Lindner (Anmendorf) und der Karosseriebau der Deutschen Industriewerke (Berlin-Spandau).

Übrigens besaßen die BMW 327 Cabriolets von Anfang an vorn angeschlagene Türen und Einbauwinker vor den Türen. Beim Coupé hingegen hatten kurioserweise die Türen hinten angeschlagen und die Winker (meistens, nicht immer) hinter den Türen eingebaut. Die mickrigen Stoßecken wurden erst ab Jahrgang 1939 durch einteilige Stoßstangen ersetzt.

BMW 328 (1937–1939)
BMW 328 (Prototypen 1939–1942)

Wie ein Paukenschlag wirkte der erste, völlig überraschende Auftritt des BMW 328: Ernst Henne siegte am 14. Juli 1936 beim Eifel-Rennen in der Zweiliter-Sportwagenklasse. Kaufen konnte man den BMW 328 ab Februar 1937, und er geriet auf Anhieb zum erfolgreichsten und beliebtesten Sportwagen der letzten Vorkriegsjahre. Schon die äußere Form war so ansprechend gelungen, daß sie keinerlei Zierrats bedurfte. Vor allem aber imponierten seine hervorragenden Leistungen und die für damalige Begriffe exzellenten Fahreigenschaften. Dabei war dieses Auto in kürzester Zeit und ingenieurmäßig – anders als der BMW 326 – mit sparsamsten Mitteln entwickelt worden. So erhielt der Motor lediglich einen neuen Zylinderkopf mit V-förmig angeordneten Ventilen. Um aber deren Steuerung über nur eine seitliche Nockenwelle beibehalten zu können, wurden die Einlaßventile in üblicher Weise über Stoßstangen und Kipphebel betätigt, wobei von dort aus über horizontal arbeitende Stoßstangen die gegenüberliegenden Auslaßventile ihre Impulse erhielten. Dieser Ventilantrieb von geradezu genialer Einfachheit, im Prinzip übrigens vom französischen Talbot abgeguckt, bewährte sich bestens.

Gebaut wurden bis Kriegsbeginn 426 Wagen, von denen heute noch etwa die Hälfte vorhanden sein dürften. Sie zählen weltweit zu den begehrtesten Oldtimern. Die meisten Wagen wurden mit der in Eisenach hergestellten Karosserie als offene Zweisitzer mit leichtem Segeltuchverdeck geliefert. Relativ zahlreich entstanden jedoch auch wunderschöne Zweisitzer-Cabriolets bei Gläser, Wendler, Drauz, Ludwig Weinberger und einigen anderen. Ein paar mißratene Einzelanfertigungen gab es natürlich auch. Finanziell hat der BMW 328 trotz der lebhaften Nachfrage dem Werk wohl nur wenig eingebracht, dafür aber eine unschätzbare Festigung des Markenrufs.

Die beiden wichtigsten Sportwagen-Wettbewerbe jener Zeit waren das 24 Stunden-Rennen von Le Mans in Frankreich und die Mille Miglia in Italien. Für Le Mans 1939 ließ BMW bei der Carrozzeria Touring (Mailand) ein Stromlinien-Coupé in Superleggera-Bauweise herstellen. Diese Berlinetta errang in Le Mans mit Prinz Max von Schaumburg-Lippe und Beifahrer Wencher am Steuer den Sieg in der Zweiliter-Klasse und den ehrenvollen 5. Rang in der Gesamtwertung.

Die Mille Miglia 1940 – Italien befand sich noch nicht im Krieg – lief auf einer verkürzten Strecke, fand aber als letzte Rennsport-Großveranstaltung jener Epoche weltweite Beachtung. BMW brachte 5 Werkswagen mit, nämlich erstens die Le Mans-Berlinetta von 1939, mit der Fritz Huschke von Hanstein und Walter Bäumler überlegen den Gesamtsieg schafften. Zweitens standen drei neue Roadster am Start, welche schließlich den

3., 5. und 6. Platz belegten. Drittens war da eine von BMW selbst gebaute Rennsport-Limousine, die entsprechend der von Professor Kamm entwickelten Stromform gestaltet war. Dieses Einzelstück, dem Grafen Lurani anvertraut, fiel wegen eines technischen Defektes aus.

Alle fünf Werkswagen waren mit dem 120 PS starken 328-Rennmotor ausgerüstet, wie er dem damaligen Entwicklungsstand entsprach. Die Höchstgeschwindigkeit betrug zwischen 200 und 220 km/h. Die mit einem 100 Liter-Tank versehenen Autos konsumierten ein Gemisch von 40% Alkohol und 60% Benzin-Benzol. Der Verbrauch belief sich auf etwa 18,5 Liter/100 km. Äußerlich entsprachen die drei Roadster bis auf wenige Details bereits genau dem geplanten Serien-Nachfolger des bis 1939 gebauten 328.

Aber BMW plante viel weiter in die Zukunft. Nahezu fertig war bereits ein neuer Zweiliter-Sechszylinder-Motor mit zwei obenliegenden Nockenwellen, der es auf 140 PS und den Wagen auf 240 km/h bringen sollte. Hierfür wurde 1942 in Zusammenarbeit mit Touring (Mailand) ein offener Zweisitzer-Rennsportwagen in Pontonform entwickelt. Dieser Prototyp, der heute im Deutschen Museum steht, kam zwar nicht mehr zum Einsatz, aber seine Form blieb das Vorbild für die ersten Nachkriegs-Rennsportwagen von Veritas.

BMW 335 (1939–1943)

Als ihr größtes Vorkriegsauto stellten die „Eisenacher Bayern" im Herbst 1938 den BMW 335 auf der Londoner Motor Show vor. (Wichtigster Auslandskunde von BMW war damals Frazer-Nash in England). Wiederum war dieser neue Wagen kostenbedingt ein Kompromiß. Er besaß einen völlig neuen Motor, aber die Karosserie und das Fahrwerk stammten vom BMW 326, allerdings mit größeren Bremsen und verstärkten Reifen sowie des Motors wegen mit deutlich längerem Vorbau. Das Auto beeindruckte durch seine Leistung, Sportlichkeit und Laufkultur. Aber noch ehe die Produktion recht in Schwung kam, brach der Krieg aus. Im Mai 1941 endete die reguläre Fertigung, wenige Einzelstücke folgten noch bis 1943. Und klein ist die Zahl der BMW 335, die den Krieg überlebt haben, denn hauptsächlich die Cabriolets, aber auch die Limousinen erfreuten sich bei den höheren Offizieren großer Beliebtheit.

Die drei letzten Fahrgestelle gingen 1943 zur Karosseriefirma Autenrieth, wo sie vermutlich zu Cabriolets komplettiert werden sollten. Doch anscheinend versäumte das zuständige Rüstungsamt den Anschlußauftrag und die drei Fahrgestelle überstanden unbeschadet den Krieg. Nach dessen Ende machte Autenrieth daraus drei sehr elegante Sport-Coupés im Stil des BMW 327. Sie wurden noch 1945 ausgeliefert, wobei einen dieser Wagen Ernst Henne erhielt und einen der beiden anderen der Münchener Polizeipräsident. Und der Dienstwagen des bayerischen Ministerpräsidenten war in jenen Nachkriegsjahren eine wie neu aussehende BMW 335 Limousine, bis es den BMW 501 gab.

Im Versuch hat es auch einen BMW 337 gegeben, ein Fahrgestell mit 3,5 Liter-Motor und einem Radstand von 3120 mm, das für den Stromlinienaufbau von Professor Kamm bestimmt war. Sicherlich hätte es eines Tages auf einem entsprechenden Fahrgestell auch eine Siebensitzer Pullmann-Limousine gegeben.

BMW 332 (Prototypen 1940)

Als Nachfolger für den BMW 326 und Basis für eine künftige Typenfamilie war der BMW 332 vorgesehen. 1940 gab es drei Versuchswagen (mit kleinen Unterschieden), die noch während des Krieges auf öffentlichen Straßen erprobt wurden. Der BMW 332 besaß das Fahrgestell des BMW W 326, dazu den 2 Liter-Sechszylinder-Motor BMW 326/4 (mit Ölkühler), sowie Lenkradschaltung und eine Viertüren-Karosserie in Pontonform, deren Gestalt an die Versuchswagen von Professor Kamm, von hinten aber auch an den Opel Kapitän erinnerte. (Kurz vor dem Krieg hatte BMW mehrere Ingenieure von Opel nach München geholt).

Das Wrack eines der drei Versuchswagen – die beiden anderen sind verschollen – wurde nach 1945 aus dem Trümmerschutt des Werks geborgen und wieder aufgebaut, wobei ein normaler 2 Liter 50 PS-Motor aus der Vorkriegsproduktion zum Einbau kam. Dieser BMW 332 diente eine Zeitlang als Direktionswagen, ehe er 1949 in den Besitz von Georg („Schorsch") Maier überging.

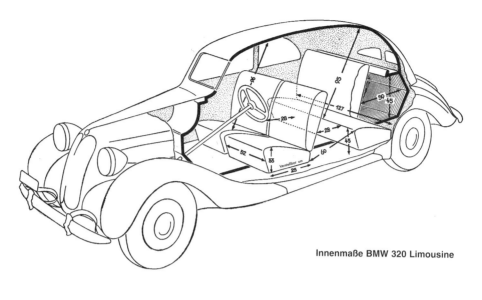

Innenmaße BMW 320 Limousine

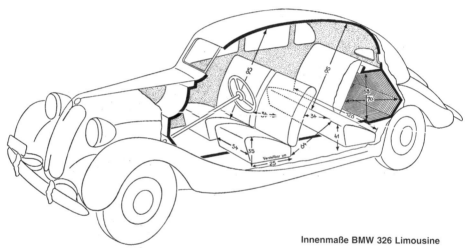

Innenmaße BMW 326 Limousine

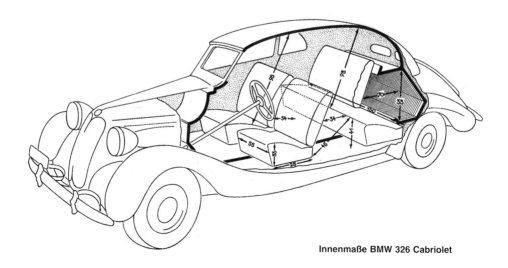

Innenmaße BMW 326 Cabriolet

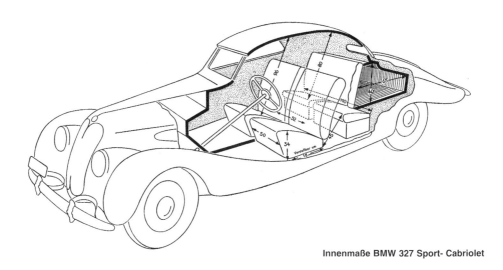

Innenmaße BMW 327 Sport- Cabriolet

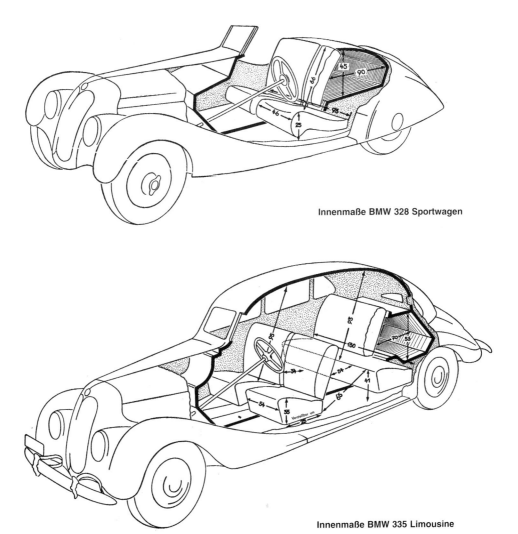

Innenmaße BMW 328 Sportwagen

Innenmaße BMW 335 Limousine

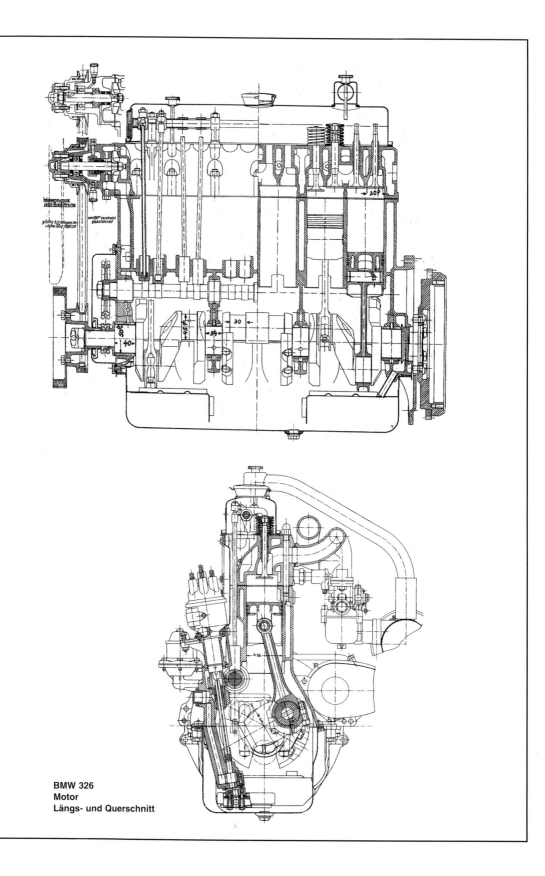

BMW 326
Motor
Längs- und Querschnitt

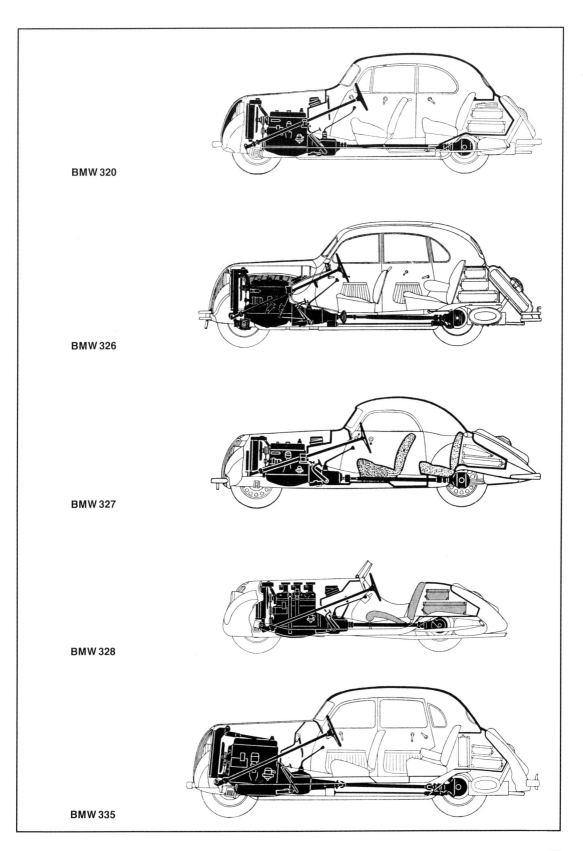

BMW 320

BMW 326

BMW 327

BMW 328

BMW 335

	BMW 320 1937–1938		BMW 321 1939–1941	BMW 326 1936–1941
Motor				
Zylinder	6 (Reihe)			6 (Reihe)
Bohrung × Hub	66 × 96 mm			66 × 96 mm
Hubraum	1971 ccm			1971 ccm
Leistung	45 PS bei 3750 U/min			50 PS bei 3750 U/min
Verdichtung	1:6			1:6
Vergaser	1 Vertikalvergaser			2 Vertikalvergaser
	Solex 30 BFLVS			Solex 26 BFLV
Ventile	Hängend			Hängend
	Stoßstangen und Kipphebel			Stoßstangen und Kipphebel
	Seitliche Nockenwelle			Seitliche Nockenwelle
	Antrieb über Duplex-Kette			Antrieb über Duplex-Kette
Kurbelwellenlager	4			4
Kühlung	Pumpe, 7,5 Liter Wasser			Pumpe, 7,5 Liter Wasser
Schmierung	Druckumlauf, 4 Liter Öl			Druckumlauf, 4 Liter Öl
Batterie	6 V 75 Ah			6 V 75 Ah
	(unter Rücksitz links)			(unter Rücksitz links)
Lichtmaschine	90 oder 130 W			90 oder 130 W
Kraftübertragung	Antrieb auf Hinterräder			Antrieb auf Hinterräder
Kupplung	Einscheibentrockenkupplung			Einscheibentrockenkupplung
Schaltung	Schalthebel Wagenmitte			Schalthebel Wagenmitte
Getriebe	4 Gang (Hurth)			4 Gang (Hurth)
Synchronisierung	III–IV			III–IV
				Freilauf im I.–II. Gang
				(nicht sperrbar)
Übersetzungen	I. 3,66			I. 3,85
	II. 2,22			II. 2,38
	III. 1,51			III. 1,54
	IV. 1,00			IV. 1,00
Antriebs-Übersetzung	4,38 bzw. (ab 1938) 4,55			4,875
Fahrwerk	Tiefbett-Kastenrahmen			Tiefbett-Kastenrahmen
Vorderradaufhängung	Querlenker unten		Querlenker oben	Querlenker oben
	1 Querfeder oben		1 Querfeder unten	1 Querfeder unten
Hinterradaufhängung	starr, Halbfedern			starr, 2 Längs-Federstäbe
Lenkung	Zahnstange			Zahnstange
Fußbremse	Hydraulisch			Hydraulisch
	Innenbacken, 4 Räder			Innenbacken, 4 Räder
Handbremse	Seilzug auf Hinterräder			Seilzug auf Hinterräder
Schmierung	WV-Eindruck-Zentral			WV-Eindruck-Zentral
Allgemeine Daten				
Radstand	2750 mm		2750 mm	2750 mm
Spur vorn/hinten	1160/1300 mm		1300/1300 mm	1300/1400 mm
Gesamtmaße	4500 × 1540 × 1500 mm		4500 × 1570 × 1500 mm	4600 × 1600 × 1500 mm
Räder	Fünfloch-Lochscheiben		Fünfloch-Lochscheiben	Fünfloch-Scheiben bzw.
				(ab 1937) -Lochscheiben
Felgen	3,25 D × 16		3,50 D × 16	1936: 3,25 E × 17
				ab 1937: 3,50 D × 16
Reifen	5,25-16		5,50-16	1936: 5,25-17
				ab 1937: 5,50–16
Wendekreis	13 Meter		11 Meter	12 Meter
Fahrgestellgewicht	750 kg			800 kg
Wagengewicht	Limousine 1000 kg			Limousine 1125 kg
Zuläss. Gesamtgewicht	1600 kg			1700 kg
Höchstgeschwindigkeit	110 km/h			115 km/h
Beschleunigung 0–100 km/h	35 sec.			35 sec.
Verbrauch/100 km	11 Liter			12,5 Liter
Kraftstofftank	50 Liter (im Heck)			65 Liter (im Heck)
Bemerkungen	Die ersten 640 Wagen noch mit 1911 ccm Zweivergasermotor wie BMW 319 und 329			

BMW 327 1937–1941	BMW 327/28 1938–1940	BMW 328 1937–1939	BMW 335 1939–1943
6 (Reihe)	6 (Reihe)		6 (Reihe)
66×96 mm	66×96 mm		82×110 mm
1971 ccm	1971 ccm		3485 ccm
55 PS bei 4500 U/min	80 PS bei 5000 U/min		90 PS bei 3500 U/min
1:6,3	1:7,5		1:5,8
2 Vertikalvergaser	3 Fallstromvergaser		2 Vertikal-Doppel-Register-
Solex 26 BFLV	Solex 30 JF		vergaser Solex 35 MNOVS
Hängend	V-förmig hängend		Hängend
Stoßstangen und Kipphebel	Einlaß: Stoßstangen und Kipphebel, Auslaß: Quer-Stoßstangen		Stoßstangen und Kipphebel
Seitliche Nockenwelle	Seitliche Nockenwelle		Seitliche Nockenwelle
Antrieb über Duplex-Kette	Antrieb über Duplex-Kette		Antrieb Novotext-Stirnräder
4	4		4
Pumpe, 7,5 Liter Wasser	Pumpe, 7,5 Liter Wasser, Ölkühler		Pumpe, 14 Liter Wasser
Druckumlauf, 4 Liter Öl	Druckumlauf, 4 Liter Öl		Druckumlauf, 7 Liter Öl
6 V 75 Ah	6 V 75 Ah		12 V 62,5 Ah
(im Motorraum)	(im Motorraum)		(im Motorraum)
90 oder 130 W	90 oder 130 W		150 W
Antrieb auf Hinterräder	Antrieb auf Hinterräder	Antrieb auf Hinterräder	Antrieb auf Hinterräder
Einscheibentrockenkupplung	Einscheibentrockenkupplung	Einscheibentrockenkupplung	Einscheibentrockenkupplung
Schalthebel Wagenmitte	Schalthebel Wagenmitte	Schalthebel Wagenmitte	Schalthebel Wagenmitte
4 Gang (Hurth) 4 Gang (ZF)	4 Gang (ZF)	4 Gang (Hurth) 4 Gang (ZF)	4 Gang (ZF)
III–IV I–IV	I–IV	III–IV III–IV	I–IV
Freilauf im I.–II.			
I. 3,85 I. 3,75	I. 3,75	I. 3,63 I. 3,07	I. 3,89
II. 2,38 II. 2,28	II. 2,28	II. 2,07 II. 1,82	II. 2,165
III. 1,54 III. 1,48	III. 1,48	III. 1,50 III. 1,25	III. 1,355
IV. 1,00 IV. 1,00	IV. 1,00	IV. 1,00 IV. 1,00	IV. 1,00
3,90	3,90	3,88 3,70	2,90
Tiefbett-Kastenrahmen		Rohrrahmen, Kastenquerträger	Tiefbett-Kastenrahmen
Querlenker oben		Querlenker unten	Querlenker oben
1 Querfeder unten		1 Querfeder oben	1 Querfeder oben
starr, Halbfedern		starr, Halbfedern	starr, 2 Längs-Federstäbe
Zahnstange		Zahnstange	Zahnstange
Hydraulisch		Hydraulisch	Hydraulisch
Innenbacken, 4 Räder		Innenbacken, 4 Räder	Innenbacken, 4 Räder
Seilzug auf Hinterräder		Seilzug auf Hinterräder	Seilzug auf Hinterräder
WV-Eindruck-Zentral		WV-Eindruck-Zentral	WV-Eindruck-Zentral
2750 mm		2400 mm	2984 mm
1300/1300 mm		1153/1220 mm	1306/1404 mm
4500×1600×1420 mm		3900×1550×1400 mm	4814×1700×1685 mm
Fünfloch-Lochscheiben		Fünfloch-Lochscheiben auf Wunsch: Zentralverschluß	Fünfloch-Lochscheiben
3,50 D×16		3,25 oder 3,50 D×16	4,00 E×16
5,50-16		5,25 oder 5,50-16	6,00-16 extra
11 Meter		10,6 Meter	12,5 Meter
750 kg	750 kg	500 kg	1200 kg
1100 kg	1100 kg	830 kg	Limousine 1300 kg
1600 kg	1450 kg	1220 kg	1750 kg
125 km/h	140 km/h	150 km/h	145 km/h
12 Liter	14,5 Liter	14,5 Liter	16 Liter
50 Liter (im Heck)	50 Liter (im Heck)	50 Liter (im Heck) auf Wunsch: 100 Liter	65 Liter (im Heck)

BMW 320
Limousine 2 Türen
(Türen vorn angeschlagen,
geteilte Stoßstangen)
1937–1938

BMW 320
Cabriolet 2 Türen
(Türen vorn angeschlagen,
geteilte Stoßstangen)
1937–1938

BMW 321
Limousine 2 Türen
(Türen hinten angeschlagen,
durchgehende Stoßstangen)
1939–1941

BMW 321
Cabriolet 2 Türen
(Türen hinten angeschlagen,
durchgehende Stoßstangen)
1939–1941

BMW 321 Sport-Cabriolet (Karosserie Autenrieth) 1939

BMW 321 Sport-Cabriolet (Karosserie Wendler) 1939

BMW 326
Limousine 4 Türen
(Doppel-Stoßstangen,
17″-Scheibenräder)
1936
◄
◄

BMW 326　▶
Cabriolet 4 Türen
(Doppel-Stoßstangen,
17″-Scheibenräder)
1936

BMW 326　▶
Cabriolet 4 Türen
(Doppel-Stoßstangen,
16″-Lochscheibenräder)
Karosserie Autenrieth
1937　▶

◄
◄
BMW 326
Limousine 4 Türen
(Einteilige Stoßstangen,
16″-Lochscheibenräder)
1939–1941

BMW 326
Cabriolet 4 Türen
(Doppel-Stoßstangen,
16″-Lochscheibenräder)
Karosserie Autenrieth
1937

BMW 326 Cabriolet 2 Fenster (Karosserie Autenrieth) 1937

BMW 326 Cabriolet 2 Fenster (Karosserie Autenrieth)
Sonderausführung mit Sicherheits-Schiebetüren, Musterwagen 1938

BMW 326 Sport-Cabriolet 2 Sitze (Karosserie Gläser) 1938

BMW 326
Cabriolet 4 Fenster
(Vereinigte Werkstätten für
Karosserie- und Wagenbau, München)
1938

BMW 326
Roadster 2 Sitze
Sonderkarosserie
Erdmann & Rossi
1937

BMW 326
Sport-Cabriolet 2 Sitze
Sonderkarosserie Drauz
1938

BMW 326
Sport-Cabriolet 2 Sitze
Sonderkarosserie
Ludwig Weinberger
1937

◄ BMW 327
◄ BMW 327/28
◄ Sport-Cabriolet
◄ 1937–1941

BMW 327 ►
BMW 327/28 ►
Sport-Coupé ►
1938–1941

BMW 328 ▶
◀ Sportwagen ▶
◀ 1937–1939 ▶

BMW 328 Sport-Cabriolet 2 Sitze (Karosserie Drauz) 1937–1939

BMW 328 Sport-Cabriolet (Karosserie Ludwig Weinberger) 1937–1939

BMW 328 Sport-Cabriolet 2 Sitze (Karosserie Gläser) 1937–1939

BMW 328
Sportwagen 2 Sitze
mit abnehmbarem Dach
Karosserie Wendler
1937–1939

BMW 328
Sportwagen 2 Sitze
Dach abgenommen
Karosserie Wendler
1937–1939

BMW 328
Sportwagen 2 Sitze
mit Wetterdach
Karosserie Wendler
1937–1939
◀
◀
◀

▶
▶
▶

BMW 328
Sport-Cabriolet 2 Sitze
Vereinigte Werkstätten für
Karosserie- und Wagenbau
(München)
1937

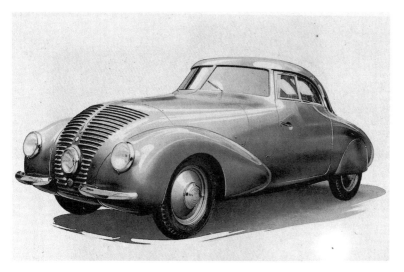

Das Karosseriewerk Wendler (Reutlingen) realisierte in den Jahren 1937–1939 mehrere Stromlinienwagen. Freiherr R. Koenig-Fachsenfeld hatte sie nach Patenten von Paul Jaray entworfen. Es entstanden zwei Exemplare des hier abgebildeten Zweisitzers (mit Notsitz), der auf der Berliner Automobil-Ausstellung 1938 ausgestellt war. Ferner gab es eine Viersitzer-Limousine ähnlicher Form. Diese drei Wagen besaßen Fahrgestelle BMW 326.

Zwei weitere Autos dieser Art baute Wendler auf dem BWM 328. Daß bei diesen Sport-Zweisitzern die Kabine rein optisch weiter hinten, also über der Hinterachse saß, war lediglich durch den kürzeren Radstand des BMW 328 bedingt. Einer der beiden Wagen (siehe Bild) steht heute im Deutschen Museum.

Für das 24 Stunden-Rennen von Le Mans 1939 ließ BMW bei der Carozzeria Touring (Mailand) dieses Stromlinien-Coupé in Superleggera-Bauweise herstellen. Der Wagen wurde Fünfter in Le Mans und Sieger bei der Mille Miglia 1940.

Ebenfalls bei der Mille Miglia 1940 setzte BMW drei offene Rennsport-Zweisitzer ein, welche dort den 3., 5. und 6. Platz belegten. Es waren dies Prototypen für den geplanten Nachfolger des serienmäßigen BMW 328. Tatsächlich baute die englische Firma Frazer-Nash diesen Wagen von 1946 bis 1949 in mehreren Exemplaren.

BMW 328 Rennsport-Limousine, ebenfalls eingesetzt bei der Mille Miglia 1940, dort allerdings wegen eines technischen Defektes ausgeschieden. Die Gestaltung dieses Wagens erfolgte bei BMW nach dem Vorbild der von Professor Kamm entwickelten Stromform.

BMW 328 Rennsportwagen 1942, entwickelt in Zusammenarbeit mit der italienischen Firma Touring. Dieses Auto, das heute im Deutschen Museum steht, kam zwar nicht zum Einsatz, doch seine Form war das Muster für die ersten Nachkriegs-Rennwagen von Veritas.

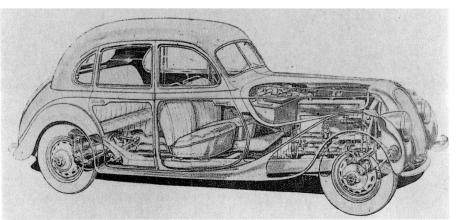

BMW 335
Limousine 4 Türen
Karosserie Ambi-Budd
1938–1940

BMW 335
Cabriolet 4 Türen
Karosserie Autenrieth
1939–1941

BMW 335
Cabriolet 2 Türen
Karosserie Autenrieth
1939–1941

BMW 335
Sport-Cabriolet 2 (2) Sitze
Karosserie Autenrieth
Einzelstück 1939

▶
BMW 335 als Versuchswagen K 1 mit der von Professor Kamm (Stuttgart) entwickelten Stromform. Er war vor allem für Fahrten auf den damals neuen Reichsautobahnen gedacht. Man erhoffte sich davon hohe Reisegeschwindigkeiten bei relativ niedrigem Verbrauch. Zu den Besonderheiten dieses Versuchswagens gehörte es, daß sich der Reifendruck aller vier Räder vom Fahrersitz aus während der Fahrt verändern ließ. Den Aufbau des K 1 fertigte die Karosseriefabrik Vetter auf einem von BMW zur Verfügung gestellten Vorserien-Fahrgestell des neuen Typs 335. Von allen Versuchswagen, die Professor Kamm hatte bauen lassen, überlebte der K 1 als einziger. Er gehört heute dem Automuseum Langenburg.

Während es sich beim K 2 und K 3 um kleinere Modelle auf Mercedes-Benz 170 V handelte, besaß der K 4 (siehe Bild) wiederum ein Fahrgestell des BMW 335. Den Aufbau dieses Wagens fertigte 1939 die Firma Reutter. Die versuchsweise auf dem Dach montierte Doppel-Flosse wurde bald wieder abgenommen, weil sie zu negativen Ergebnissen führte.   ▶

◀
◀
◀
Um ein heute noch aufsehenerregendes Einzelexemplar handelt es sich bei diesem BMW 335, dessen Karosserie 1939 von Herrmann Graber (Wichtrach, Schweiz) angefertigt wurde. Obwohl für Frontpartie, Kotflügel, Trittbretter und Stoßstangen die Originalteile beibehalten wurden, weicht die Form dieses Cabriolets vom damaligen BMW-Stil so sehr ab, daß es eher an einen Alfa Romeo jener Jahre erinnert. Für seine Karosserien bevorzugte Graber die Farbe schwarz mit grünen Lederpolstern. So präsentiert sich dieser hervorragend wieder hergerichtete Wagen heute noch. Er gehört dem BMW-Händler Max Hahn (Luzern).

90

BMW 332 Versuchswagen (einer von drei Exemplaren) im Winter 1940, fotografiert beim Werktor an der Lerchenauer Straße. Heute ist diesseits und jenseits der Straße alles zugebaut.

Einer der drei BMW 332 Versuchswagen wurde nach dem Krieg aus dem Schutt des zerstörten Werks geborgen und wieder hergerichtet. Dieses Auto lief (Fotos von 1949) noch jahrelang als Direktionsfahrzeug.

BMW Automobile für die Wehrmacht

Im Gegensatz zu den BMW Motorrädern, die bei der Reichswehr und der Wehrmacht eine wichtige Rolle spielten, hatten dort BMW Automobile nur untergeordnete Bedeutung.

Allerdings besaß schon die Reichswehr schätzungsweise etwa 300 Dixi und BMW 3/15 PS, die als Meldefahrzeuge, MG-Wagen oder als Unterbau für Panzer-Attrappen dienten. In den Jahren 1934 bis 1936 kaufte die Reichswehr etwa 2200 Fahrgestelle BMW 309, 315 sowie etliche 319 für Kübelwagen Kfz. 1 (z. B. Zugführerwagen) und für leichte Fernsprech-Kraftwagen. An die 1000 Cabrio-Limousinen und Cabriolets dieser Typen standen höheren Offizieren als Stadtwagen zur Verfügung. Die meisten dieser Fahrzeuge erlebten noch die ersten Monate des Rußlandkriegs, blieben dann aber spätestens beim Beginn des Winterwetters liegen. Solchen Strapazen konnten diese zierlichen Automobilchen nicht gewachsen sein.

Mitte der dreißiger Jahre setzte sich bei der Wehrmachtführung die Meinung durch, daß künftig bei Gefechtsfahrzeugen nicht mehr mit handelsüblichen Fahrgestellen auszukommen sei. Deshalb wurden beim Heereswaffenamt die sogenannten Einheits-Fahrgestelle für die leichten, mittleren und schweren Wehrmacht-Personenkraftwagen konstruiert. Drei Firmen übernahmen dann die Herstellung der leichten Einheits-Pkw, jeweils unter Verwendung markeneigener 50 PS 2 Liter-Motoren. Von 1936 bis 1943 lieferte Stoewer 7500 Wagen, also den größten Anteil. Hanomag brachte es 1937 bis 1940 auf etwa 2000 Wagen. BMW baute ab April 1937: 453, 1938: 945, 1939: 1093 und bis Juli 1940: 734, insgesamt also 3225 (nach einer anderen Statistik 3259) Wagen. Die leichten Einheits-Pkw aller drei Firmen waren, von den Motoren abgesehen, völlig identisch und äußerlich durch nichts zu unterscheiden, zumal auch keine Markenzeichen angebracht sein durften. An der Front freilich haben sich diese „leichten" Einheits-Pkw, gleich welcher Herstellerfirma, überhaupt nicht bewährt. Sie waren zu kompliziert, zu teuer, viel zu schwer, arg empfindlich und deshalb so reparaturanfällig, daß nur selten ein Exemplar die ersten tausend Kilometer Rußland überlebte. Bereits 1942 verschwand der leichte Einheits-Pkw aus dem Rüstungsprogramm und alsbald auch aus der Truppe. Niemand weinte ihm nach.

Im Krieg setzte die Wehrmacht selbstverständlich auch „eingezogene" BMW Automobile ein, hauptsächlich Cabriolets, aber auch Limousinen der Typen 321, 326 und 335. Viele fuhren bei höheren Stäben, vor allem auch in den besetzten Gebieten. Jedenfalls wurden sie nahezu alle zerstört oder verschlissen oder von den Siegern erbeutet, weshalb nur so wenige Exemplare dieser BMWs bis heute erhalten blieben.

Ab 1929 gab es bei der Reichswehr etwa ein Dutzend oder ein paar mehr 3/15 PS Dixi als Trägerfahrzeuge für Tankattrappen.
◄

►
BMW 3/15 PS (1929–1930) Maschinengewehr-Wagen der Reichswehr.
►

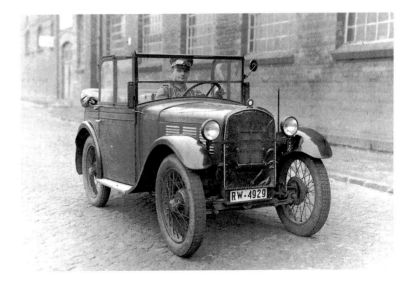

Bis etwa 1934 setzte die Reichswehr verhältnismäßig viele BMW 3/15 PS (Typ DA 2) in serienmäßiger Ausführung als offene Zweisitzer für die Beförderung von Ordonnanz-Offizieren und ähnliche Zwecke ein.

Im Jahr 1936 begann die Aufstellung einer motorisierten Gendarmerie, welche die neuen Autobahnen und die großen Fernstraßen überwachen sollte. Für diesen Zweck waren speziell ausgerüstete Streifenwagen vorgesehen. BMW, Wanderer und Mercedes-Benz stellten 1936/37 je 3 Musterwagen vor. Infolge der politischen Ereignisse jener Zeit wurde jedoch kein Anschlußauftrag vergeben. Zwar fuhr die motorisierte Gendarmerie mit den Musterwagen Einsätze, die aber hauptsächlich den Zweck hatten, Erfahrungen zu sammeln. Bild oben: Drei BMW 326 Streifenwagen vor der Auslieferung. Bild unten: Alle Musterfahrzeuge wurden im Kriegseinsatz der Polizei-Divisionen „aufgebraucht". ▶ ▶

◀ ◀
BMW 309 (4 Zylinder, 0,9 Liter, 22 PS) als kleiner Fernsprechwagen mit zwei Sitzen und Gerätekasten. Baujahr 1934/35. Der Aufbau wurde bei Magirus (Ulm) entwickelt und hergestellt.

BMW 315 (6 Zylinder, 1,5 Liter, 34 PS) als Kübelwagen Kfz. 1 gebaut in den Jahren 1934 bis 1936. 3 oder 4 Sitze, Gewicht ca. 1000 kg, Gesamtmaße 4100×1500×1600 mm. ◀ ◀

Ein „eingezogener" BMW 335 als Dienstwagen eines Generals. ▶

BMW 325
Leichter Einheits-Pkw.
4 Sitze, 4 Türen
1939–1940

BMW 325
Leichter Einheits-Pkw.
3 Sitze + Gerätekasten
3 Türen
1939–1940

BMW 325
Fahrgestell mit
Vierrad-Lenkung

Motor	BMW 325
Zylinderzahl	6 (Reihe)
Bohrung × Hub	66 × 96 mm
Hubraum	1971 ccm
Leistung	50 PS bei 3750 U/min
Verdichtung	1:6
Vergaser	2 Steigstromvergaser Solex 26 BFLV
Ventile	Hängend
	Stoßstangen und Kipphebel
	Seitliche Nockenwelle
	Antrieb durch Duplex-Kette
Kurbelwellenlager	4
Kühlung	Wasser/Pumpe
Schmierung	Trockensumpf, 6,5 Liter Öl
Batterie	12 V 50 Ah bzw.
	(bei Funkausrüstung) 90 Ah
Lichtmaschine	190 W
Anlasser	1,4 PS
Kraftübertragung	Allrad-Antrieb
	4 Sperrdifferentiale
Kupplung	Einscheibentrockenkupplung
Getriebe	5 Gang
Schaltung	Schalthebel Wagenmitte
Übersetzungen	Gelände 9,12
	I. 5,01, II. 2,86, III. 1,89, IV. 1,00
	Zwischengetriebe 1,358
Antriebs-Übersetzung	4,84
Fahrwerk	Kastenprofil-Rahmen
	Ganzstahlkarosserie
Vorderradaufhängung	Doppel-Querlenker
	Je 2 Schraubenfedern pro Rad
Hinterradaufhängung	Doppel-Querlenker
	Je 2 Schraubenfedern pro Rad
Lenkung	Vierrad-Spindellenkung
	Hinterrad-Lenkung abschaltbar
Fußbremse	Mechanisch, 4 Räder
Handbremse	Mechanisch, 4 Räder
Allgemeine Daten	
Radstand	2400 mm
Spur	1400/1400 mm
Gesamtmaße	3900 × 1690 × 1900 mm
Reifen	6,00-18 Gelände
Bodenfreiheit	235 mm
Watfähigkeit	500 mm
Spurkreis ⌀	Mit Vorderrad-Lenkung 12,7 Meter
	Mit Vierrad-Lenkung 6,5 Meter
Wagengewicht	1775 kg
Zuläss. Gesamtgewicht	2200 kg
Nutzlast	425 kg
Höchstgeschwindigkeit	80 km/h
Verbrauch/100 km	Straße 17 Liter
	Gelände 25 Liter
Kraftstofftank	50 + 10 Liter (im Heck)
Fahrbereich	Straße 350 km, Gelände 240 km

Frazer-Nash-BMW (1934–1939)

Ende 1934 übernahm die kleine, aber damals recht aktive Sportwagenfirma Frazer-Nash lizenzweise das gesamte Verkaufsprogramm der BMW Automobile, um dieses in England als Frazer-Nash-BMW zu vermarkten. Anfangs bezogen die Engländer den BMW 315 und 319, beide übrigens in verhältnismäßig großer Zahl als serienmäßige Sport-Zweisitzer. Bald wurden für A.F.N. die Limousinen und Cabriolets ebenfalls fast nur noch mit dem Sportmotor sowie alle Autos mit Rechtslenkung, Drahtspeichenrädern (z. T. mit Rudge-Verschluß) und Sitzbezügen aus hochwertigem Leder ausgerüstet. Trotz dieser Extras kosteten die Frazer-Nash-BMW weniger als die bescheideneren Originale bei uns zu Hause. Deutschland brauchte dringend Devisen! Sozusagen im Gleichschritt mit BMW gab es dann auch in England die Frazer-Nash-BMW 329, 320, 321, 326 und 327. Besonderer Beliebtheit erfreute sich der 328, den englische Sportfahrer in den letzten Vorkriegsjahren favorisierten, zumal sie ihn oft gar nicht mehr als nichtenglisches Erzeugnis ansahen.

Jedenfalls liefen die Geschäfte für beide Seiten erfreulich, und BMW nahm auf den Partner viel Rücksicht. Ihm zuliebe wurde beispielsweise der BMW 335 auf der Londoner Olympia Show im Herbst 1938 zum ersten Mal der Öffentlichkeit gezeigt. In den knapp 5 Jahren bis Kriegsbeginn übernahm Frazer-Nash von BMW etwa 700 Wagen, dabei über 70 Fahrgestelle, die einen englischen Aufbau erhielten. So entstanden bei der Firma F. D. Abbott für Frazer-Nash-BMW 38 Karosserien, überwiegend Viertüren-Limousinen ohne Mittelpfosten. Derart englisch eingekleidet wurden jedoch nur Fahrgestelle der Typen 315 und 319, außerdem ein paar BMW 320 als Viertüren-Limousinen. Abweichend vom werksoffiziellen BMW Verkaufsprogramm wurden BMW 320, 321 und 326 allerdings auch mit deutschen Sonderkarosserien als Zweifenster-Cabriolets angeboten. Die 9 letzten Fahrgestelle BMW 328, die noch im Sommer 1939 bei A.F.N. eingetroffen waren, wurden erst nach 1945 in der firmeneigenen Karosseriewerkstatt komplettiert. Ein paar gutgemeinte Zutaten gereichten freilich dem äußeren Erscheinungsbild dieser Frazer-Nash-BMW 328 nur zum Nachteil.

Frazer-Nash-BMW 319
Limousine 2 Türen
Karosserie Bertelli (England)
1936

Frazer-Nash-BMW 319/1
Cabriolet 4 Sitze
Karosserie Abbott (England)
1937

Frazer-Nash-BMW 329
Sport-Cabriolet 2 Sitze
Karosserie Reutter
1937

Frazer-Nash-BMW 320
Cabriolet 4 Sitze
Karosserie Reutter
1937

Frazer-Nash-BMW 320
Limousine 4 Türen
Karosserie Abbott (England)
1937

Frazer-Nash-BMW 326
Cabriolet 4 Sitze
Karosserie Reutter
1937

Awtovelo BMW (1945–1951)
EMW (1952–1956)

Bis 1945 sind BMW Automobile niemals in München, sondern allesamt im BMW Werk Eisenach gebaut worden. Dieses hatte, anders als die sächsischen Automobilfabriken, den Krieg einigermaßen funktionsfähig überstanden. Zerstörungen durch Feindeinwirkung hatte es kaum gegeben, vor allem aber kam dem Werk Eisenach der Umstand zugute, daß Thüringen von Anfang April bis Ende Juni 1945 von den Amerikanern besetzt war. Als diese das Land an die Sowjets übergaben, hatten die Plünderungen und Verwüstungen seitens der Roten Armee bereits aufgehört.

Nun betrieb die Sowjetische Aktiengesellschaft, später Staatliche Aktiengesellschaft „Awtovelo" das ehemalige BMW Werk Eisenach. Zunächst wurden Haushaltgegenstände und Handwagen hergestellt, dann auch Motorräder (BMW R 35), bis schon im Oktober 1945 der Automobilbau wieder anlief. Das war möglich, weil bei der Demontage des Ambi-Budd-Preßwerks (Berlin-Johannisthal) die Karosserie-Werkzeuge für die BMW Typen 321, 326 und 327 nach Eisenach geholt werden konnten.

Awtovelo BMW 321 (1945–1950)

Die Automobilfertigung der SAG Awtovelo beschränkte sich zunächst jahrelang auf den Nachbau des BMW 321. Von der Vorkriegsausführung unterschied er sich nur durch die Anbringung der Scheibenwischer unterhalb statt oberhalb der Frontscheibe sowie durch wechselnde Vergaserbestückung (je nach Verfügbarkeit). Die Lieferung der BMW 321 erfolgte fast ausschließlich an die Sowjetische Besatzungsmacht oder in westliche Exportländer. In Ost- und in Westdeutschland wurde der Wagen nicht zum Verkauf angeboten.

Awtovelo BMW 340 (1949–1951)
EMW 340 (1952–1955)

Vorgestellt wurde der BMW 340, abgeleitet vom Vorkriegs-BMW 326, beim Brüsseler Salon und bei der Leipziger Frühjahrs-Messe 1949. Die Auslieferung der Limousine begann im Oktober 1949. Von der späteren Ausführung unterschied sich das Modell 1949/50 durch abnehmbare, runde Hinterradabdeckungen, ausstellbare Windschutzscheibenhälften sowie Einzel-Vordersitze statt einer Sitzbank.

Ende 1951 folgte der EMW 340-2 als Viertüren-Limousine in der endgültigen Ausführung. Dazu kamen mit neuen Aufbauten der IFA Karosseriewerke Halle der Kombiwagen EMW 340-7, der Sanitätskraftwagen

Awtovelo BMW 321
Limousine 2 Türen
1945–1950

EMW 340-4 und der aus Stabholz gefertigte Kasten-Lieferwagen EMW 340-3 (Nutzlast 500 kg). Seit Januar 1952, seit der Übergabe der Staatlichen AG. Awtovelo an die deutsche Verwaltung, lautete die Firmenbezeichnung: „Eisenacher Motoren Werk". Das nunmehrige Markenzeichen „EMW" war weiß-rot statt weiß-blau. Preise:

Awtovelo BMW 340 Limousine 4 Türen DM-Ost 18 440,–
EMW 340-2 Limousine 4 Türen DM-Ost 15 000,–
EMW-7 Kombiwagen 2 Türen DM-Ost 14 835,–

Von den Fahrzeugen der Typen 321, 340 und 327 wurden etwa 19 000 Stück exportiert. Im eigenen Land liefen die EMW 340 fast ausschließlich als Dienstwagen in Verwaltung und Wirtschaft. In den Städten der DDR bleiben sie bis Mitte der sechziger Jahre die meistgefahrenen Taxi.

Awtovelo BMW 327 (1948–1951)
EMW 327 (1952–1955)

1948 wurden auch wieder die ersten 17 Cabriolets BMW 327 gebaut, und zwar in völlig unveränderter Vorkriegsausführung. Ende 1951 machte man beim EMW 327-2 die Seitenwände der Motorhaube zu festen Bestandteilen der Karosserie, so daß sich nur noch der Deckel öffnen ließ. Die Winker wurden nun hinter statt vor den Türen eingebaut, und die stromlinienförmigen Positionsleuchten auf den Vorderkotflügeln ersetzte man durch viereckige Positionsleuchten unter den Scheinwerfern. (Blinker gab es übrigens beim 327 zu keiner Zeit als serienmäßiges Bauteil!) Ab 1954 erschien auch wieder das aus der Vorkriegszeit bekannte Coupé, jetzt bezeichnet als EMW 327-3, mit den gleichen Merkmalen wie das Cabriolet EMW 372-2 sowie als neue Errungenschaft mit großem Heckfenster. Preise:

EMW 372-2 Sport-Cabriolet 2 (2) Sitze DM-Ost 17 740,–
EMW 327-3 Sport-Coupé 2 (2) Sitze DM-Ost 18 590,–

EMW 325/3 (1952)

Selbst in Ostdeutschland war es nahezu unbekannt geblieben, daß das Automobilwerk Eisenach im Jahr 1952 auf der Basis des einstigen BMW 325, des Leichten Einheits-Pkw der Wehrmacht, eine kleine Serie von 161 Kübelwagen EMW 325-3 baute. Bestimmt waren sie ausschließlich für die Kasernierte Volkspolizei, aus der später die Nationale Volksarmee (NVA) entstand. Der Wagen besaß den Motor des EMW 340, dazu Allrad-Antrieb und gelenkte Vorderräder, also keine Vierrad-Lenkung. Offenbar wurden diese Fahrzeuge nach der Ausmusterung konsequent verschrottet, denn, soviel man weiß, gibt es davon kein einziges Stück mehr.

Produktion	BMW 321	BMW 326	EMW 325/3	BMW/EMW 327	BMW/EMW 340
1945	68	–	–	–	–
1946	1373	15	–	–	–
1947	2055	1	–	–	–
1948	2500	–	–	–	–
1949	2750	–	–	14	250
1950	250	–	–	2	3 405
1951	–	–	–	–	6 570
1952	–	–	161	141	8 597
1953	–	–	–	61	1 363
1954	–	–	–	107	482
1955	–	–	–	180	582
	8996	16	161	505	21 249

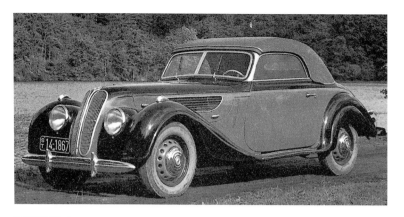

Awtovelo BMW 327 Sport-Cabriolet 2/2 Sitze 1949–1950

EMW 327 Sport-Coupé 2/2 Sitze 1954–1955

Motor
Zylinderzahl
Bohrung x Hub
Hubraum
Leistung
Drehmoment
Verdichtung
Vergaser

Ventile

Kurbelwellenlager
Kühlung
Schmierung
Batterie
Lichtmaschine

Kraftübertragung
Kupplung
Schaltung
Getriebe
Synchronisierung

Übersetzungen

Antriebs-Übersetzung

Fahrwerk
Karosserie

Vorderradaufhängung
Hinterradaufhängung
Lenkung
Fußbremse

Handbremse
Schmierung

Allgemeine Daten

Radstand
Spur vorn/hinten
Gesamtmaße

Reifen
Wendekreis
Wagengewicht
Zuläss. Gesamtgewicht
Höchstgeschwindigkeit
Verbrauch/100 km
Kraftstofftank

Awtovelo BMW 321 1945–1950	Awtovelo BMW 327 1949–1950 EMW 327 1952–1955	Awtovelo BMW 340 1949–1951 EMW 340 1952–1955	
6 (Reihe) 66 x 96 mm 1971 ccm 45 PS bei 4000 U/min		6 (Reihe) 66 x 96 mm 1971 ccm 55 PS bei 3750 U/min 11,2 mkg bei 2500 U/min	
1 : 6 1 Steigstromvergaser Solex 30 BFLVS Hängend Stoßstangen und Kipphebel Seitliche Nockenwelle Antrieb durch Duplex-Kette 4 Pumpe / 9 Liter Wasser Druckumlauf / 4,5 Liter Öl 6 V 75 Ah (im Motorraum) 130 W		1 : 6,1 2 Fallstromvergaser Solex 32 PBI oder BVF F 323-1 Hängend Stoßstangen und Kipphebel Seitliche Nockenwelle Antrieb durch Duplex-Kette 4 Pumpe / 9 Liter Wasser Druckumlauf / 4,5 Liter Öl 6 V 75 Ah oder 84 Ah (im Motorraum) 130 W	
Antrieb auf Hinterräder Einscheibentrockenkupplung Schalthebel Wagenmitte 4 Gang III – IV I. 3,70 II. 2,22 III. 1,51 IV. 1,00 4,55	Schalthebel Wagenmitte 3,90	Antrieb auf Hinterräder Einscheibentrockenkupplung Lenkradschaltung 4 Gang II – IV Freilauf (nicht abschaltbar) im I. + II. Gang I. 3,85 II. 2,38 III. 1,54 IV. 1,00 4,55	4,55
	Kastenrahmen Ganzstahlkarosserie	Kastenrahmen Limousine: Ganzstahlkarosserie	Kastenrahmen Kombi- und Sanitätswagen: Holz-Stahl-Bauweise Lieferwagen: Kastenrahmen aus Holz
Querlenker oben, 1 Querfeder unten starr, Halbfedern Zahnstange (14,6 : 1) Hydraulisch, 4 Räder Trommel-⌀ 280 mm, Breite 50 mm, Bremsfläche 1056 cm² Seilzug, Hinterräder Eindruck-Zentral		Querlenker oben, 1 Querfeder unten starr, Dreieck-Schublenker, Längs-Federstäbe Zahnstange (15,5 : 1) Hydraulisch, 4 Räder Trommel-⌀ 280 mm, Breite 50 mm, Bremsfläche 1056 cm² Seilzug, Hinterräder Eindruck-Zentral	
Limousine	**Cabriolet und Coupé**	**Limousine**	**Kombi-, Sanitäts- . und Lieferwagen**
2750 mm 1300/1300 mm 4470 x 1600 x 1650 mm	2750 mm 1300/1300 mm 4500 x 1600 x 1420 mm	3870 mm 1300/1400 mm 4600 x 1765 x 1630 mm	2884 mm 1300/1400 mm Kombi- und Sanitätswagen: 4850 x 1825 x 1660 mm Lieferwagen: 4630 x 1780 x 1700 mm
5,25 oder 5,50-16 11 Meter 1000 kg 1600 kg 115 km/h 11,5 Liter 50 Liter (im Heck)	5,50 oder 5,75-16 11 Meter 1110 kg 1600 kg 125 km/h 12 Liter 50 Liter (im Heck)	5,50 oder 5,75-16 12 Meter 1280 kg 1700 kg 120 km/h 13 Liter 65 Liter (im Heck)	6,00-16 extra 12,5 Meter 1350, Sanitätswagen 1400 kg 1750 kg 120 km/h 14 Liter 65 Liter (im Heck)

EMW 325/3
Sonder-Pkw P 1
für die Kasernierte
Volkspolizei der DDR
1952
◄
◄

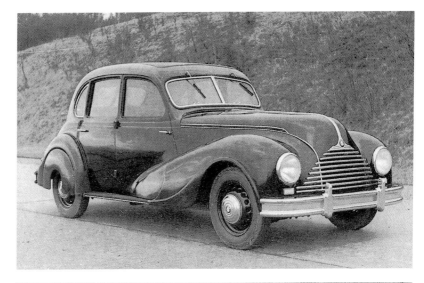

Awtovelo BMW 340
Limousine 4 Türen
(Runde abnehmbare
Hinterradabdeckungen)
1949–1950

EMW 340-2
Limousine 4 Türen
1952–1955

EMW 340-7
Kombi 2 Türen
1952–1955

Fraser-Nash (1947–1962)
Bristol (1947–1961)

Nach dem zweiten Weltkrieg beschloß man bei den Bristol-Flugzeugwerken als neuen Produktionszweig den Automobilbau aufzunehmen. Dies begann in engem Zusammenwirken mit Frazer-Nash, deren Besitzer H. J. Aldington in der ersten Zeit auch dem Vorstand von Bristol angehörte.

Anläßlich des Genfer Salons im März 1947 wurde der Frazer-Nash-Bristol vorgestellt, der bald darauf als Bristol 400 auf den Markt kam und bis Ende 1949 gebaut wurde. Die Sport-Limousine mit einer dem BMW 327 ähnlichen Ganzstahlkarosserie besaß ein vom BMW 326 abgeleitetes Fahrwerk sowie einen Nachbau des BMW 328-Motors, der zunächst mit 3 SU-Vergasern 75 PS, dann mit 3 Solex-Vergasern 85 PS leistete. Der Bristol 401 (1950–1953) bot mehr Platz in einer gefälligeren Leichtmetallkarosserie, die nach dem Vorbild eines Prototyps von Touring-Superleggera gestaltet war. Gleichzeitig gab es den Bristol 402 als elegantes Luxus-Cabriolet von Pininfarina. Es folgte der Bristol 403 (1953–1955) mit 105 PS Leistung, äußerlich mit dem 401 identisch und somit auch immer noch mit dem BMW-typischen Nierenkühler. Auf diesen verzichtete erst der Bristol 404 (1954–1955) und die Viertüren-Limousine Bristol 405 (1955–1957).

Ungeklärt blieb die Frage, ob Bristol berechtigt war, sich derart rigoros der technischen Substanz von BMW zu bedienen. Um den Anschein des Rechts zu wahren, berief man sich auf den Linzenzvertrag, den die Gebrüder Aldington 1934 mit BMW abgeschlossen hatten. Auch fanden Gespräche zwischen BMW und englischen Militärs statt, über deren Ergebnis aber nie etwas an die Öffentlichkeit drang. Als sich dann auch noch der Chefkonstrukteur Fritz Fiedler bereit fand, drei Jahre lang bei Frazer-Nash und bei Bristol zu arbeiten, erweckte dies erst recht den Eidruck eines engen Einvernehmens mit BMW. Lizenzgebühren wurden allerdings nie gezahlt. Jedenfalls gab es damals obskure und geheimnisvolle Vorgänge, die wohl nie mehr geklärt werden, freilich aber auch heute keine Wichtigkeit mehr besitzen.

Ungeachtet seiner Gemeinsamkeiten mit Bristol pflegte Mister Aldington auch weiterhin freundschaftliche Beziehungen zu BMW. Frazer-Nash baute von 1947 bis 1953 mehrere Exemplare des wunderschönen BMW 328 Mille Miglia Roadsters nach. Eingebaut wurde, wie auch in die anderen Sportwagen eigener Machart, der von Bristol hergestellte 328-Motor mit bis zu 125 PS Leistung. Den BMW-typischen Nierenkühler hat Frazer-Nash nach dem Krieg nicht mehr verwendet. Stattdessen schmückte man die Wagenfront mit einer zwar immer noch ähnlichen, aber doch erkennbar eigenständigen Kühlermaske. Ab 1957 baute Frazer-Nash in seine letzte Eigenproduktion den BMW 2,6 Liter V8-Originalmotor ein. Doch wurden von diesem Auto kaum mehr als 2 oder 3 Exemplare verkauft, und seit 1963 unter diesem Markenzeichen keine Sportwagen mehr angeboten. Schon 1953 hatte man nämlich eine Zusammenarbeit mit Porsche begonnen, die nun seit 40 Jahren erfolgreich besteht.

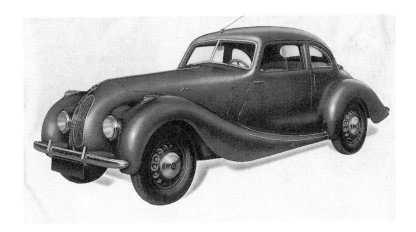

Bristol 400
6 Zylinder, 2 Liter, 80 PS
Sport-Coupé 2/2 Sitze
1947–1950

Bristol 401
6 Zylinder, 2 Liter, 80 PS
Sport-Limousine 4 Sitze
Karosserie Lizenz Touring
1950–1953

Bristol 402
6 Zylinder, 2 Liter, 80 PS
Sport-Cabriolet 2/2 Sitze
Karosserie Pininfarina
1950–1953

BMW-Veritas (1947–1948)
Veritas (1948–1950)
Veritas-Nürburgring (1951–1953)

Bald nach Kriegsende begannen ein paar ehemalige BMW-Mitarbeiter unter geradezu abenteuerlichen Umständen, alte BMW 328 in neuwertige, wettbewerbsfähige Rennsportwagen zu verwandeln. Dies geschah zunächst recht behelfsmäßig ab 1947 in einer längst aufgegebenen Fabrikruine. Es entstanden in Einzelfertigung BMW-Veritas mit 1,5 und 2 Liter-Motoren, die trotz aller Widrigkeiten jener Zeit hervorragend liefen und erstaunliche Siege herausfuhren.

Am 1. März 1948 erfolgte die Gründung der Veritas GmbH. in Meßkirch / Baden. Allerdings durfte die Firma den Namen BMW nicht mehr im Markenzeichen führen. Dies hätte man sowieso bald nicht mehr tun wollen, weil sich keine brauchbaren BMW-Aggregate mehr auffinden ließen. 1949/50 begann Veritas auch mit der Entwicklung alltagstauglicher Tourensportwagen, nachdem die Firma einen neuerlichen Umzug nach Muggensturm (bei Baden-Baden) hinter sich gebracht hatte. Statt des BMW Langhubmotors gelangte nun ein quadratisch ausgelegter Leichtmetallmotor von Heinkel zum Einbau. Auch ein völlig neues Fahrwerk hatte man sich ausgedacht. Die Karosserien kamen überwiegend von Spohn (Ravensburg), etwa 10 Coupés von Autenrieth (Darmstadt). Ab Mai 1950 wurde der Veritas 2 Liter in folgenden Ausführungen angeboten:

„Saturn" 100 PS Coupé 2/2 Sitze	DM 17 250,–
„Scorpion" 100 PS Cabriolet 2/2 Sitze	DM 18 350,–
„Comet" 100 PS Sportwagen 2 Sitze	DM 19 850,–
„Comet S" Rennsportwagen 2 Sitze	DM 25 500,–

Aber man hatte sich zuviel vorgenommen. Die Veritas GmbH. geriet zunehmend in finanzielle Nöte, welche im November 1950 zum Zusammenbruch des Unternehmens führten. Dazu hat wesentlich beigetragen, daß die inzwischen hergestellten Formel 2-Rennwagen Veritas „Meteor" im Gegensatz zu den einstigen BMW-Veritas RS kläglich versagten und so den Ruf der Marke ruinierten.

Veritas hat von 1947 bis 1950 insgesamt 62 Autos gebaut, nämlich 32 Rennsportwagen, 20 Tourensportwagen und 10 Monoposti Veritas „Meteor". Chef und Organisator des Unternehmens war Direktor Lorenz Dietrich, während sich der unermüdlich fleißige Ingenieur Ernst Loof mit der Entwicklung und dem Bau der Automobile beschäftigte. Deren Wertschätzung wird übrigens dadurch bestätigt, daß immerhin etwa 30 Veritas bis heute erhalten blieben.

Nach dem Untergang der Veritas GmbH. trennten sich die Wege von Lorenz Dietrich und Ernst Loof. Ersterer brachte von Baden-Baden aus die Produktion des kleinen, liebenswerten Cabriolets Dyna-Veritas in Gang, mußte aber wegen Geldmangels allzu bald wieder aufgeben. Ernst Loof hingegen bezog im Herbst 1950 die ehemaligen Auto Union-Boxen am Nürburgring, um dort weiterhin seine Veritas 2 Liter zu bauen. Nach wie vor kamen die Motoren von Heinkel, die Karosserien von Spohn. Angeboten wurden je ein Coupé und ein Cabriolet auf kürzerem oder längerem Fahrgestell mit 100 PS sowie ein Sportwagen mit 120 oder 150 PS. Preise ab 21 000 DM. Aber nur 20 Autos waren das magere Ergebnis aller Mühen. Die Veritas-Nürburgring mußte liquidiert werden. Ungern, nur einem Wunsch des damaligen Bundesverkehrsministers folgend, übernahm BMW im August 1955 den Ernst Loof, der wenige Jahre später starb, sowie die Reste seines Betriebs.

	Veritas 80 PS 2 Liter 1949	Veritas 100 PS 2 Liter 1950	Veritas-Nürburgring 100 PS 2 Liter 1951–1952
Motor	BMW	Heinkel	Heinkel
Zylinderzahl	6 (Reihe)	6 (Reihe) Leichtmetallblock	6 (Reihe) Leichtmetallblock
Bohrung x Hub	66 x 96 mm	75 x 75 mm	75 x 75 mm
Hubraum	1971 ccm	1988 ccm	1988 ccm
Leistung	80 PS bei 5000 U/min	100 PS bei 5000 U/min	100 PS bei 5000 U/min
Drehmoment		14,5 mkg bei 3000 U/min	14,5 mkg bei 3000 U/min
Verdichtung	1 : 8,0	1 : 7,7	1 : 7,2
Vergaser	3 Fallstromvergaser Solex 30 JF	3 Fallstromvergaser Solex 35 APJ	3 Fallstromvergaser Solex 32 PBI
Ventile	Schräg hängend Stoßstangen und Kipphebel Seitliche Nockenwelle Antrieb durch Duplex-Kette	V-förmig hängend Stößel und Kipphebel Obenliegende Nockenwelle Antrieb durch 2 Ketten	V-förmig hängend Stößel und Kipphebel Obenliegende Nockenwelle Antrieb durch 2 Ketten
Kurbelwellenlager	4	7	7
Kühlung	Pumpe, Wasser	Pumpe, 14 Liter Wasser	Pumpe, 14 Liter Wasser
Schmierung	Druckumlauf, 5 Liter Öl	Trockensumpf, 7 Liter Öl	Trockensumpf, 7 Liter Öl
Batterie	6 V 75 Ah	12 V 40 Ah	12 V 63 Ah (im Motorraum)
Lichtmaschine	130 W	130 W	150 W
Kraftübertragung	Antrieb auf Hinterräder	Antrieb auf Hinterräder	Antrieb auf Hinterräder
Kupplung	Einscheibentrockenkupplung	Einscheibentrockenkupplung	Einscheibentrockenkupplung
Schaltung	Schalthebel Wagenmitte	Lenkradschaltung	Schalthebel Wagenmitte oder Lenkradschaltung
Getriebe	4 Gang	5 Gang	5 Gang
Synchronisierung	I–IV	II–V	II–V
Übersetzungen	I. 3,63 II. 2,07 III. 1,50 IV. 1,00	I. 2,75 II. 1,93 III. 1,51 IV. 1,18 V. 1,00	I. 2,75 II. 1,93 III. 1,51 IV. 1,18 V. 1,00
Antriebs-Übersetzung	3,88	4,35	4,35
Fahrwerk	Doppelrohr-Rahmen Leichtbau-Karosserie mit Gitter-Rohrgerippe	Doppelrohr-Rahmen Leichtbau-Karosserie mit Gitter-Rohrgerippe	Doppelrohr-Rahmen Ganzstahlkarosserie
Vorderradaufhängung	1 Querfeder oben Querlenker unten	Doppel-Querlenker Längs-Federstäbe	Doppel-Querlenker Längs-Federstäbe
Hinterradaufhängung	Starrachse Halbfedern	De Dion-Doppelgelenkachse Längs-Federstäbe	De Dion-Doppelgelenkachse Längs-Federstäbe
Lenkung	Zahnstange	Zahnstange	Zahnstange
Fußbremse	Hydraulisch Alu-Trommel-∅ 280 mm	Zweikreis-Hydraulik Alu-Trommel-∅ 280 mm	Zweikreis-Hydraulik Alu-Trommel-∅ 280 mm Bremsfläche 1080 cm²
Handbremse			Mechanisch/Hinterräder
Allgemeine Daten			**Drei- bzw. Viersitzer**
Radstand	2500 mm	2600 mm	2500 bzw. 2900 mm
Spur vorn/hinten	1180/1220 mm	1280/1300 mm	1280/1300 mm
Gesamtmaße	4200 x 1515 x 1380 mm		4350 x 1700 x 1460 bzw. 4900 x 1700 x 1460 mm
Reifen	5,50 oder 6,00–16	5,50–16	5,50 bzw. 6,00–16
Wendekreis links/rechts			12 bzw. 12,5 Meter
Wagengewicht	980 kg		1050 bzw. 1250 kg
Zuläss. Gesamtgewicht			
Höchstgeschwindigkeit	160 km/h	165 km/h	165 bzw. 150 km/h
Beschleunigung 0–100 km/h			
Verbrauch/100 km	13 Liter	13 Liter	13 bzw. 14 Liter
Kraftstofftank	80 Liter im Heck	65 Liter im Heck	80 bzw. 65 Liter (im Heck)

Veritas 2 Liter Sport-Coupé 1949

Veritas 2 Liter Sport-Coupé (Karosserie Autenrieth) 1949

110

Veritas 2 Liter
Sport-Coupé „Saturn"
Karosserie Spohn
1950

Veritas-Nürburgring 2 Liter
Cabriolet 4 Sitze
Karosserie Spohn
1951–1952

Veritas Nürburgring 2 Liter
Sport-Coupé 2 Sitze
Karosserie Spohn
1951–1952

Veritas Nürburgring 2 Liter
Sport-Cabriolet 2 Sitze
Karosserie Spohn
1951–1952

Die Bayerischen Motoren Werke und die BMW Automobile seit 1945

Der Zusammenbruch des Jahres 1945 bedeutete für die Bayerischen Motoren Werke nicht nur den Stillstand der Fertigung, sondern auch die zeitweise Beschlagnahme und teilweise Demontage der beiden Münchener Betriebe, dazu den völligen Verlust des Automobilwerks Eisenach und des Flugmotorenwerks Brandenburg. Das Flugmotorenwerk München-Allach nahm die US-Armee jahrelang als Kraftfahrzeug-Reparaturbetrieb in Anspruch. Nur im Stammwerk München-Milbertshofen konnte nach Improvisationen mit Kochtöpfen, Bäckereimaschinen und Baubeschlägen endlich im Jahre 1948 die Produktion von Motorrädern (zunächst BMW R 24) wieder anlaufen. Damit war in jenen Aufbaujahren ein recht gutes Geschäft zu machen, dessen Volumen allerdings nicht ausreichte, eine Firma dieser Größe angemessen zu beschäftigen. An die Weiterführung des Flugmotorenbaus war damals überhaupt nicht zu denken. So lag die Rückkehr zur Automobilproduktion nahe, zumal BMW auf diesem Gebiet über Erfahrung und einen trotz der langen Zwangspause immer noch ausgezeichneten Markenruf verfügte.

Freilich war die Zeit seit Kriegsende zu weit fortgeschritten, als daß man das Autogeschäft zunächst mit einem bewährten, aber unveränderten Vorkriegsmodell hätte weiterführen können, wie dies Mercedes-Benz, Opel, Ford und eigentlich auch VW mit Erfolg praktiziert hatten. Werkzeuge hierfür wären bei BMW sowieso nicht vorhanden gewesen. So erwogen die Münchener den Lizenznachbau eines ausländischen Fabrikats, ehe sie dann aber doch lieber eine eigene Konstruktion realisieren wollten. Direktor Fritz Fiedler sowie seine Mitarbeiter Böning und der für die Karosserielinie verantwortliche Schimanowski hatten zwei Entwicklungen vorbereitet. Zum einen handelte es sich um einen in Form und Technik sehr ansprechenden Kleinwagen (BMW 331). Äußerlich sah er dem Fiat Topolino ähnlich, während sein 600 ccm Zweizylinder-Boxermotor mit Gebläsekühlung aus dem großen BMW Motorrad stammte. Doch Direktor Hanns Grewenig, von der Deutschen Bank als kaufmännischer Vorstand des Werks eingesetzt, befand, daß ein solches Kleinauto der Firma BMW nicht würdig sei. „Wir bauen für die Crème der Gesellschaft!" Nun wäre die Zweisitzigkeit des Wagens, der seinem Entwurf nach zum Viersitzer nicht taugte, sicherlich auf die Dauer ein Problem geworden. Aber um sich auf dem Automobilmarkt auch zahlenmäßig wieder Geltung zu verschaffen, hätte dieser BMW 331

Werksverbund der BMW AG.

(Stand: Juni 1992)

Werk	seit	Fertigungsprogramm	Kapazität	Mitarbeiter
München-Milbertshofen	1916	3er-Reihe 6 Zyl., V 8-, V 12-Motoren	850 / Tag 950 / Tag	11 700
Dingolfing	1967	5er-Reihe 7er-Reihe 8er-Coupé 3er-Touring	950 / Tag	17 000
Regensburg	1986	3er-Reihe	700 / Tag	6 900
Steyr (Österreich)	1982	4 und 6 Zyl.-Motoren 6 Zyl.-Dieselmotoren	1 600 / Tag	2 100
Berlin-Spandau	1939	Motorräder (seit 1969) Automobil-Komponenten	140–170 / Tag	1 900
Landshut	1967	Automobil-Komponenten Kunststoffteile Aluminium-Gießerei		3 100
Wackersdorf	1991	Cabriolet-Rohkarosserien Baugruppen für Rohkarosserien	100 / Tag	250

BMW AG. in Zahlen

	Automobil-produktion einschl. Montage im Ausland	Motorrad-produktion	Industrie-, Boots- u. a. Einbau-motoren	Mitarbeiter	Umsatz (Mill. DM)	Jahres-überschuß (Mill. DM)	Aktien-kapital (Mill. DM)
1946	–	–	–	980	1,8	minus 1,0	
1947	–	–	–	1 060	3,2	minus 1,0	
1948	–	59	–	1 230	4,2	minus 1,9	
1949	–	9 400	–	2 380	19,9	minus 1,9	
1950	–	17 061	–	8 720	36,5	plus 1,0	30
1951	–	25 101	–	9 300	57,5	plus 0,7	30
1952	49	28 310	–	9 570	82,2	minus 0,1	30
1953	1 645	27 704	–	9 200	87,9	plus 0,1	30
1954	3 471	29 699	–	8 000	95,1	plus 1,1	30
1955	17 478	23 531	–	6 900	138,0	plus 0,1	30
1956	35 436	15 500	–	5 750	148,6	minus 6,4	30
1957	40 371	5 429	–	6 040	148,2	minus 6,5	30
1958	51 081	7 156	487	6 540	195,3	minus 12,0	30
1959	36 609	8 412	981	5 950	170,3	minus 9,2	30
1960	53 888	9 473	2 403	6 960	239,3		22,5
1961	52 943	9 460	6 766	6 800	248,6		60
1962	53 527	4 302	8 109	9 200	294,1	plus 2,5	60
1963	57 880	6 043	10 673	10 100	433,1	plus 3,8	60
1964	61 766	9 043	11 585	10 800	515,1	plus 6,5	60
1965	67 709	7 118	3 375	11 070	590,7	plus 9,2	75
1966	74 076	9 071	1 635	13 070	755,9	plus 10,7	100
1967	87 560	7 896	551	12 470	870,8	plus 12,2	100
1968	107 537	5 074	1 315	18 040	1 032,4*)	plus 17,1	100
1969	144 700	4 701	1 060	21 300	1 443,4	plus 22,8	100
1970	161 164	12 287	98	22 900	1 724,4	plus 34,2	200
1971	164 702	18 772	–	23 300	1 907,1	plus 32,2	250
1972	182 858	21 122	–	24 750	2 319,3	plus 92,9	250
1973	197 446	20 856	–	27 730	2 608,0	plus 93,2	275
1974	188 965	23 160	–	25 800	2 492,3	plus 42,0	300
1975	221 298	25 566	–	29 000	3 254,5	plus 74,0	300
1976	275 022	28 209	–	30 200	4 287,0	plus 126,0	330
1977	290 237	31 515	–	33 400	4 993,0	plus 125,3	396
1978	320 852	29 580	497	35 170	5 959,2	plus 150,6	500
1979	336 981	24 415	4 048	36 770	6 560,3	plus 175,0	500
1980	340 919	29 260	3 243	37 250	6 898,5	plus 160,0	500
1981	351 451	33 120	2 406	39 770	7 822,1	plus 145,0	500
1982	378 769	30 559	3 123	40 730	9 371,6	plus 200,0	600
1983	420 962	28 048	2 358	43 170	11 480,9	plus 288,0	600
1984	431 999	34 001	2 277	44 690	12 931,6	plus 329,6	600
1985	445 233	37 104	2 625	46 810	14 246,4	plus 300,0	600
1986	446 438	32 054	2 351	50 720	14 994,3	plus 337,5	750
1987	461 340	27 508	791	54 860	17 656,7	plus 375,0	750
1988	484 121	23 817	–	56 980	19 883,7	plus 375,0	750
1989	511 476	25 761	–	57 080	20 957,8	plus 386,0	790,6
1990	519 660	31 589	–	59 620	22 150,0	plus 397,8	794
1991	553 230	33 980	–	61 610	24 477,0	plus 449,3	896
1992	598 145	35 910	–	59 800	26 472,0	plus 451,0	899

*) Ab 1968: Netto-Umsatz (ohne Umsatzsteuer)

als Einstieg in eine darauf aufbauende Modellreihe genau in die damalige Landschaft gepaßt, besser jeden-falls, als der große Luxuswagen, für dessen Produktion sich Aufsichtsrat und Vorstand nun entschieden.

Trotz verschiedener Finanzquellen, die man dafür in Anspruch nehmen konnte, kostete es auch erhebliche Eigenmittel, die Fabrikation von Automobilen in München völlig neu einzurichten. Größter Brocken war dabei das eigene Karosserie- und Preßwerk, dessen Ausbau sich bis 1955 hinzog. Um dennoch den Produktionsbeginn des neuen Wagens nicht noch länger hinausschieben zu müssen, ließ BMW anfangs alle und dann jahrelang einen Teil der Karosserien bei der Firma Baur (Stuttgart) anfertigen.

Im November 1952 begann die Auslieferung des repräsentativen BMW 501. Er fand beim Publikum viel Beachtung, aber nur mäßigen Zuspruch bei dem damals dafür noch ziemlich kleinen Interessentenkreis. Schließlich bedurfte die Karosserielinie, inspiriert vom englischen Austin, erst einiger Gewöhnung. Vor allem aber erschien es schwer begreiflich, warum BMW auf den für dieses voluminöse Auto zu schwachen 326-Vorkriegsmotor zurückgriff, obwohl ohnehin neue Produktionsmittel beschafft werden mußten. Erst 1954 schob man einen modernen, hinreichend leistungsfähigen V8-Motor nach, den ersten und lange Zeit einzigen deutschen Achtzylinder nach 1945. Aber auch mit den nun starken Autos ernteten die Münchener zwar viele Komplimente, aber auch herbe Verluste. Jeder einzelne „Großwagen", Stück für Stück, hinterließ im Werk ein Minus von etwa 4000 DM!

Dazu kam die sich rasch verschärfende Zweiradkrise, was dazu führte, daß die Erträge des Motorradgeschäftes nicht mehr die Verluste aus dem Automobilbau ausglichen. Die Isetta, deren Lizenzproduktion 1955 begann, brachte ebenfalls nicht den erhofften Gewinn, und der BMW 600 schließlich, der von 1957 bis 1959 gebaut wurde, führte zu weiteren beträchtlichen Verlusten.

Im Herbst 1958 wurde die Finanzkrise, in welche das Unternehmen durch Mißwirtschaft und Fehlplanungen geraten war, der Öffentlichkeit bekannt. 12 Millionen DM Verlust hatte BMW in diesem Jahr „erwirtschaftet", wovon 6,5 Millionen durch Auflösung der letzten Reserven getilgt, 5,5 Millionen auf neue Rechnung vorgetragen wurden. 1959 aber kamen weitere 9,2 Millionen DM Verlust hinzu, und damit war die Hälfte der 30 Millionen DM Aktienkapital verloren. Über ein Jahr lang bemühte sich die Verwaltung nun vergeblich um weitere Bankkredite und Staatsbürgschaften. Schließlich kam es zur ebenso dramatischen wie denkwürdigen Hauptversammlung vom 9. Dezember 1959: Aufsichtsrat-Vorsitzender Dr. Hans Feith (Deutsche Bank) legt ein Sanierungsangebot vor, das die Kleinaktionäre nahezu enteignet hätte und darauf hinauslief, die Bayerischen Motoren Werke für einen billigen Preis der Daimler-Benz AG. (Großaktionär: Deutsche Bank) anzugliedern. Dieses ultimative Angebot war bis zum Abschluß der Hauptversammlung befristet, wobei Aufsichtsrat und Verwaltung – Generaldirektor Dr. Richter-Brohm war zwei Jahre vorher ebenfalls von der Deutschen Bank eingesetzt worden – übereinstimmend erklärten, daß sich als einzige Alternative nur die Konkurserklärung böte. So schien der Verkauf von BMW an Daimler-Benz bereits eine abgemachte Sache zu sein, zumal die Deutsche Bank dank der Depotstimmen zahlreicher BMW-Aktionäre normalerweise über die Hälfte des Kapitals vertrat. Aber es kam anders. Dadurch ermutigt, daß sich überraschend die MAN erbot, das Werk Allach, wo inzwischen der Bau von Flugtriebwerken wieder angelaufen war, für 30 Millionen DM zu übernehmen, lehnten die Kleinaktionäre den Sanierungsplan der Deutschen Bank ab und erklärten sich bereit, selbst weitere 30 Millionen DM zur Aufstockung des zuvor herabgesetzten Kapitals aufzubringen.

Freilich hätte es kaum allein genügt, die Selbständigkeit der Bayerischen Motoren Werke zu erhalten, daß hierzu die Masse der Kleinaktionäre fest entschlossen war. Als deren Sprecher trat auf der Hauptversammlung der Frankfurter Rechtsanwalt und Wirtschaftsprüfer Dr. Friedrich Mathern hervor. Dank seiner Beschlagenheit im Aktienrecht gelang ihm der geniale Schachzug, die Vertagung der Hauptversammlung durch- und die Vertreter der Deutschen Bank mattzusetzen. Dr. Mathern, der eigentliche Retter von BMW, gehörte von Ende 1960 bis Ende 1966 dem Aufsichtsrat des Unternehmens an, ehe er 1968, nur 61 Jahre alt, einen tödlichen Herzanfall erlitt.

Der dramatische Verlauf jener entscheidenden Hauptversammlung ermutigte den Großaktionär Dr. Herbert Quandt, sich künftig unternehmerisch an den Bayerischen Motoren Werken zu beteiligen. Er kaufte das Aktienpaket des Bremer Holzkaufmanns Krages und brachte damit seinen Anteil am BMW Kapital auf etwa 15%. Von nun an nahm Dr. Herbert Quandt regen Einfluß auf die Geschicke des Werks, was gewiß nicht zum Schaden der vielen Kleinaktionäre geschah. Vor allem verstand er es, die Bayerischen Motoren Werke, wann immer es nötig war, mit hochqualifizierten Führungspersönlichkeiten zu versorgen. Seit 1969 hielt oder kontrollierte Dr. Herbert Quandt, von 1974 bis 1980 selbst Vorsitzender des Aufsichtsrats, etwa 60% des Aktienkapitals.

Abgeschlossen und gesichert wurde die Sanierung der Münchener Firma auf der Hauptversammlung vom 30. November 1960. Den Vorsitz im Aufsichtsrat von BMW führte in diesem entscheidenden Jahr Dr. Johannes Semler, der legendäre Firmen-Sanierer jener Zeit. Gleich anschließend wurde er nach Bremen berufen,

Produktion BMW Personenwagen (einschl. Montage im Ausland)

	1952	1953	1954	1955	1956	1957	1958	1959	Gesamtzahl
6 und 8 Zylinder	49	1645	3471	4567	3736	1701	1871	1806	→
Isetta				12911	31700	38338	22023	24850	→
600						332	27187	7294	**34813**
700								2662	→
	49	1645	3471	17478	35436	40371	51081	36609	

	1960	1961	1962	1963	1964	1965	1966	1967	Gesamtzahl
6 und 8 Zylinder	661	1515	1009	692	282	115			**23120**
Isetta	16547	11881	3478						**161728**
700	36680	39544	47303	29201	23661	9070			**188121**
1500–2000 ti			1737	27987	37821	57070	50838	39930	→
1600–2000 CL					2	1397	2583	1342	→
2000 C/CS						57	7192	3800	→
1502–2002							13463	42488	→
	53888	52943	53527	57880	61766	67709	73076	87560	

	1968	1969	1970	1971	1972	1973	1974	1975	Gesamtzahl
1500–2000 ti	32553	32757	31417	17389	127				**329626**
1600–2000 CL	3745	3422	3527	1733	1104	1492	756		**21103**
2000 CS	1641	936	65						**13691**
1502–2002	66898	70970	89686	100708	114581	97817	114287	79478	→
02 Touring				10061	10541	7973	1631		**30206**
2500–3,3 Li (E 3)	2562	33215	31227	30276	36833	35731	16126	15972	→
2,5–3,0 CS (E 9)	138	3400	5242	4535	6777	6026	2694	1734	**30546**
518–535 i (E 12)				12895	48407	53471	80748		→
315–323 i (E 21)								43349	→
630–635 CS (E 24)								17	→
	107537	144700	161164	164701	182858	197446	188965	221298	

	1976	1977	1978	1979	1980	1981	1982	1983	Gesamtzahl
1502–2002	32115	9243							**831734**
2500–3,3 Li (E 3)	17874	2185							**222001**
518–535 i (E 12)	89277	86314	96133	106322	92869	32659			**699094**
315–323 i (E 21)	130821	166758	183377	188809	206326	228832	182010	33757	**1364039**
628–635 CS (E 24)	4916	5781	5597	6729	6628	5652	7593	7970	→
728–745 i (E 23)	19	19956	35745	35122	35070	29841	29442	31279	→
M 1 (E 26)			29	115	251	55			**450**
518–528 i (E 28)					26	54467	144144	129755	→
316–323 i (E 30)							15580	218201	→
	275022	290237	320881	337096	341170	351506	378769	420962	

	1984	1985	1986	1987	1988	1989	1990	1991	Gesamtzahl
630–635 CS (E 24)	8258	9626	7027	5692	3666	1064			**86216**
728–745 i (E 23)	31111	26449	10955						**285029**
518–528 i (E 28)	107496	111269	91684	81831	1656				**722328**
316–323 i (E 30)	285134	297886	329462	316075	269075	257307	246818	56363	**2291901*)**
730–735 i (E 32)		3	7270	55606	58178	45556	43503	35783	**245899*)**
520–524 td (E 34)				2136	151488	205099	210209	184589	**752921*)**
Z 1					58	2400	4091	1451	**8000**
850 (E 31)						47	6704	9517	**16628*)**
318–325 i (E 36)						3	8355	265527	**270690*)**
	431999	445233	446438	461340	484121	511476	519660	553230	**8633199*)**

*) Produktion nicht beendet. Hier Gesamtzahl bis einschl. 1991.

um die drohende Borgward-Pleite abzuwenden. Hier blieb ihm zwar der Erfolg versagt, bei BMW aber hatte er ein schweres Pensum bravourös bewältigt. Freilich sah bei der Generalversammlung 1960 die Lage nicht mehr so trostlos aus wie im Jahr zuvor, denn inzwischen hatte sich der BMW 700 überraschend gut eingeführt, so daß wenigstens kein weiterer Betriebsverlust entstanden war. Mit dem Gelingen der Sanierung standen der Verwaltung endlich die Mittel zur Verfügung, die für die Produktion der „Neuen Klasse", des BMW 1500 und seiner Folgetypen, benötigt wurden. 1962 lief deren Serienfertigung an, und zwar mit so durchschlagendem Erfolg, daß ein geradezu raketenhafter Wiederaufstieg der Firma begann. Nach 20 Jahren Pause gab es 1963 zum ersten Mal eine, wenn zunächst auch nur bescheidene Dividende. Selbst die Rezession ab 1970 hat BMW kaum berührt, und seitdem zählt das Unternehmen zu den gesündesten weit und breit.

1966 war die Hans Glas GmbH. (Dingolfing) finanziell am Ende. Dieser patriarchalisch geführte Familienbetrieb hatte hauptsächlich durch den Bau des Goggomobils Popularität erlangt, sich dann aber mit der Entwicklung anspruchsvoller Automobile zu viel zugemutet. Die Bayerischen Motoren Werke übernahmen auf Drängen der Bayerischen Staatsregierung kurzerhand den ganzen Laden. BMW zahlte 10 Millionen DM an die Familie Glas und stand für deren sämtliche Schulden in Höhe von mindestens 50 Millionen DM gerade. Einerseits war dieses Geschäft ein riskanter Kraftakt, andererseits verschaffte es dem Werk Bewegungsfreiheit für die bevorstehende Notwendigkeit kräftiger Expansion. Erst das Werk Dingolfing ermöglichte den Bayerischen Motoren Werken das atemberaubende Wachstum der folgenden Jahre. Die einstigen Holzgebäude

Generaldirektoren und Vorstandsvorsitzende der Bayerischen Motoren Werke AG. seit Kriegsende

Kurt Donath (1945–1957)
Hanns Grewenig (1945–1957)
Dr.-Ing. Heinrich Richter-Brohm (1957–1960)
Dr. Karl Heinz Sonne (1962–1965)
Gerhard Wilcke (1965–1969)
Dr.-Ing. E. h. Eberhard von Kuenheim (1970–1993)
Bernd Pischetsrieder (seit 1993)

Entwicklung und Konstruktion

Fritz Fiedler (1949–1956)
Robert Pertuss (1958–1961)
Bernhard Osswald (1965–1975)
Dr.-Ing. Karlheinz Radermacher (1973–1983)
Dr. Hans Hagen (1983–1984)
Dr.-Ing. Wolfgang Reitzle (seit 1984)

Vertrieb

Ernst Kämpfer (1958–1963)
Paul G. Hahnemann (1961–1971)
Robert A. Lutz (1972–1974)
Hans-Erdmann Schönbeck (1974–1984)
Dr. Robert Büchelhofer (seit 1986)

Vorsitz im Aufsichtsrat

Dr. Hanns Karl von Mangoldt-Reiboldt (1945–1959)
Dr. Hans Feith (1959–1960)
Dr. Johannes Semler (1960–1961)
Dr. Hermann Karoli (1962–1972)
Dr. phil. h. c. Herbert Quandt (1974–1980)
Hans Graf von der Goltz (1980–1993)
Dr.-Ing. E. h. Eberhard von Kuenheim (seit 1993)

Seit 1973 steht das neue BMW Verwaltungshochhaus, im Volksmund „Größter Vierzylinder der Welt" genannt. Der Grundriß des 22-geschossigen, fast 100 Meter hohen Bauwerks hat die Form eines Kleeblatts. 2000 Arbeitsplätze stehen zur Verfügung. – Die fensterlose Betonschale ("Suppenschüssel") links im Bild beherbergt das BMW-Museum, sehenswert nicht nur wegen der ausgestellten Automobile und Motorräder, sondern auch wegen der eigenwilligen Innenarchitektur.

der Firma Glas ersetzte BMW durch zwei modern eingerichtete Fabrikhallen, in welchen 1973 der Betrieb aufgenommen wurde. Weitere 100 Millionen DM hatte man hierfür investieren müssen. Doch immerhin arbeiten dort heute 17 000 Leute, wo Hans Glas in seiner besten Zeit an die 4000 beschäftigte.

Ein weiterer gewaltiger Sprung nach vorn glückte BMW mit dem auf der grünen Wiese errichteten Werk Regensburg. Dort begann Ende 1986 die Produktion, 1,3 Milliarden DM waren investiert worden.

Aus dem Stammwerk München-Milbertshofen und aus dem Werk Regensburg kommen je etwa zur Hälfte die 3er BMW, aus Dingolfing alle mittleren und großen Baureihen. Wichtige Produktionsbetriebe sind ferner seit 1969 Berlin-Spandau für BMW Motorräder, seit 1972 Pretoria / Südafrika (Montage von mittleren und schweren BMW Automobilen) und seit 1982 das Motorenwerk Steyr / Österreich. Im Bau befinden sich eine neue Automobilfabrik im amerikanischen Bundesstaat South Carolina und eine Fertigungsstätte für Großwerkzeuge in Eisenach / Thüringen.

Erwähnt sei in diesem Zusammenhang auch das seit 1973 bestehende Verwaltungs-Hochhaus, der Welt größter „Vierzylinder" am Münchener Petuelring, unmittelbar neben dem Olympia-Gelände. Das 100 Meter hohe Gebäude mit 22 Geschossen und 2000 Arbeitsplätzen gilt seitdem dank seiner außergewöhnlichen Architektur und Struktur als Wahrzeichen des Münchener Unternehmens. Es symbolisiert die wiedergewonnene Kraft und Stärke der Bayerischen Motoren Werke.

Bereits 1950 entwickelte Fritz Fiedler den BMW 331, einen kleinen Zweisitzer mit (vom Motorrad stammenden) luftgekühlten 600 ccm Zweizylinder-Boxermotor und Hinterrad-Antrieb. Ungeachtet seiner auffallenden Ähnlichkeit mit dem italienischen Fiat Topolino wäre dieses entzückende Automobilchen wahrscheinlich ein ausgezeichnetes Geschäft für BMW geworden. Doch der damals maßgebliche Direktor Hanns Grewenig, der später die Isetta und auch den skurilen BMW 600 bauen ließ, fand den Fiedler'schen Zweisitzer nicht fein genug, das weiß-blaue Markenzeichen zu tragen. So unterblieb die Produktion dieses aussichtsreichen Modells.

BMW ließ, bevor man sich für die im Werk entwickelte Form des neuen großen Sechszylinder-Wagens entschied, als Alternative einen Prototyp vom damals führenden Karosseriekünstler der Welt bauen. Commendatore Pininfarina († 1966) schuf eine Limousine, deren Form der damaligen Mode um Jahre vorauseilte. Die Ähnlichkeit mit dem Alfa Romeo wäre sicherlich kein Verkaufshindernis gewesen. Doch BMW entschied sich schließlich für den werkseigenen Entwurf, der in seiner Eigenwilligkeit ebenfalls eindrucksvoll war. Wahrscheinlich aber hätte die italienische Linie auf die Dauer mehr Anklang gefunden als der sehr englische Stil des BMW 501.

So wurde der BMW 501 im April 1951 zum ersten Mal der Öffentlichkeit vorgestellt. Serienreif aber war der Prototyp noch nicht. Erst im November 1952 konnte die Produktion in zunächst ganz kleiner Stückzahl aufgenommen werden.

BMW 501 Sechszylinder (1952–1958)

Erster BMW Personenwagen nach dem Krieg. Hervorragend konstruiertes Fahrgestell. Leichtgängige und exakte, aber auf schlechter Fahrbahn zu nervöse Kegelradlenkung. Karosserie mit Kotflügellinie im Stil des englischen Austin zwar recht eigenwillig geformt, aber geräumig, übersichtlich und komfortabel eingerichtet. Aus Vorkriegstyp BMW 326 übernommener Zweiliter Sechszylinder-Motor vom Gewicht und der Klasse des Wagens überfordert. Beachtlicherweise (allerdings konstruktionsbedingt und noch nicht aus Sicherheitsgründen) schon damals kurze Lenksäule und Kraftstofftank über der Hinterachse.

BMW 501: Prototyp auf der Frankfurter Automobil-Ausstellung April 1951. Produktion erst ab November 1952. Nur mit serienmäßig eingebautem Becker-Autoradio lieferbar, um die Exklusivität des Wagens zu betonen. Diese Ausführung mit 65 PS-Motor läuft bis März 1954.

Ab März 1954: BMW 501 A und einfach ausgestatteter BMW 501 B mit 72 PS Motorleistung. Ab März 1955: BMW 501/6, Motor auf 2,1 Liter Hubraum aufgebohrt, Limousine mit einfacher Ausstattung entfällt wieder.

Zum Jahresende 1958 lief die Produktion der BMW 501 Sechszylinder aus, noch 25 Wagen wurden in den folgenden Jahren einzelgefertigt. Insgesamt wurden 9092 Wagen des Typs BMW 501 mit Sechszylinder-Motor hergestellt. Anfangs stammten alle und bis 1955 ein Teil der Limousinen-Karosserien, nämlich insgesamt 1870 Stück, von der Karosseriefabrik Baur (Stuttgart). Das besondere Merkmal dieser Wagen sind deren Motor- und Kofferhauben aus Aluminium. Baur lieferte außerdem 8 Stück BMW 501 A und 37 Stück BMW 501/6 als Cabriolet oder Coupé.

BMW 502 und 501 Achtzylinder (1954–1964)

BMW 502: Erster deutscher Achtzylinder-Personenwagen nach dem Krieg. Fahrgestell und Karosserie wie BMW 501, jedoch mehr Chrom, eingebaute Nebelleuchten, Blinker statt Winker sowie ab September 1955 Panorama-Heckscheibe. Völlig neuer, Format und Klasse des Wagens entsprechender Leichtmetall-V8-Motor. Vorgestellt Genfer Salon 1954. Gebaut ab Juli 1954 bis März 1964. Typenbezeichnung ab Herbst 1958: BMW 2,6 Luxus. Ab September 1961: BMW 2600 L (mehr Leistung, Scheibenbremsen, runde Heckleuchten).

BMW 501 Achtzylinder: 2,6 Liter V8-Motor in der Karosserie des BMW 501 (kleineres Heckfenster, ohne zusätzlichen Chrom). Gebaut ab März 1955 bis Sommer 1962. Typenbezeichnung ab Herbst 1958: BMW 2,6. Ab September 1961: BMW 2600 (mehr Leistung, Scheibenbremsen, runde Heckleuchten).

BMW 502 – 3,2 Liter. Gleicher Wagen wie BMW 502, jedoch V8-Motor auf 3,2 Liter aufgebohrt. Vorgestellt Frankfurter Automobil-Ausstellung September 1955. Gebaut ab Oktober 1955 bis Sommer 1962. Typenbezeichnung ab Herbst 1958: BMW 3,2. Ab September 1961: BMW 3200 L (mehr Leistung, Scheibenbremsen, runde Heckleuchten).

BMW 502 – 3,2 Liter Super: 2 Vergaser und noch höhere Motorleistung. Gebaut ab April 1957 bis März 1964. Ab Oktober 1959 serienmäßig Scheibenbremsen. Typenbezeichnung ab September 1961: BMW 3200 S (mehr Leistung, runde Heckleuchten).

Abweichend von den Verkaufsbezeichnungen wurden werksintern alle Wagen mit 2,6 Liter V8-Motor als Typ 502 und alle Wagen mit 3,2 Liter V8-Motor als Typ 506 geführt. Die Produktion betrug 9059 Wagen der Typen 502 und 3701 Wagen der Typen 506. Alle Limousinen besaßen werkseigene Karosserien. Die Karosseriefabrik Baur (Stuttgart) lieferte 1954–1956 etwa 130 Cabriolets und Coupés mit Achtzylinder-Motor, eingerechnet 50 Viertüren-Cabriolets. Etwa 50 weitere Cabriolets und Coupés fertigte Autenrieth (Darmstadt). Diese Firma hielt sich bei einem Teil der Wagen nicht an den vorgegebenen BMW-Karosseriestil (Kühlermaske, Kotflügellinie), was einige Male zu beachtenswerten, sonst aber auch zu unbefriedigenden Ergebnissen führte.

BMW 501 Fahrgestell

BMW 501 Sechszylinder-Reihenmotor 65 PS

Preise

1952–1953	**BMW 501** DM 15 150,– (einschl. Radio)					
	BMW 501 B	**BMW 501 A**		**BMW 501 A** **Coupé** **2/2 Sitze**	**BMW 501 A** **Cabriolet** **2/2 Sitze**	**BMW 501 A** **Cabriolet** **4 Türen**
März 1954 Aug. 1954	DM 12 680,– DM 11 950,–	DM 14 180,– DM 13 150,–		– DM 18 100,–	– DM 18 200,–	– DM 18 200,–
		BMW 501 **6 Zylinder**		**BMW 501** **6 Zylinder** **Coupé** **2/2 Sitze**	**BMW 501** **6 Zylinder** **Cabriolet** **2/2 Sitze**	
April 1955 Juli 1956		DM 12 500,– DM 11 500,–		DM 17 850,– –	DM 17 950,– –	

	BMW 501 **8 Zylinder**	**BMW 502** **2,6 Liter**	**BMW 502** **3,2 Liter**	**BMW 502** **3,2 Liter** **Super**	**BMW 502** **2,6 Liter** **Coupé** **2/2 Sitze**	**BMW 502** **2,6 Liter** **Cabriolet** **2/2 Sitze**	**BMW 502** **2,6 Liter** **Cabriolet** **4 Türen**
1954 1955	– DM 13 950,–	DM 17 800,– DM 16 450,–	– DM 17 850,–	– –	DM 21 800,– DM 20 850,–	DM 21 900,– DM 20 950,–	DM 21 900,– –
					BMW 503 **Coupé**	**BMW 503** **Cabriolet**	**BMW 507** **Roadster**
1956 Sept. 1957 Juli 1958 März 1960 April 1960	DM 14 450,– DM 13 450,– DM 13 450,– DM 13 450,– DM 15 450,–	DM 16 950,– DM 16 450,– DM 16 450,– DM 16 450,– DM 17 450,–	DM 18 350,– DM 17 850,– DM 17 850,– DM 17 850,– DM 18 850,–	– DM 19 770,– DM 19 770,– DM 20 240,– DM 21 240,–	DM 29 500,– DM 31 500,– DM 32 950,– – –	DM 29 500,– DM 31 500,– DM 32 950,– – –	DM 26 500,– DM 28 500,– DM 29 950,– – –
	BMW 2600	**BMW 2600 L**	**BMW 3200 L**	**BMW 3200 S**	**BMW 3200 CS**		
1961–1963	DM 16 240,–	DM 18 240,–	DM 19 640,–	DM 21 240,–	DM 29 850,–		

BMW Großwagen-Produktion

	BMW 501 2 Liter	BMW 501/6 2,1 Liter	BMW 501/8 BMW 502 2,6 Liter	BMW 502 3,2 Liter	BMW 505 3,2 Liter	BMW 503 3,2 Liter	BMW 507 3,2 Liter	BMW 3200 CS	Gesamt- zahl
1952	49								49
1953	1 645								1 645
1954	3 281		190						3 471
1955	641	1 580	2 181	157	2	3	3		4 567
1956		1 057	2 010	576		91	2		3 736
1957		664	502	305		128	102		1 701
1958		150	902	579		139	101		1 871
1959		7	1 170	535		45	46		1 803
1960		5	281	369		6			661
1961		5	713	797				3	1 518
1962		8	795	131				78	1 012
1963			315	245				132	692
1964				7				275	282
1965								115	115
	5 616	3 476	9 059	3 701	2	412	254	603	23 123

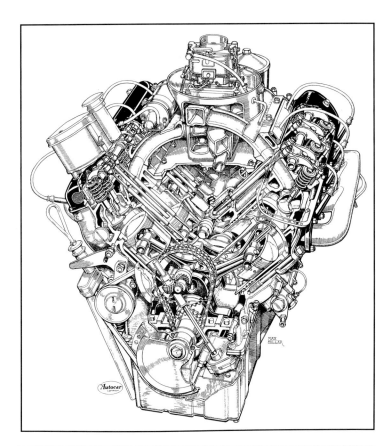

BMW 502
V8-Motor
(Phantomzeichnung)

BMW 501 und 502
Kegelrad-Lenkung

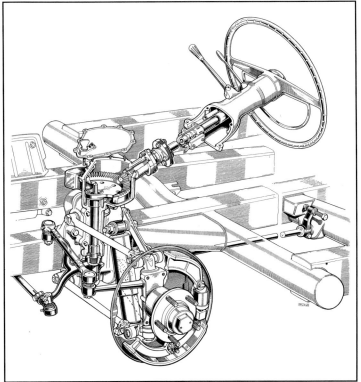

	BMW 501 1952–1954	BMW 501 A BMW 501 B 1954–1955	BMW 501 Sechszylinder 1955–1958
Motor	Vergasermotor	Vergasermotor	Vergasermotor
Zylinderzahl	6 (Reihe)	6 (Reihe)	6 (Reihe)
Bohrung x Hub	66 x 96 mm	66 x 96 mm	68 x 96 mm
Hubraum	1971 ccm	1971 ccm	2077 ccm
Leistung	65 PS bei 4400 U/min	72 PS bei 4400 U/min	72 PS bei 4500 U/min
Drehmoment	13,2 mkg bei 2000 U/min	13,3 mkg bei 2500 U/min	13,8 mkg bei 2500 U/min
Verdichtung	1:6,8	1:6,8	1:7,0
Vergaser	1 Doppel-Fallstromvergaser Solex 30 PAAJ	1 Doppel-Fallstromvergaser Solex 30 PAAJ	1 Doppel-Fallstrom- Registervergaser Solex 32 PAJTA
Ventile	Hängend Stoßstangen und Kipphebel Seitliche Nockenwelle Antrieb durch Duplexkette	Hängend Stoßstangen und Kipphebel Seitliche Nockenwelle Antrieb durch Duplexkette	Hängend Stoßstangen und Kipphebel Seitliche Nockenwelle Antrieb durch Duplexkette
Kurbelwellenlager	4	4	4
Kühlung	Pumpe, 7,25 l Wasser	Pumpe, 7,25 l Wasser	Pumpe, 7,25 l Wasser
Schmierung	Druckumlauf, 4,5 l Öl	Druckumlauf, 4,5 l Öl	Druckumlauf, 4,5 l Öl
Batterie	12 V 50 Ah (im Motorraum)	12 V 50 Ah (im Motorraum)	12 V 50 Ah (im Motorraum)
Lichtmaschine	Gleichstrom 160 W	Gleichstrom 160 W	Gleichstrom 160 W
Kraftübertragung	Antrieb auf Hinterräder Getriebe unter Vordersitzen Kurze Kardanwelle zwischen Kupplung und Getriebe	Antrieb auf Hinterräder Getriebe unter Vordersitzen Kurze Kardanwelle zwischen Kupplung und Getriebe	Antrieb auf Hinterräder Getriebe unter Vordersitzen Kurze Kardanwelle zwischen Kupplung und Getriebe
Kupplung	Einscheibentrockenkupplung	Einscheibentrockenkupplung	Einscheibentrockenkupplung
Schaltung	Lenkradschaltung	Lenkradschaltung	Lenkradschaltung
Getriebe	4 Gang	4 Gang	4 Gang
Synchronisierung	I–IV	I–IV	I–IV
Übersetzungen	I. 4,24 II. 2,35 III. 1,49 IV. 1,00	I. 4,24 II. 2,35 III. 1,49 IV. 1,00	I. 4,24 II. 2,35 III. 1,49 IV. 1,00
Antriebs-Übersetzung	4,225	4,225	4,551 oder 4,225
Fahrwerk	Rahmen aus Kasten-Längs- und Rohr-Querträgern, mit Boden der Ganzstahlkarosserie verschweißt		
Vorderradaufhängung	Doppel-Querlenker, Längs-Federstäbe		
Hinterradaufhängung	Starrachse, Dreieck-Schublenker, Längs-Federstäbe		
Lenkung	Kegelrad (gebogene Zahnstange) 16,5:1, 3,5 Lenkraddrehungen		
Fußbremse	Hydraulisch Trommel-∅ 284 mm Bremsfläche 840 cm²	Hydraulisch Trommel-∅ 284 mm Bremsfläche 840 cm²	Hydraulisch Trommel-∅ 284 mm Bremsfläche 1050 cm²
Allgemeine Daten			
Radstand	2835 mm	2835 mm	2835 mm
Spur vorn/hinten	1322/1408 mm	1322/1408 mm	1322/1408 mm
Gesamtmaße	4730 x 1780 x 1530 mm	4730 x 1780 x 1530 mm	4730 x 1780 x 1530 mm
Felgen	4,00 E x 16	4,00 E x 16	4,00 E x 16 od. 4¹/₂ K x 15
Reifen	5,50 - 16	5,50 - 16	5,50 - 16 oder 6,40 - 15
Wendekreis links/rechts	12 Meter	12 Meter	12 Meter
Wagengewicht	1340 kg	1340 kg	1340 kg
Zuläss. Gesamtgewicht	1725 kg	1725 kg	1800 kg
Höchstgeschwindigkeit	135 km/h	140 km/h	145 km/h
Beschleunigung 0–100 km/h	27 sec	23 sec	
Verbrauch/100 km	12,5 Liter	13 Liter	13 Liter
Kraftstofftank	58 Liter (über Hinterachse)	58 Liter (über Hinterachse)	58 Liter (über Hinterachse)

BMW 501
Limousine 4 Türen
1952–1954

BMW 501 B
Limousine 4 Türen
1954–1955

BMW 501/6
Limousine 4 Türen
1955–1956

BMW 501/8
Limousine 4 Türen
1955–1960

BMW 2600
Limousine 4 Türen
1961–1963

	BMW 502 – 2,6 Liter 1954–1961 BMW 501 Achtzylinder 1955–1961	BMW 502 – 3,2 Liter 1955–1961	BMW 502 – 3,2 Liter Super 1957–1961
Motor	Vergasermotor	Vergasermotor	Vergasermotor
Zylinderzahl	V8 (90°-V-Form)	V8 (90°-V-Form)	V8 (90°-V-Form)
	Leichtmetallblock	Leichtmetallblock	Leichtmetallblock
	Nasse Zylinderlaufbüchsen	Nasse Zylinderlaufbüchsen	Nasse Zylinderlaufbüchsen
Bohrung x Hub	74 x 75 mm	82 x 75 mm	82 x 75 mm
Hubraum	2580 ccm	3168 ccm	3168 ccm
Leistung	501: 95 PS bei 4800 U/min 502: 100 PS bei 4800 U/min	120 PS bei 4800 U/min	140 PS bei 4800 U/min
Drehmoment	501: 18,0 mkg bei 2500 U/min 502: 18,4 mkg bei 2500 U/min	21,4 mkg bei 2500 U/min	22,0 mkg bei 3800 U/min
Verdichtung	1:7,0	1:7,2	1:7,3
Vergaser	1 Doppel-Fallstromvergaser Solex 30 PAAJ Ab 1957: Zenith 32 NDIX	1 Doppel-Fallstromvergaser Zenith 32 NDIX	2 Doppel-Fallstromvergaser Zenith 32 NDIX
Ventile	Hängend	Hängend	Hängend
	Stoßstangen und Kipphebel	Stoßstangen und Kipphebel	Stoßstangen und Kipphebel
	Zentrale Nockenwelle	Zentrale Nockenwelle	Zentrale Nockenwelle
	Antrieb durch Duplexkette	Antrieb durch Duplexkette	Antrieb durch Duplexkette
Kurbelwellenlager	5	5	5
Kühlung	Pumpe, 10 Liter Wasser	Pumpe, 10 Liter Wasser	Pumpe, 10 Liter Wasser
Schmierung	Druckumlauf, 6,5 l Öl	Druckumlauf, 6,5 l Öl	Druckumlauf, 6,5 l Öl
Batterie	12 V 56 Ah (im Motorraum)	12 V 56 Ah (im Motorraum)	12 V 56 Ah (im Motorraum)
Lichtmaschine	Gleichstrom 160 W	Gleichstrom 160 W	Gleichstrom 200 W
Kraftübertragung	Antrieb auf Hinterräder	Antrieb auf Hinterräder	Antrieb auf Hinterräder
	Getriebe unter Vordersitzen	Getriebe unter Vordersitzen	Getriebe unter Vordersitzen.
	Kurze Kardanwelle zwischen	Kurze Kardanwelle zwischen	Kurze Kardanwelle zwischen
	Kupplung und Getriebe	Kupplung und Getriebe	Kupplung und Getriebe
Kupplung	Einscheibentrockenkupplung	Einscheibentrockenkupplung	Einscheibentrockenkupplung
Schaltung	Lenkradschaltung	Lenkradschaltung	Lenkradschaltung
Getriebe	4 Gang	4 Gang	4 Gang
Synchronisierung	I–IV	I–IV	I–IV
Übersetzungen	I. 3,78	I. 3,78. Ab 1960: 3,71	I. 3,78. Ab 1960: 3,71
	II. 2,35	II. 2,35. Ab 1960: 2,27	II. 2,35. Ab 1960: 2,27
	III. 1,49	III. 1,49	III. 1,49
	IV. 1,00	IV. 1,00	IV. 1,00
Antriebs-Übersetzung	4,225	3,89 oder 3,90	3,89 oder 3,90
Fahrwerk	Rahmen aus Kasten-Längs- und Rohr-Querträgern, mit Boden der Ganzstahlkarosserie verschweißt		
Vorderradaufhängung	Doppel-Querlenker, Längs-Federstäbe		
Hinterradaufhängung	Starrachse, Dreieck-Schublenker, Längs-Federstäbe		
Lenkung	Kegelrad (gebogene Zahnstange) 16,5 :1, 3,5 Lenkraddrehungen		
Fußbremse	Hydraulisch	Hydraulisch	Hydraulisch
	Trommel-Ø 284 mm	Trommel-Ø 284 mm	Trommel-Ø 284 mm
	Bremsfläche 1050 cm²	Bremsfläche 1256 cm²	Bremsfläche 1256 cm²
	Ab 1959 auf Wunsch: Servohilfe	Ab 1959 auf Wunsch: Servohilfe	Servohilfe Ab September 1959:
	Ab 1960 auf Wunsch: Scheibenbr. vorn 267 mm Ø mit Servohilfe	Ab 1960 auf Wunsch: Scheibenbr. vorn 267 mm Ø mit Servohilfe	Scheibenbr. vorn 267 mm Ø mit Servohilfe
Allgemeine Daten			
Radstand	2835 mm	2835 mm	2835 mm
Spur vorn/hinten	1330/1416 mm	1330/1416 mm	1330/1416 mm
Gesamtmaße	4730 x 1780 x 1530 mm	4730 x 1780 x 1530 mm	4730 x 1780 x 1530 mm
Felgen	4¹/₂ K x 15	4¹/₂ K x 15	4¹/₂ K x 15
Reifen	6,40 S 15 L	6,40 S 15 L	6,40 S 15 L bzw. (ab 1959) 6,50/6,70 H 15 L
Wendekreis links/rechts	12 Meter	12 Meter	12 Meter
Wagengewicht	501: 1430 kg. 502: 1440 kg	1470 kg	1500 kg
Zuläss. Gesamtgewicht	1900 kg	1900 kg	1900 kg. Ab 1959: 2000 kg
Höchstgeschwindigkeit	160 km/h	170 km/h	175 km/h
Beschleunigung 0–100 km/h	17,5 sec	15 sec	14,5 sec
Verbrauch/100 km	14,5 Liter Super	15 Liter Super	16 Liter Super
Kraftstofftank	70 Liter (über Hinterachse)	70 Liter (über Hinterachse)	70 Liter (über Hinterachse)

BMW 502 Limousine 4 Türen 1954–1955 (kleines Heckfenster)

BMW 502 und 502 Super Limousine 4 Türen 1955–1961

BMW 2600 L, 3200 L, 3200 S Limousine 4 Türen 1961–1963

	BMW 2600 1961–1962 BMW 2600 L 1961–1964	BMW 3200 L 1961–1962	BMW 3200 S 1961–1963
Motor	Vergasermotor	Vergasermotor	Vergasermotor
Zylinderzahl	V8 (90°-V-Form)	V8 (90°-V-Form)	V8 (90°-V-Form)
	Leichtmetallblock	Leichtmetallblock	Leichtmetallblock
	Nasse Zylinderbüchsen	Nasse Zylinderbüchsen	Nasse Zylinderbüchsen
Bohrung x Hub	74 x 75 mm	82 x 75 mm	82 x 75 mm
Hubraum	2580 ccm	3168 ccm	3168 ccm
Leistung	2600: 100 PS bei 4800 U/min 2600 L: 110 PS bei 4900 U/min	140 PS bei 5400 U/min	160 PS bei 5600 U/min
Drehmoment	2600: 18,5 mkg b. 2500 U/min 2600 L: 18,6 mkg b. 3000 U/min	24,2 mkg bei 3000 U/min	24,5 mkg bei 3600 U/min
Verdichtung	1:7,5	1:9	1:9
Vergaser	1 Doppel-Fallstromvergaser	1 Doppel-Fallstromvergaser	2 Doppel-Fallstromvergaser
	Zenith 32 NDIX	Zenith 36 NDIX	Zenith 36 NDIX
Ventile	Hängend	Hängend	Hängend
	Stoßstangen und Kipphebel	Stoßstangen und Kipphebel	Stoßstangen und Kipphebel
	Zentrale Nockenwelle	Zentrale Nockenwelle	Zentrale Nockenwelle
	Antrieb durch Duplexkette	Antrieb durch Duplexkette	Antrieb durch Duplexkette
Kurbelwellenlager	5	5	5
Kühlung	Pumpe, 10 Liter Wasser	Pumpe, 10 Liter Wasser	Pumpe, 10 Liter Wasser
Schmierung	Druckumlauf, 6,5 l Öl	Druckumlauf, 6,5 l Öl	Druckumlauf, 6,5 l Öl
Batterie	12 V 56 Ah (im Motorraum)	12 V 56 Ah (im Motorraum)	12 V 56 Ah (im Motorraum)
Lichtmaschine	Gleichstrom 160 W	Gleichstrom 160 W	Gleichstrom 200 W
Kraftübertragung	Antrieb auf Hinterräder	Antrieb auf Hinterräder	Antrieb auf Hinterräder
	Getriebe unter Vordersitzen	Getriebe unter Vordersitzen	Getriebe unter Vordersitzen
	Kurze Kardanwelle zwischen	Kurze Kardanwelle zwischen	Kurze Kardanwelle zwischen
	Kupplung und Getriebe	Kupplung und Getriebe	Kupplung und Getriebe
Kupplung	Einscheibentrockenkupplung	Einscheibentrockenkupplung	Einscheibentrockenkupplung
Schaltung	Lenkradschaltung	Lenkradschaltung	Lenkradschaltung
Getriebe	4 Gang	4 Gang	4 Gang
Synchronisierung	I–IV	I–IV	I–IV
Übersetzungen	I. 3,71	I. 3,71	I. 3,71
	II. 2,27	II. 2.27	II. 2,27
	III. 1,49	III. 1,49	III. 1,49
	IV. 1,00	IV. 1,00	IV. 1,00
Antriebs-Übersetzung	4,225	3,90	3,90
Fahrwerk	Rahmen aus Kasten-Längs- und Rohr-Querträgern, mit Boden der Ganzstahlkarosserie verschweißt		
Vorderradaufhängung	Doppel-Querlenker, Längs-Federstäbe		
Hinterradaufhängung	Starrachse, Dreieck-Schublenker, Längs-Federstäbe		
Lenkung	Kegelrad (gebogene Zahnstange) 16,5:1, 3,5 Lenkraddrehungen		
Fußbremse	Hydraulisch, Servohilfe		
	Scheiben-∅ vorn 267 mm, Trommel-∅ hinten 284 mm ∅		
Allgemeine Daten			
Radstand	2835 mm	2835 mm	2835 mm
Spur vorn/hinten	1330/1416 mm	1330/1416 mm	1330/1416 mm
Gesamtmaße	4730 x 1780 x 1530 mm	4730 x 1780 x 1530 mm	4730 x 1780 x 1530 mm
Felgen	4¹/₂ K x 15	4¹/₂ K x 15	4¹/₂ K x 15
Reifen	6,40 S 15 L	6,40 S 15 L	6,50/6,70 H 15 L
Wendekreis links/rechts	12 Meter	12 Meter	12 Meter
Wagengewicht	1440 kg	1470 kg	1490 kg
Zuläss. Gesamtgewicht	1900 kg	1900 kg	2000 kg
Höchstgeschwindigkeit	2600: 162 km/h 2600 L: 165 km/h	175 km/h	190 km/h
Beschleunigung 0–100 km/h	2600: 17,5 sec 2600 L: 17 sec	14 sec	14 sec
Verbrauch/100 km	14,5 Liter Super	15,5 Liter Super	16 Liter Super
Kraftstofftank	70 Liter (über Hinterachse)	70 Liter (über Hinterachse)	70 Liter (über Hinterachse)

BMW 502
Einsatzleitwagen der
Münchener Feuerwehr
1958

BMW 502
Funkstreifenwagen der
Münchener Polizei
1954/55

BMW 502
Krankentransportwagen des
Bayerischen Roten Kreuzes
Einsatzort: Grafenau
Aufbau: Binz & Co. (Lörrach)
1957

◄
BMW 501
Cabriolet 2/2 Sitze
Karosserie Baur
1954/55
◄

BMW 501
Cabriolet 4 Sitze
Karosserie Baur
1954/55

▶
BMW 501
Cabriolet 4 Türen
Karosserie Baur
1954/55
▶

BMW 502
Cabriolet 2/2 Sitze
Karosserie Baur
1955–1958

BMW 502
Coupé 2/2 Sitze
Karosserie Baur
1955–1958

BMW 502
Limousine 4 Türen
Karosserie Autenrieth
Einzelstück etwa 1960
◀
◀

BMW 502
Cabriolet 2 Sitze
Karosserie Autenrieth
Einzelstück 1955/56

BMW 502
Coupé 2 Sitze
Karosserie Autenrieth
Einzelstück 1957/58

BMW 3200 Super
Cabriolet 4 Türen
Karosserie Autenrieth
Einzelstück 1960

BMW 502
Coupé 2/2 Sitze
Karosserie Autenrieth
1958

BMW 502 Coupé 4 Sitze 1962/63.
Karosserie Gebr. Beutler (Thun/
Schweiz). Preis etwa 50000
Schweizer Fr. Dieses Coupé war
mehrere Jahre jünger und trotzdem im Entwurf weit weniger gelungen als der BMW 503.

1953 übernahm BMW die Reste der völlig bankrotten Veritas-Nürburgring (siehe Seite 219) samt dem Ingenieur Ernst Loof, der schon bis 1945 Entwicklungsarbeit bei BMW in Eisenach geleistet hatte. Doch schon bald nach der Rückkehr zur angestammten Firma erwartete ihn ein neuer Schicksalschlag. Nicht er, sondern Graf Albrecht Goertz hatte den Auftrag erhalten, den geplanten großen BMW Sportwagen zu entwerfen. Immerhin konnte Loof durchsetzen, daß er ebenfalls einen Prototyp nach seinen Vorstellungen bauen durfte. Und er durfte diesen Wagen, was völlig ungewöhnlich war, sogar ein einziges Mal öffentlich vorführen, nämlich am 13. September 1954 auf der Schönheitskonkurrenz Bad Neuenahr. Loof's Sportwagen, von Baur (Stuttgart) auf dem Fahrgestell des BMW 502 mit 2,6 Liter V8-Motor aufgebaut, erinnerte äußerlich immer noch an die einstigen Veritas. Der Entwurf des Grafen Goertz war unvergleichlich eleganter und attraktiver ausgefallen, allerdings auch viel komplizierter in der Herstellung und damit beträchtlich teurer. So blieb der Prototyp von Ernst Loof, der erstaunlicherweise heute noch existiert, ein Einzelstück und dessen letzte Schöpfung.

Zum ersten Mal wagte BMW im Jahr 1963 den Versuch, eine „Staatskarosse" einzuführen. Das unveränderte Fahrgestell eines BMW 3200 S erhielt einen Aufbau, der sich von der serienmäßigen Limousine durch ein verlängertes Heck, einen etwas höheren Dachaufbau, vorn angeschlagene Türen und größere Nebelscheinwerfer unterschied. Der Wagen wurde der Bayerischen Staatsregierung zur Verfügung gestellt, erntete aber wenig Beifall und in Bonn blieb er erst recht ohne jede Chance, wiewohl ihn die Bayerische Staatsregierung noch manchmal einsetzte.

Um zum damaligen Mercedes-Benz Typ 300 („Adenauer-Typ") nun endlich eine echte Alternative zu bieten, stellten die Bayerischen Motoren Werke auf der Frankfurter Automobil-Ausstellung im September 1965 den BMW 505 vor. Er besaß ein verstärktes, um 200 mm verlängertes Fahrgestell des Typs 502 mit 120 PS 3,2 Liter V8-Motor sowie eine Pullman-Karosserie, entworfen von Michelotti (Turin) und gefertigt von der Schweizer Firma Ghia-Aigle (Lugano). Zur luxuriösen Komfortausstattung gehörten elektrohydraulische Heber für Seitenfenster und Trennscheibe, Sprechanlage zwischen Fahrer- und Passagierraum, Klubsessel-Rücksitze, Getränkebar, ausklappbare Schreibplatte mit Beleuchtung, Radio-Fernbedienung (damals noch sehr bestaunt!), dazu viel Edelholz sowie beste Stoffe und Teppiche. Radstand 3055 mm, Spur 1343/1429 mm, Gesamtmaße 5100 × 1830 × 1630 mm, Reifen 6,70–15, Getriebe wie BMW 502, Antriebsübersetzung wie BMW 503. – Gedacht war der BMW 505 für den Bundeskanzler Dr. Adenauer, der mit seinem bis dahin gefahrenen Mercedes 300 nicht mehr so recht zufrieden war. Adenauer unternahm zwei längere Probefahrten mit dem BMW, entschied sich dann aber doch für die Anschaffung eines soeben neu nach seinen Vorstellungen abgewandelten Mercedes-Benz Typ 300c, zumal auch sein Fahrer ausdrücklich hierfür votiert hatte. Daraufhin erschien den Bayerischen Motoren Werken das Risiko zu groß, den BMW 505 serienmäßig herauszubringen. Es blieb bei den zwei Musterwagen, von denen einer bis heute überlebte. Freilich hatte dieses gute Stück, ganz anders als vorgesehen, eine triste Existenz fristen müssen. Das Auto diente beileibe nicht zur Repräsentation einer hochgestellten Persönlichkeit, sondern den banalen Zwecken kommerzieller Reklame.

BMW 503 (1956–1960)

Gedacht als eleganter Reisesportwagen. Entwurf: Albrecht Graf Goertz. Sehr lange Motorhaube. In seiner äußeren Erscheinung fiel das Auto etwas monströs und flächig aus. Aluminium-Karosserie, elektrische Fensterheber. Beim Cabriolet erstmalig in Deutschland elektrisches Verdeck. Einige der letzten Wagen hatten den 150-PS-Motor des BMW 507 und vordere Scheibenbremsen erhalten. Vorgestellt wurde der BMW 503 auf der Frankfurter Automobil-Ausstellung im September 1955. Ab Mai 1956 bis März 1960 wurden 273 Coupés und 139 Cabriolets gebaut.

BMW 507 (1956–1959)

Ebenfalls von Graf Goertz stammte der Entwurf dieses hinreißend schönen Roadsters. Seine überaus gefällige Linienführung sah so aggressiv aus, daß das Auto zu fahren schien, selbst wenn es stand. Als Zubehör gab es für den offenen Zweisitzer ein ebenso gekonnt gestyltes Aufsetzdach. Einziges wesentliches Ärgernis blieb hier der viel zu kleine Gepäckraum, weshalb der Käufer statt des 110 Liter- einen 65 Liter-Kraftstofftank wählen konnte. Der BMW 507 war wohl die größte Attraktion der Frankfurter Automobil-Ausstellung 1955, brachte aber dann trotzdem nicht den erhofften Verkaufserfolg, vor allem nicht in Amerika. Ab November 1956 bis März 1959 wurden 254 Wagen gebaut. Etwa 200 davon existieren heute noch und werden, wenn überhaupt, etwa zum Dreifachen des einstigen Listenpreises gehandelt. Bei der in Deutschland nicht lieferbaren USA-Ausführung brachte es der Motor auf 195 PS bei 5800 U/min (Verdichtung 1:9). Einige der letzten Wagen waren noch mit vorderen Scheibenbremsen ausgerüstet worden.

BMW 3200 CS (1962–1965)

Interne Werksbezeichnung: BMW 532. Nachfolger des BMW 503. Entwurf und Herstellung der Karosserie: Bertone (Turin). Sehr solid im Aussehen und in der Fertigungsqualität. Der BMW 3200 CS wirkte zu seiner Zeit fast zu unauffällig, doch zeigte sich die Brillanz seiner Linie später beim Vergleich mit dem Werks-Coupé 2800 CS. Heute noch ist der BMW 3200 CS unter Kennern hochgeschätzt. Seine Einführung erfolgte auf der Frankfurter Automobil-Ausstellung im September 1961. Ab Februar 1962 bis September 1965 wurde 602 Coupés und 1 Cabriolet ausgeliefert.

BMW 3200 CS Coupé 4 Sitze (Karosserie Bertone) 1962–1965

	BMW 503 1956–1960	BMW 507 1956–1959	BMW 3200 CS 1962–1965
Motor		Vergasermotor	
Zylinder		V8 (90°-V-Form), Leichtmetallblock, nasse Zylinderbüchsen	
Bohrung × Hub		82 × 75 mm	
Hubraum		3168 ccm	
Leistung	140 PS bei 4800 U/min	150 PS bei 5000 U/min USA: 165 PS bei 5800 U/min	160 PS bei 5600 U/min
Drehmoment	22,0 mkg bei 3800 U/min	24,0 mkg bei 4000 U/min	24,5 mkg bei 3600 U/min
Verdichtung	1:7,3	1:7,8. USA: 1:9	1:9
Vergaser	2 Doppel-Fallstromvergaser Zenith 32 NDIX	2 Doppel-Fallstromvergaser Zenith 32 NDIX	2 Doppel-Fallstromvergaser Zenith 36 NDIX
Ventile		Hängend, Stoßstangen und Kipphebel Zentrale Nockenwelle, Antrieb über Duplex-Kette	
Kurbelwellenlager		5	
Kühlung		Pumpe, 10 Liter Wasser	
Schmierung		Druckumlauf, 6,5 Liter Öl	
Batterie		12 V 56 Ah (im Motorraum)	
Lichtmaschine		Gleichstrom 200 W	
Kraftübertragung	Antrieb auf Hinterräder	Antrieb auf Hinterräder	Antrieb auf Hinterräder
Kupplung	Einscheibentrockenkupplung	Einscheibentrockenkupplung	Einscheibentrockenkupplung
Schaltung	Getriebe unter Vordersitzen Lenkradschaltung Ab Dezember 1957: Getriebe mit Motor verblockt Schalthebel Wagenmitte	Getriebe mit Motor verblockt Schalthebel Wagenmitte	Getriebe unter Vordersitzen Lenkradschaltung oder wahlweise Schalthebel Wagenmitte
Getriebe	4 Gang 4 Gang Sport	4 Gang	4 Gang oder 4 Gang
Synchronisierung	I–IV I–IV	I–IV	I–IV I–IV
Übersetzungen	I. 3,78 I. 3,540 II. 2,35 II. 2,202 III. 1,49 III. 1,395 IV. 1,000 IV. 1,00	I. 3,387 II. 2,073 III. 1,364 IV. 1,000	I. 3,71 I. 3,387 II. 2,27 II. 2,073 III. 1,49 III. 1,364 IV. 1,00 IV. 1,000
Antriebs-Übersetzung	3,89, auch 3,42	3,70, auch 3,42 oder 3,89	3,89 (m. Reifen 7,00 H15) 3,70 (m. Reifen 185 HR 15)
Fahrwerk	Kastenrahmen mit Rohr-Querträgern	Kastenrahmen mit Rohr-Querträgern	Kastenrahmen mit Rohr-Querträgern
	Leichtmetall-Karosserie	Leichtmetall-Karosserie	Stahlblech-Karosserie
Voderradaufhängung	Doppel-Querlenker Längs-Federstäbe	Doppel-Querlenker Längs-Federstäbe Stabilisator	Doppel-Querlenker Längs-Federstäbe Stabilisator
Hinterradaufhängung	Starrachse Dreieck-Schublenker Längs-Federstäbe Panhardstab	Starrachse Zug- und Schubstreben Längs-Federstäbe Panhardstab	Starrachse Zug- und Schubstreben Längs-Federstäbe Panhardstab
Lenkung	Kegelrad 16,5:1 3,5 Lenkraddrehungen	Kegelrad 16,5:1 3,5 Lenkraddrehungen Lenkrad axial verstellbar	Kegelrad 16,5:1 3,5 Lenkraddrehungen Cabriolet: Servohilfe
Betriebsbremse	Hydraulisch, Servohilfe Trommel-Ø284 mm Bremsfläche 1256 cm²	Hydraulisch, Servohilfe Trommel-Ø284 mm Bremsfläche 1256 cm²	Hydraulisch, Servohilfe Scheiben-Øvorn 267 mm Trommel-Øhinten 284 mm
Allgemeine Daten			
Radstand	2835 mm	2480 mm	2835 mm
Spur vorn/hinten	1400/1420 mm	1445/1425 mm	1330/1416 mm
Gesamtmaße	4750 × 1710 × 1440 mm	4380 × 1650 × 1300 mm	4839 × 1720 × 1460 mm
Felgen	4,50 E × 16	4,50 E × 16	5 J × 15
Reifen	6,00 H 16 (6 PR)	6,00 H 16 (6 PR)	7,00 H 15 L oder 185 HR 15
Wendekreis	12,5 Meter	10,7 Meter	12,5 Meter
Wagengewicht	1500 kg	1330 kg	1500 kg
Zuläss. Gesamtgewicht	1800 kg	1500 kg	1900 kg
Höchstgeschwindigkeit	190 km/h	H'Achse 3,89: 190 km/h H'Achse 3,70: 200 km/h H'Achse 3,42: 220 km/h	H'Achse 3,70: 200 km/h
Beschleunigung 0–100 km/h	13 sec	11,5 sec	14 sec
Verbrauch/100 km	16 Liter Super	17 Liter Super	16 Liter Super
Kraftstofftank	75 Liter (im Heck)	65 od. 110 Liter (im Heck)	75 Liter (im Heck)

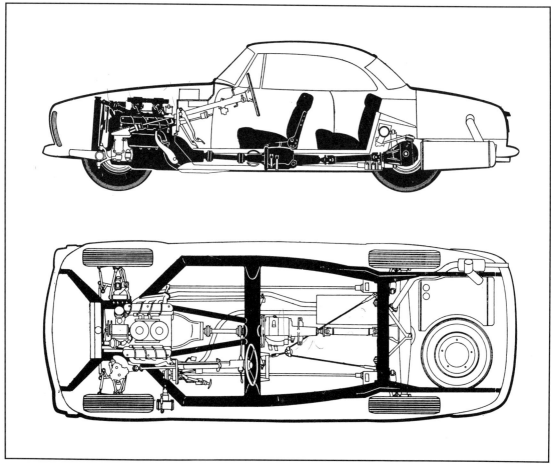

BMW 503
Sport-Coupé 2/2 Sitze
sowie
Sport-Cabriolet 2/2 Sitze
mit Verdeck offen
und geschlossen
1956–1959

▶
▶
▶

Die Durchsichtzeichnungen des
BMW 503 zeigen vor allem die eindrucksvolle Konstruktion des, wie
das Werk ihn nannte, Vollschutz-
rahmens. Gut zu erkennen sind ferner die Anordnung des Achtzylin-
der-Motors und die Kraftübertragung mit dem Getriebe unter den
Vordersitzen. Gegenüber der
Limousine bedeutete es einen
Rückschritt, dessen man sich
damals wahrscheinlich gar nicht
bewußt war, daß beim 503 und 507
der Kraftstofftank wieder hinter
der Hinterachse statt über dieser
untergebracht war.

141

BMW 507 Touring Sport Roadster 2 Sitze 1956–1959

BMW 507 Touring Sport Roadster 2 Sitze (mit Verdeck) 1956–1959

BMW 507 Touring Sport Roadster 2 Sitze (mit Hardtop) 1956–1959

BMW 3200 CS Coupé 4 Sitze (Karosserie Bertone) 1962–1965

BMW 3200 CS Coupé 4 Sitze (Karosserie Bertone) 1962–1965

BMW 3200 CS Cabriolet 4 Sitze (Karosserie Bertone) Einzelstück 1962

BMW Isetta (1955–1962)

Anfang 1954 brachte die italienische Firma Iso die Isetta auf den Markt, einen winzigen Zweisitzer mit vier kleinen Rädern, differentialloser Schmalspur-Hinterachse und Fronttüre. Obwohl die Italiener von einer Serienproduktion Abstand nahmen, erwarb BMW die Nachbau-Lizenz samt den Preßwerkzeugen für das kleine Fahrzeug. Allerdings ersetzte BMW den lärmigen Zweitaktmotor durch den dumpf bullernden Viertakt-Einzylinder aus dem Motorrad BMW R 25. Auch sonst fanden zahlreiche Verfeinerungen statt, so daß schließlich die BMW Isetta zum wohl solidesten und seriösesten unter den zahlreichen Rollermobilen und Kleinstwagen jener Jahre gedieh. Gebaut wurde die ursprüngliche Ausführung mit Glaskuppel, Klappfenster und Faltdach ab April 1955 (Isetta 300 ab Februar 1956) bis März 1957, wobei bereits Ende 1955 etliche Änderungen vorgenommen worden waren. Vor allem hatte man die langen Scheinwerfergehäuse durch kurze, freistehende Gehäuse ersetzt. Eine wesentlich modernisierte Isetta wurde von Oktober 1956 bis Mai 1962 hergestellt. Sie besaß statt der Glaskuppel einen automobilmäßigen Dachaufbau mit Schiebefenstern und ebenfalls mit serienmäßigem Faltdach. Insgesamt wurden in München 136 367 Isetten produziert, davon über die Hälfte mit 250 ccm-Motor (Führerschein 4!). Nach England wurden wegen der dortigen Besteuerung 1750 Isetta 300 als Dreirad-Fahrzeuge mit nur einem Hinterrad geliefert. Lizenzweise nachgebaut wurde die Original-Isetta von Velam in Frankreich, die BMW Isetta in England und Brasilien. Weltweit betrug die Gesamtproduktion 161 360 Fahrzeuge.

Motocoupé 2 Sitze	1955	1956	1957	Okt. 1958
Isetta 250	DM 2580,–	DM 2780,–	DM 2780,–	DM 2695,–
Isetta 300	–	DM 2920,–	DM 2890,–	DM 2795,–

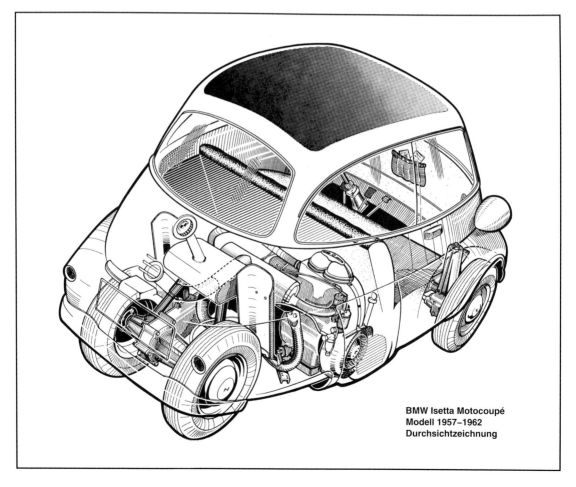

BMW Isetta Motocoupé
Modell 1957–1962
Durchsichtzeichnung

BMW Isetta Motocoupé Modell 1955 (mit langem Scheinwerfergehäuse) und Modell 1956

BMW Isetta Motocoupé 2 Sitze Modell 1957–1962 (mit festem Oberbau, Sonnendach und Schiebefenstern)

	BMW Isetta 250 1955–1962	BMW Isetta 300 1956–1962	BMW 600 1957–1959
Motor			
Zylinderzahl	Viertakt-Einzylinder	Viertakt-Einzylinder	2 Zylinder (Boxer)
Bohrung x Hub	68 x 68 mm	72 x 73 mm	74 x 68 mm
Hubraum	245 ccm	298 ccm	582 ccm
Leistung	12 PS bei 5800 U/min	13 PS bei 5200 U/min	19,5 PS bei 4500 U/min
Drehmoment	1,45 mkg bei 4500 U/min	1,88 mkg bei 4600 U/min	3,9 mkg bei 2800 U/min
Verdichtung	1 : 6,8	1 : 7,0	1 : 6,8
Vergaser	1 Schiebervergaser Bing 1/24. Ab 1957: 1/22	1 Schiebervergaser Bing 1/24. Ab 1957: 1/22	1 Flachstromvergaser Zenith 28 KLP 3
Ventile	Hängend Stoßstange und Kipphebel Seitliche Nockenwelle Antrieb durch Kette	Hängend Stoßstange und Kipphebel Seitliche Nockenwelle Antrieb durch Kette	V-förmig hängend Stoßstangen und Kipphebel Zentrale Nockenwelle Antrieb durch Stirnräder
Kurbelwellenlager	2	2	3
Kühlung	Gebläse - Luft	Gebläse - Luft	Gebläse - Luft
Schmierung	Druckumlauf 1,25, ab Frühj. 1956 1,75 l Öl	Druckumlauf 1,75 Liter Öl	Druckumlauf 2,0 Liter Öl
Batterie	12 V 24 Ah (unter Sitzbank)	12 V 24 Ah (unter Sitzbank)	12 V 24 Ah (unter Rücksitz)
Lichtmaschine	Gleichstrom 130 W	Gleichstrom 130 W	Gleichstrom 130 W
Kraftübertragung	Motor seitlich querstehend hinter rechtem Sitz Antrieb auf Hinterräder (kein Differential) über quer- liegende kurze Gelenkwelle und Duplex-Kette im Ölbad		Hecktriebblock Motor hinter, Getriebe vor der Hinterachse
Kupplung	Einscheibentrockenkupplung		Einscheibentrockenkupplung
Schaltung	Schalthebel an linker Seitenwand		Schaltstock Wagenmitte
Getriebe	4 Gang-Klauengetriebe		4 Gang
Synchronisierung	ohne		I–IV
Übersetzungen	I. 4,35		I. 3,54
	II. 2,22		II. 1,94
	III. 1,52		III. 1,27
	IV. 1,17		IV. 0,846
Antriebs-Übersetzung	2,31		5,43
Fahrwerk	Stahlrohrrahmen Ganzstahlkarosserie mit Fronteinstieg		Stahlrohrrahmen Ganzstahlkarosserie mit Fronteinstieg und 1 Seitentüre hinten rechts
Vorderradaufhängung	Geschobene Längsschwingen Schraubenfedern		Geschobene Längsschwingen Schraubenfedern
Hinterradaufhängung	Schmalspur-Starrachse Viertelelliptik-Ausleger-Blattfedern		Schräglenker Schraubenfedern
Lenkung	Spindel 15,4 : 1 2,5 Lenkraddrehungen		Spindel 15,4 : 1 2,5 Lenkraddrehungen
Fußbremse	Hydraulisch Trommel-⌀ 180 mm, 1 Bremstrommel für beide Hinterräder Bremsfläche 324 cm²		Hydraulisch Trommel-⌀ 180 mm Bremsfläche 432 cm²
Allgemeine Daten			
Radstand	1500 mm		1700 mm
Spur vorn/hinten	1200/520 mm		1220/1160 mm
Gesamtmaße:	1955–1957: 2285 x 1380 x 1340 mm 1956–1962: 2355 x 1380 x 1340 mm		2900 x 1400 x 1375 mm
Felgen	3,00 x 10		3,50 x 10
Reifen	4,80-10		5,20-10
Wendekreis links/rechts	8,3 Meter		8,3 Meter
Wagengewicht	360 kg		550 kg
Zuläss. Gesamtgewicht	580, zuletzt 600 kg		900 kg
Höchstgeschwindigkeit	85 km/h		103 km/h
Beschleunigung	0–80 km/h: 40 sec		0–100 km/h: 58 sec
Verbrauch/100 km	5,5 Liter		6 Liter
Kraftstofftank	13 Liter (im Heck)		23 Liter (im Heck)

BMW 600 (1957–1959)

Aus der Isetta entwickelter Viersitzer-Kleinwagen mit Fronteinstieg und 1 Seitentür hinten rechts. Im Heck Zweizylinder-Boxermotor, abgeleitet aus dem der großen BMW Motorräder. Das Fahrzeug zeichnete sich durch saubere Technik und Verarbeitung aus, wirkte aber in seiner Gesamtkonzeption wenig überzeugend. Vorstellung Ende August 1957. Ab Dezember 1957 bis November 1959 wurden 34 318 Fahrzeuge gebaut. Preis DM 3985,–.

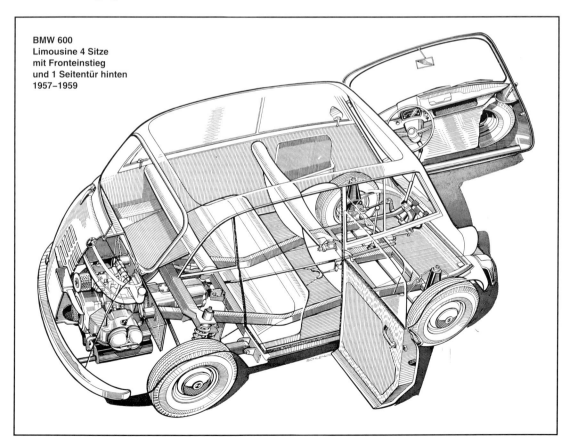

BMW 600
Limousine 4 Sitze
mit Fronteinstieg
und 1 Seitentür hinten
1957–1959

BMW 700 (1959–1964)
BMW LS (1962–1965)

Bei BMW hatte sich inzwischen die richtige Einsicht durchgesetzt, daß nur mit einem erfolgreichen Mittelklassewagen der Weiterbestand des Unternehmens gesichert werden könne. Doch solche Entwicklung brauchte Zeit und sie kostet viel Geld, das nicht da war. Während die maßgebenden Leute in München fast nur noch von diesem illusionär erscheinenden Projekt träumten, ließ sich Wolfgang Denzel in Wien, BMW-Generalimporteur für Österreich, Konstrukteur und Rennfahrer dazu, einen viel realistischeren Plan einfallen.

Denzel hatte schon einmal, nämlich gleich nach dem Krieg, einen bemerkenswerten Sportwagen in kleiner Serie gebaut, der, aus dem VW entwickelt, in vielerlei Hinsicht dem späteren Porsche Spyder entsprach. Und nun stellte sich Denzel vor, die gesunde technische Basis des ansonsten unglücklich geratenen BMW 600 für einen ansprechenden Kleinwagen zu nützen.

Im November 1957 legte Denzel seine Entwürfe in München vor und erhielt im März 1958 den Auftrag, in Zusammenarbeit mit Michelotti (Turin) einen Prototyp zu entwickeln. Dieser wurde schon nach vier Monaten, im Juli 1958, der Unternehmensleitung von BMW präsentiert, fand dort (fast) einhelligen Beifall, und nur ein Jahr später ging er in Serie. Auf der Frankfurter Automobil-Ausstellung im September 1959, wo man außer

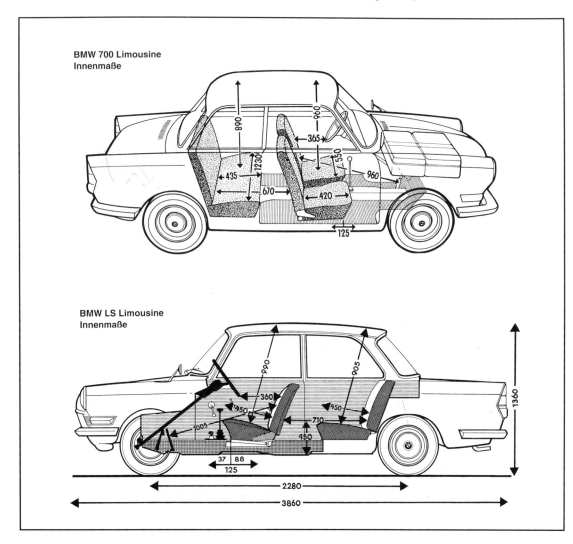

BMW 700 Limousine
Innenmaße

BMW LS Limousine
Innenmaße

dem Coupé erstmalig auch die Limousine zeigte, wurde der BMW 700 vom Publikum begeistert aufgenommen und seine Produktion für zwei Jahre im voraus verkauft.

Damit begann die Rettung von BMW. Denn dieses neue Auto brachte endlich wieder bares Geld ins Haus. In der schicksalhaften Hauptversammlung vom 9. Dezember 1959 konnte damit nachgewiesen werden, daß die Talsohle überwunden war. Vor allem aber entdeckte der Rechtsanwalt und Wirtschaftsprüfer Dr. Friedrich Mathern in der Bilanzierung der Entwicklungskosten für den BMW 700 einen Formfehler, der es ihm ermöglichte, den Plan der Daimler-Benz AG. zur Übernahme von BMW zu kippen. Und nun zum Auto.

BMW 700: Vom BMW 600 abgeleiteter Kleinwagen normalen Aussehens mit sehr hübsch gezeichneter Karosserie. Damit brachte BMW endlich jenen kleinen Wagen sportlichen Charakters, auf den damals viele Leute schon jahrelang gewartet hatten. Mit dem BMW 700 gelang dem Werk der Durchbruch zur lohnenden Großserienproduktion. Das Coupé wurde ab August 1959 bis April 1964, die Limousine ab Dezember 1959 (Luxus-Limousine ab Januar 1961) bis April 1962 gebaut. Preise:

BMW 700 Limousine 2 Türen	DM 4760,–
BMW 700 Luxus Limousine 2 Türen	DM 4995,–
BMW 700 Coupé 2/2 Sitze	DM 5300,–
	bzw. (ab 1963) DM 5500,–

BMW 700 Sport: Unterschied sich äußerlich nicht vom BMW 700 Coupé, verfügte aber über eine spürbar höhere Motorleistung und eine sportgerechte Ausstattung. Typenbezeichnung ab 1963: BMW 700 CS. Gebaut ab August 1960 bis Mai 1964. Den 40 PS-Sportmotor besaß ebenfalls das BMW 700 Cabrio (Karosserie Baur, Stuttgart), geliefert ab September 1961 bis November 1964. Preise:

BMW 700 Sport, Coupé 2/2 Sitze	DM 5850,–
BMW 700 Cabrio, Cabriolet 2 Sitze	DM 6950,–

BMW LS: Nachfolger der BMW 700 Limousinen. Bei im Prinzip gleichgebliebener Form hatte der Radstand um 160 und die Gesamtlänge um 320 mm zugenommen. Der Wagen gewann damit beträchtlich an Beinraum für die hinteren Passagiere sowie eine willkommene Stabilisierung der Fahr- und Federungseigenschaften. Äußerlich wirkte der kleine BMW nun langgestreckt und stattlicher, wobei freilich volle 200 mm des hinteren Überhangs ungenutzter Hohlraum blieben, weil der ursprünglich für den LS geplante Vierzylindermotor nur in wenigen Versuchsexemplaren zum Einbau kam. BMW LS Luxus ab März 1962 bis November 1965, BMW LS mit einfacher Ausstattung ab Februar 1963 bis September 1963. Preise:

BMW LS Limousine 2 Türen	DM 4785,–
BMW LS Luxus Limousine 2 Türen	DM 5320,–
	bzw. (ab 1964) DM 4985,–

BMW LS Coupé: Nachfolger des BMW 700 Coupé und des BMW 700 CS. Entsprechend den LS Limousinen verlängert, wobei sich jedoch beim LS Coupé keineswegs ebenso gefällige Proportionen ergaben. Die Karosserien für das LS Coupé fertigte Baur (Stuttgart). Serie ab September 1964 bis September 1965. Preis:

BMW LS Coupé 2/2 Sitze	DM 5850,–

BMW fertigte von allen 700- und LS-Modellen zusammen ab August 1959 bis September 1965 insgesamt 188 121 Wagen, und zwar

BMW 700 Limousinen	1959–1962	62 141
BMW 700 Coupé	1959–1964	19 896
BMW 700 Sport und BMW 700 CS Coupé	1960–1964	9 436
BMW 700 Cabriolet	1961–1964	2 592
BMW LS Limousinen	1962–1965	92 416
BMW LS Coupé	1964–1965	1 730

**BMW 700
Limousine
1960–1961**

**BMW 700 Coupé
1959–1964
BMW 700 Sport
1960–1964**

**BMW 700 Cabrio
1961–1964**

**BMW LS Luxus
Limousine
1962–1965**

**BMW LS Coupé
1964–1965**

Motor
Zylinderzahl

Bohrung x Hub
Hubraum
Leistung

Drehmoment
Verdichtung
Vergaser

Ventile

Kurbelwellenlager
Kühlung
Schmierung
Batterie
Lichtmaschine

Kraftübertragung
Kupplung
Schaltung
Getriebe
Synchronisierung
Übersetzungen

Antriebs-Übersetzung

Fahrwerk
Vorderradaufhängung
Hinterradaufhängung

Lenkung
Fußbremse

Allgemeine Daten
Radstand
Spur vorn/hinten
Gesamtmaße

Felgen
Reifen

Wendekreis links/rechts
Wagengewicht
Zuläss. Gesamtgewicht

Höchstgeschwindigkeit

Beschleunigung 0–100 km/h

Verbrauch/100 km
Kraftstofftank

BMW 700 1960–1961 BMW 700 Coupé 1959–1964	BMW 700 Sport 1960–1963 BMW 700 CS 1963–1964	BMW LS Luxus 1962–1965	BMW LS Coupé 1964–1965
2 Zylinder (Boxer) Leichtmetall-Kurbelgehäuse 78 x 73 mm 697 ccm 30 PS bei 5000 U/min Ab Februar 1963: 32 PS bei 5000 U/min 5,1 mkg bei 3400 U/min 1 : 7,5 1 Fallstromvergaser Solex 34 PCI	2 Zylinder (Boxer) Leichtmetall-Kurbelgehäuse 78 x 73 mm 697 ccm 40 PS bei 5700 U/min 5,2 mkg bei 4500 U/min 1 : 9 2 Fallstromvergaser Solex 34 PCI	2 Zylinder (Boxer) Leichtmetall-Kurbelgehäuse 78 x 73 mm 697 ccm 30 PS bei 5000 U/min Ab Februar 1963: 32 PS bei 5000 U/min 5,1 mkg bei 3400 U/min 1 : 7,5 1 Fallstromvergaser Solex 34 PCI	2 Zylinder (Boxer) Leichtmetall-Kurbelgehäuse 78 x 73 mm 697 ccm 40 PS bei 5700 U/min 5,2 mkg bei 4500 U/min 1 : 9 2 Fallstromvergaser Solex 34 PCI

V-förmig hängend. Stoßstangen und Kipphebel
Zentrale Nockenwelle, Antrieb durch Stirnräder
3
Gebläse-Luft
Druckumlauf, 2,0 Liter Öl
12 V 24 Ah (im Motorraum)
Gleichstrom 130 W

Hecktriebblock. Motor hinter, Getriebe vor der Hinterachse
Einscheibentrockenkupplung
Stockschalthebel Wagenmitte
4 Gang
I–IV

	Coupé: ab 1961: / Cabrio:		
I. 3,54 II. 1,94 III. 1,27 IV. 0,839 5,43	I. 2,667 / I. 3,54 II. 1,600 / II. 1,94 III. 1,148 / III. 1,27 IV. 0,839 / IV. 0,839 5,43 / 5,43	I. 3,54 II. 1,94 III. 1,27 IV. 0,839 5,43	I. 3,54 II. 1,94 III. 1,27 IV. 0,839 5,43

Selbsttragende Ganzstahlkarosserie
Geschobene Längsschwingen, Schraubenfedern

Schräglenker Schraubenfedern	Schräglenker Schraubenfedern Coupé: Stabilisator	Schräglenker Schraubenfedern Gummi-Hohlfedern	Schräglenker Schraubenfedern Gummi-Hohlfedern

Zahnstange 17,85 : 1, 3 Lenkraddrehungen
Hydraulisch. Trommel-∅ 200 mm, Bremsfläche 588 cm²

| 2120 mm 1270/1200 mm Limousine: 3540 x 1480 x 1345 mm Coupé: 3540 x 1480 x 1270 mm 3,50 x 12 5,20-12 10,1 Meter 640 kg Limousine: 960 kg Coupé: 860 kg Limousine: 120 km/h Coupé: 125 km/h Limousine: 30 sec Coupé: 26,5 sec 7 Liter 30 l (vorn im Wagen) | 2120 mm 1270/1200 mm Coupé: 3540 x 1480 x 1270 mm Cabrio: 3540 x 1480 x 1290 mm 3,50 x 12 5,20-12 bzw. (ab Herbst 1963) 5,50-12 10,1 Meter 650, Cabrio 685 kg Coupé: 860 kg Cabrio: 910 kg 135 km/h 20 sec 7,5 Liter Super 30 l (vorn im Wagen) | 2280 mm 1270/1200 mm 3860 x 1480 x 1360 mm   3,50 x 12 5,20-12 bzw. (ab Herbst 1963) 5,50-12 10,6 Meter 680 kg 1050 kg 120 km/h 33 sec 7,5 Liter Super 30 l (vorn im Wagen) | 2280 mm 1270/1200 mm 3860 x 1480 x 1300 mm   3,50 x 12 5,50-12 10,6 Meter 690 kg 1050 kg 135 km/h 22 sec 7,5 Liter Super 30 l (vorn im Wagen) |

**BMW 700
Limousine
1959–1962**

**BMW LS
Limousine
1962–1965**

152

Beim Roßfeld-Bergrennen im Juni 1961 startete zum ersten Mal der BMW 700 RS, ein extrem niedriger Rennsport-Zweisitzer mit Gitterrohrrahmen, Aluminiumkarosserie und Königswellenmotor. Der Zweizylinder-Boxer, vor der Hinterachse eingebaut, brachte über 70 PS bei 8000 U/min und bis zu 200 km/h Spitze. Der Radstand war auf 2000 mm verkürzt. Bis 1963 entstanden 19 Stück dieser exquisiten Renner. Gegen sie hatten die bis dahin in dieser Klasse dominierenden Abarth/Fiat nichts mehr zu bestellen.

Mit Geschick und Begeisterung entwickelte Willi Martini, BMW-Vertreter am Nürburgring, in den Jahren 1962 bis 1965 kleine Hochleistungs-Sportwagen, die sich hervorragend bewährten, indem sie eine Menge internationaler Siege und Erfolge herausfuhren. Der Martini-BMW besaß, entsprechend hergerichtet und aufbereitet, Motor und Fahrwerk des BMW 700, dazu eine vom Meister selbst entworfene und hergestellte Kunststoffkarosserie. Als sich Martini anschickte, sein Auto preisgünstig in größerer Zahl auf den Markt zu bringen, hat BMW das Vorhaben unterbunden. Die Fachwelt und vor allem Martinis spezielle Kundschaft zeigten hierfür wenig Verständnis.

BMW 1500 (1962–1964)
BMW 1600 (1964–1966)
BMW 1800 (1963–1971)
BMW 2000 (1966–1972)

BMW 1500: Beginn einer neuen Modellreihe („Neue Klasse"), welche die Bayerischen Motoren Werke wieder zu neuer Blüte brachte. Prototyp (75 PS, Verdichtung 1:8,2, Reifen 5,90–13, Richtpreis DM 8500,–) auf der Frankfurter Automobil-Ausstellung September 1961. Zwar war dieser Musterwagen noch längst nicht serienreif, doch fanden Technik und Form des neuen BMW begeisterten Beifall. Allgemeines Urteil: Endlich wieder ein echter BMW! In der Serie war und blieb dann der BMW 1500 allerdings ein mit allzu vielen Problemen behaftetes Automobil. Vorserie ab Februar 1962, reguläre Produktion ab Oktober 1962 bis Dezember 1964.

BMW 1600: Nachfolger des BMW 1500. Äußerlich kein Unterschied, doch in der Ausreifung und Detailqualität unvergleichlich besseres Auto. Aber es litt einerseits zu Unrecht unter dem schlechten Ruf des Vorgängers und stand andererseits im Schatten des inzwischen dazugekommenen BMW 1800. Die Serienproduktion des BMW 1600 lief von März 1964 bis April 1966.

BMW 1800: Gleicher Wagen wie BMW 1500 und 1600, aber größerer Motor und durchgehender Chromstreifen. Vorgestellt wurden BMW 1800 und 1800 TI im September 1963. Die Produktion des ersteren begann sofort, des 1800 TI im Februar 1964. Auch diese beiden Modelle bereiteten im ersten

BMW 1500 Limousine 4 Türen 1962–1964
BMW 1600 Limousine 4 Türen 1964–1966

Preise	BMW 1500	BMW 1800	BMW 1800 TI			
Okt. 1962	DM 9485,–	–	–			
Sept. 1963	DM 9485,–	DM 9985,–	–			
	BMW 1600			**BMW 2000**	**BMW 2000 tilux**	**BMW 2000 CS**
März 1964	DM 9485,–	DM 9985,–	DM 10960,–	–	–	–
1965	DM 9485,–	DM 9985,–	DM 10960,–	–	–	DM 17000,–
April 1966	DM 9685,–	DM 10400,–	DM 11160,–	DM 11475,–	DM 12750,–	DM 17500,–
Aug. 1968	–	DM 10715,–	–	DM 11800,–	DM 12865,–	DM 17660,–
Nov. 1969	–	DM 11580,–	–	DM 12680,–	DM 13765,–	–
					BMW 2000 tii	
Juli 1970	–	DM 11580,–	–	DM 12680,–	DM 14290,–	–
Sept. 1971	–	DM 12370,–	–	DM 13290,–	DM 14960,–	–
Jan. 1972	–	DM 12870,–	–	DM 13790,–	DM 15460,–	–

Automatic (nur für BMW 1800 und 2000) + DM 1200,–

Jahr noch reichlich Kummer. Seit Ende 1964 bis Herbst 1965 war ferner der BMW 1800 TI/SA (= TI/ Sport-Ausführung) für DM 13500,– in einer Auflage von nur 200 Stück lieferbar und als Wettbewerbsfahrzeug ausschließlich Lizenzfahrern vorbehalten. Produktion des 1800 TI endete im Herbst 1968, nachdem dieses Modell angesichts des inzwischen herausgekommenen BMW 2000 uninteressant geworden war. Der normale 1800 hingegen behielt weiterhin wegen seiner Wirtschaftlichkeit und Zuverlässigkeit einen treuen Kundenstamm. Ab August 1968 bekam der BMW 1800 seine Hochform durch Übergang auf Kurzhubmotor. Während seither Motorblock und Kolben mit dem 1600, hingegen die Kurbelwelle mit dem 2000 baugleich waren, besaß der 1800 nunmehr genau umgekehrt Block und Kolben des 2000 sowie die Kurbelwelle des 1600. Dieser Motor lief bei gleicher Nennleistung ruhiger, elastischer und drehfreudiger. Neu außerdem Doppel-Zweikreisbremse und schwarzer Grill mit Mittelstreifen. Ab April 1971 Rechteck-Scheinwerfer und äußere Merkmale gleich wie BMW 2000. Ende der Produktion noch im gleichen Jahr 1971.

BMW 2000: Ende Januar 1966 erschien BMW 2000 mit 100 PS- und BMW 2000 TI mit 120 PS-Zweiliter-Motor. BMW 2000 mit Rechteck-Scheinwerfern. BMW 2000 TI behielt Gesicht des BMW 1800, was sich jedoch als Verkaufshindernis erwies, weshalb ab Juli 1966 der BMW 2000 tilux mit Rechteck-Scheinwerfern erschien und BMW 2000 TI im Sommer 1968 aus dem Programm genommen wurde. Ab August 1968 alle Modelle mit Doppel-Zweikreisbremse. BMW 2000 tilux lief bis März 1970. Als dessen Nachfolger erschien ab Ende 1969 der BMW 2000 tii mit Einspritzmotor, der jedoch wegen seines hohen Preises und der im Verhältnis dazu nur unwesentlich höheren Leistung schwer verkäuflich blieb. Gleichbleibender Beliebtheit und hoher Wertschätzung bis zuletzt erfreute sich hingegen der normale BMW 2000. Wie alle Ausführungen der „Neuen Klasse" litt er zwar unter einer ziemlich unkomfortablen Federung und einem arg schwachen Abblendlicht. Sympathie hingegen erweckten die kompakten Außenmaße des Wagens, die wesentlich zu seiner Handlichkeit und Wendigkeit beitrugen. Vor allem aber bestach er durch seine großartigen Lenkungs- und Kurveneigenschaften, durch gute Bremsen, die ordentliche Ausstattung sowie die für ihre Zeit ausgesprochen hübsche und gediegene Form der Karosserie. Im übrigen erfreute sich speziell der 2000 eines angenehm elastischen Motors. Die Produktion des BMW 2000 und des 2000 tii endete im Juni 1972, wobei es der letztere aber insgesamt nur auf 1952 Exemplare gebracht hatte, während dem normalen BMW 2000 ein Massenerfolg beschieden war.

BMW 2000 C, 2000 CS (1965–1970)

Über 7 Monate vor den BMW 2000 Limousinen erschien mit dem Zweiliter-Motor im Juni 1965 das Coupé, entwickelt bei BMW und gebaut bei Karmann. Formgebung weniger überzeugend als bei den Limousinen. Insgesamt wurden 2837 BMW 2000 C (fast immer mit Automatic) und 8883 BMW 2000 CS gebaut.

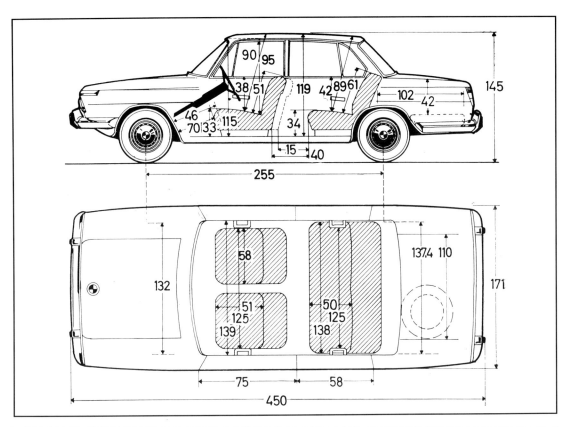

Produktion	BMW 1500	BMW 1600	BMW 1800	BMW 2000	
1962	1 737				1 737
1963	19 634		8 353		27 987
1964	2 436	2 131	33 254		37 821
			(+2)		(+2)
1965		6 395	50 675	57	57 127
		(+550)	(+847)		(+1 397)
1966		1 202	13 397	43 431	58 030
			(+1 090)	(+1 494)	(+2 584)
1967			9 312	34 418	43 730
			(+264)	(+1 078)	(+1 342)
1968			7 844	26 350	34 194
			(+2 561)	(+1 184)	(+3 745)
1969			11 273	22 420	33 693
			(+1 576)	(+1 846)	(+3 422)
1970			14 837	17 625	32 462
			(+878)	(+1 670)	(+2 548)
1971			7 653	10 603	18 256
			(+140)	(+725)	(+865)
1972			—	337	337
			(+205)	(+689)	(+894)
1973			—	—	—
			(+413)	(+1 036)	(+1 449)
1974			—	—	—
			(+384)	(+372)	(+756)
	23 807	9 728	156 598	155 241	345 374
		(+550)	(+8 360)	(+10 094)	(+19 004)
	23 807	10 278	164 958	165 335	364 378

Zahlen in Klammern (+ . . .) = Produktion im Ausland

BMW 1500
Limousine 4 Türen
1962–1964 ▶

◀ BMW 1800
Limousine 4 Türen
◀ 1968–1971

BMW 2000 C ▶
BMW 2000 CS
Coupé 4 Sitze
1965–1969 ▶

BMW 2000
Limousine 4 Türen
1966–1971

BMW 2000 tilux
Limousine 4 Türen
1966–1971

BMW 2000 tii
Limousine 4 Türen
1969–1971

BMW 1800
BMW 2000
BMW 2000 tii
Limousine 4 Türen
1971–1972

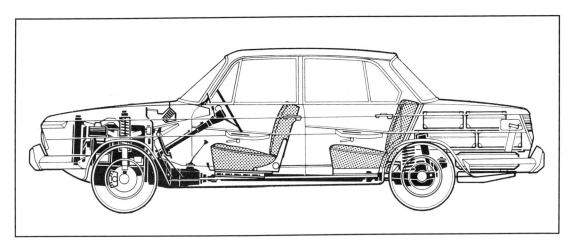

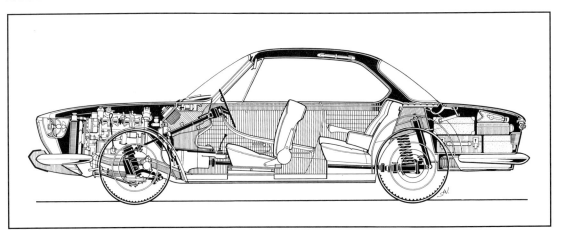

	BMW 1500 1962–1964	BMW 1600 1964–1966
Motor	Vergasermotor	Vergasermotor
Zylinderzahl	4 (Reihe). Block um 30° rechts seitlich geneigt	4 (Reihe). Block um 30° rechts seitlich geneigt
Bohrung x Hub	82 x 71 mm	84 x 71 mm
Hubraum	1499 ccm	1573 ccm
Leistung	80 PS bei 5700 U/min	83 PS bei 5500 U/min
Drehmoment	12,0 mkg bei 3000 U/min	12,6 mkg bei 3000 U/min
Verdichtung	1 : 8,8	1 : 8,6
Vergaser	1 Fallstromvergaser Solex 34 PICB. 1964: Solex 36-40 PDSI	1 Fallstromvergaser Solex 36-40 PDSI
Ventile	V-förmig hängend. Obenliegende Nockenwelle, Antrieb durch Duplexkette	
Kurbelwellenlager	5	
Kühlung	Pumpe, 7 Liter Wasser	
Schmierung	Druckumlauf, 4,25 l Öl	Druckumlauf, 4,25 l Öl
Batterie	6 V 77 Ah (im Motorraum)	6 V 77 Ah (im Motorraum)
Lichtmaschine	Gleichstrom 200 W	Gleichstrom 250 W
Kraftübertragung	Antrieb auf Hinterräder Kurze Kardanwelle	Antrieb auf Hinterräder Kurze Kardanwelle
Kupplung	Einscheibentrockenkupplung	Einscheibentrockenkupplung
Schaltung	Schalthebel Wagenmitte	Schalthebel Wagenmitte
Getriebe	4 Gang	4 Gang
Synchronisierung	I–IV	I–IV
Übersetzungen	I. 3,816	I. 3,816
	II. 2,170	II. 2,070
	III. 1,355	III. 1,330
	IV. 1,000	IV. 1,000
Antriebs-Übersetzung	4,375	4,275
Fahrwerk	Selbsttragende Ganzstahlkarosserie	
Vorderradaufhängung	McPherson-Federbeine Schraubenfedern	
Hinterradaufhängung	Schräglenker Schraubenfedern	
Lenkung	Schnecke 17,58 : 1 3,75 Lenkraddrehungen	
Fußbremse	Hydraulik Scheibenbremsen vorn 268 mm ⌀ Trommelbremsen hinten 250 mm ⌀	
Allgemeine Daten		
Radstand	2550 mm	2550 mm
Spur vorn/hinten	1320/1366 mm	1320/1366 mm
Gesamtmaße	4500 x 1710 x 1450 mm	4500 x 1710 x 1450 mm
Felgen	4$^1/_2$ J x 14	4$^1/_2$ J x 14
Reifen	6,00-14 Auf Wunsch: 165 SR 14	6,00 S 14 Auf Wunsch: 165 SR 14
Wendekreis links/rechts	10,6/10,8 Meter	10,6/10,8 Meter
Wagengewicht	1060 kg	1070 kg
Zuläss. Gesamtgewicht	1450 kg	1450 kg
Höchstgeschwindigkeit	148 km/h	155 km/h
Beschleunigung 0–100 km/h	16 sec	14 sec
Verbrauch/100 km	11 bzw. (ab 1964) 11,5 Liter Super	12 Liter Super
Kraftstofftank	53 Liter (im Heck)	53 Liter (im Heck)

BMW 1800 1963–1968	BMW 1800 TI 1964–1966	BMW 1800 TI/SA 1964–1965	BMW 1800 1968–1971
Vergasermotor 4 (Reihe). Block um 30° rechts seitlich geneigt 84 x 80 mm 1773 ccm 90 PS bei 5250 U/min 14,6 mkg bei 3000 U/min 1 : 8,6 1 Fallstromvergaser Solex 36-40 PDSI	Vergasermotor 4 (Reihe). Block um 30° rechts seitlich geneigt 84 x 80 mm 1773 ccm 110 PS bei 5800 U/min 15,1 mkg bei 4000 U/min 1 : 9,5 2 Doppel-Flachstromvergaser Solex 40 PHH	Vergasermotor 4 (Reihe). Block um 30° rechts seitlich geneigt 84 x 80 mm 1773 ccm 130 PS bei 6100 U/min 16,0 mkg bei 5250 U/min 1 :10,5 2 Doppel-Flachstromvergaser Weber 45 DCOE	Vergasermotor 4 (Reihe). Block um 30° rechts seitlich geneigt 89 x 71 mm 1766 ccm 90 PS bei 5250 U/min 14,6 mkg bei 3000 U/min 1 : 8,6 1 Fallstromvergaser Solex 36-40 PDSI

V-förmig hängend. Obenliegende Nockenwelle, Antrieb durch Duplexkette

5

Pumpe, 7 Liter Wasser

BMW 1800	BMW 1800 TI	BMW 1800 TI/SA	BMW 1800
Druckumlauf, 4,25 l Öl 6 V 77 Ah (im Motorraum) Gleichstrom 250 W	Druckumlauf, 5,25 l Öl 6 V 66 Ah (im Motorraum) Drehstrom 360 W	Druckumlauf, 5,25 l Öl 6 V 66 Ah (im Motorraum) Drehstrom 360 W	Druckumlauf, 4,25 l Öl 12 V 44 Ah (im Motorraum) Drehstrom 490 W
Antrieb auf Hinterräder Kurze Kardanwelle Einscheibentrockenkupplung Schalthebel Wagenmitte 4 Gang I–IV I. 3,816 II. 2,070 III. 1,330 IV. 1,000	Antrieb auf Hinterräder Kurze Kardanwelle Einscheibentrockenkupplung Schalthebel Wagenmitte 4 Gang I–IV I. 3,816 II. 2,070 III. 1,330 IV. 1,000	Antrieb auf Hinterräder Geteilte Kardanwelle Einscheibentrockenkupplung Schalthebel Wagenmitte 5 Gang I–V I. 3,330 II. 2,150 III. 1,565 IV. 1,225 V. 1,000	Antrieb auf Hinterräder Geteilte Kardanwelle Einscheibentrockenkupplung Schalthebel Wagenmitte 4 Gang I–IV I. 3,835 II. 2,053 III. 1,345 IV. 1,000
Ab 1966 auf Wunsch: ZF Automatic Hydraulischer Wandler + 3 Gang-Planetengetriebe Wählhebel Wagenmitte I. 2,56, II. 1,52, III. 1,0 Wandler 1,94 fach 4,22, Automatic 4,11	4,11 oder auch 3,89	Auf Wunsch: Sperrdifferential 4,11, 4,22, 4,75 oder 5,86	Auf Wunsch: ZF Automatic Hydraulischer Wandler + 3 Gang-Planetengetriebe Wählhebel Wagenmitte I. 2,56, II. 1,52, III. 1,0 Wandler 1,94 fach 4,11
Selbsttr. Ganzstahlkarosserie McPherson-Federbeine Schraubenfedern Auf Wunsch: Stabilisator Schräglenker Schraubenfedern	Selbsttr. Ganzstahlkarosserie McPherson-Federbeine Schraubenfedern Stabilisator Schräglenker Schraubenfedern Auf Wunsch: Stabilisator	Selbsttr. Ganzstahlkarosserie McPherson-Federbeine Schraubenfedern Stabilisator Schräglenker Schraubenfedern Stabilisator	Selbsttr. Ganzstahlkarosserie McPherson-Federbeine Schraubenfedern Auf Wunsch: Stabilisator Schräglenker Schraubenfedern Auf Wunsch: Stabilisator
Schnecke 17,58 : 1 3,75 Lenkraddrehungen Hydraulik, Servohilfe Scheibenbr. vorn 268 mm ∅ Trommelbr. hint. 250 mm ∅	Schnecke 17,58 : 1 3,75 Lenkraddrehungen Hydraulik, Servohilfe, Scheibenbr. vorn 268 mm ∅ Trommelbr. hint. 250 mm ∅	Schnecke 14,5 : 1 3 Lenkraddrehungen Hydraulik, Servohilfe Scheibenbr. vorn 272 mm ∅ Trommelbr. hint. 250 mm ∅	Schnecke 17,58 : 1 3,75 Lenkraddrehungen Doppel-Zweikreis-Hydraulik, Servo Scheibenbr. vorn 272 mm ∅ Trommelbr. hint. 250 mm ∅
2550 mm 1320/1366 mm 4500 x 1710 x 1450 mm 4^1/$_2$ J x 14 6,00 S 14 Auf Wunsch: 165 SR 14 10,6/10,8 Meter 1090 kg 1470 kg 162, Automatic 158 km/h 13, Automatic 15 sec 12, Automatic 13 Liter Super 53 Liter (im Heck)	2550 mm 1330/1376 mm 4500 x 1710 x 1450 mm 5 JK x 14 6,00 S 14 Auf Wunsch: 165 SR 14 10,6/10,8 Meter 1120 kg 1440 kg 175 km/h 11 sec 14 Liter Super 53 Liter (im Heck)	2550 mm 1330/1376 mm 4500 x 1710 x 1450 mm 5 JK x 14 165 HR 14 od. 6,00-14 Racing 10,6/10,8 Meter 1050 kg 1440 kg 186 km/h 9 sec 16 Liter Super 53 Liter (im Heck) Auf Wunsch: 105 Liter	2550 mm 1330/1376 mm 4500 x 1710 x 1450 mm 5 J x 14 6,45/165 S 14. Auf Wunsch bzw. ab Juli 1970 Serie: 165 SR 14 10,6/10,8 Meter 1130 kg 1500 kg. Ab 1971: 1550 kg 166, Automatic 162 km/h 13, Automatic 15 sec 12, Automatic 13 Liter Super 53 Liter (im Heck)

	BMW 2000 C **1965–1970**	**BMW 2000 CS** **1965–1970**
Motor	Vergasermotor	Vergasermotor
Zylinderzahl	4 (Reihe). Block um 30° rechts seitlich geneigt	4 (Reihe). Block um 30° rechts seitlich geneigt
Bohrung x Hub	89 x 80 mm	89 x 80 mm
Hubraum	1990 ccm	1990 ccm
Leistung	100 PS bei 5500 U/min	120 PS bei 5500 U/min
Drehmoment	16,0 mkg bei 3000 U/min	17,0 mkg bei 3600 U/min
Verdichtung	1 : 8,5	1 : 9,3
Vergaser	1 Fallstromvergaser Solex 40 PDSI	2 Doppel-Flachstromvergaser Solex 40 PHH
Ventile	V-förmig hängend. Obenliegende Nockenwelle, Antrieb durch Duplexkette	
Kurbelwellenlager	5	
Kühlung	Pumpe, 7 Liter Wasser	
Schmierung	Druckumlauf, 4,25 Liter Öl	
Batterie	12 V 44 Ah (im Motorraum)	
Lichtmaschine	Drehstrom 490 W	
Kraftübertragung	Antrieb auf Hinterräder Geteilte Kardanwelle	Antrieb auf Hinterräder Geteilte Kardanwelle
Kupplung	Einscheibentrockenkupplung	Einscheibentrockenkupplung
Schaltung	Schalthebel Wagenmitte	Schalthebel Wagenmitte
Getriebe	4 Gang	4 Gang
Synchronisierung	I–IV	I–IV
Übersetzungen	I. 3,835	I. 3,835
	II. 2,053	II. 2,053
	III. 1,345	III. 1,345
	IV. 1,000	IV. 1,000
	Auf Wunsch: ZF Automatic Hydraulischer Wandler + 3 Gang-Planetengetriebe Wählhebel Wagenmitte I. 2,56, II. 1,52, III. 1,0 Wandler 1,94 fach	
Antriebs-Übersetzung	4,11	3,90
Fahrwerk	Selbsttragende Ganzstahlkarosserie	Selbsttragende Ganzstahlkarosserie
Vorderradaufhängung	McPherson-Federbeine	McPherson-Federbeine
	Schraubenfedern	Schraubenfedern
	Auf Wunsch: Stabilisator	Stabilisator
Hinterradaufhängung	Schräglenker	Schräglenker
	Schraubenfedern	Schraubenfedern
	Auf Wunsch: Stabilisator	Stabilisator
Lenkung	Schnecke 17,58 : 1	Schnecke 17,58 : 1
	3,75 Lenkraddrehungen	3,75 Lenkraddrehungen
Fußbremse	Hydraulik, Servohilfe	Hydraulik, Servohilfe
	Ab Juli 1968: Doppel-Zweikreis-Hydraulik	Ab Juli 1968: Doppel-Zweikreis-Hydraulik
	Scheibenbremsen vorn 272 mm $\varnothing$	Scheibenbremsen vorn 272 mm $\varnothing$
	Trommelbremsen hinten 250 mm $\varnothing$	Trommelbremsen hinten 250 mm $\varnothing$
Allgemeine Daten		
Radstand	2550 mm	2550 mm
Spur vorn/hinten	1330/1376 mm	1330/1376 mm
Gesamtmaße	4530 x 1675 x 1360 mm	4530 x 1675 x 1360 mm
Felgen	5$^{1}/_{2}$ J x 14	5$^{1}/_{2}$ J x 14
Reifen	6,95/175 S 14 (4 PR) Auf Wunsch: 175 SR 14	6,95/175 H 14 (6 PR) Auf Wunsch: 175 HR 14
Wendekreis links/rechts	10,6/10,8 Meter	10,6/10,8 Meter
Wagengewicht	1200, Automatic 1220 kg	1200 kg
Zuläss. Gesamtgewicht	1580 kg	1580 kg
Höchstgeschwindigkeit	172, Automatic 168 km/h	185 km/h
Beschleunigung 0–100 km/h	13, Automatic 14 sec	12 sec
Verbrauch/100 km	13, Automatic 13,5 Liter Super	13,5 Liter Super
Kraftstofftank	53 Liter (im Heck)	53 Liter (im Heck)

162

BMW 2000 1966–1972	BMW 2000 TI 1966–1968 BMW 2000 tilux 1966–1970	BMW 2000 tii 1969–1972
Vergasermotor 4 (Reihe). Block um 30° rechts seitlich geneigt 89 x 80 mm 1990 ccm 100 PS bei 5500 U/min 16,0 mkg bei 3000 U/min 1:8,5 1 Fallstromvergaser Solex 40 PDSI	Vergasermotor 4 (Reihe). Block um 30° rechts seitlich geneigt 89 x 80 mm 1990 ccm 120 PS bei 5500 U/min 17,0 mkg bei 3600 U/min 1:9,3 2 Doppel-Flachstromvergaser Solex 40 PHH	Einspritzmotor 4 (Reihe). Block um 30° rechts seitlich geneigt 89 x 80 mm 1990 ccm 130 PS bei 5800 U/min 18,1 mkg bei 4500 U/min 1:9,5 Einspritzpumpe Kugelfischer PL 04
V-förmig hängend. Obenliegende Nockenwelle, Antrieb durch Duplexkette 5 Pumpe, 7 Liter Wasser Druckumlauf, 4,25 Liter Öl 12 V 44 Ah (im Motorraum)		
Drehstrom 490 W	Drehstrom 490 W	Drehstrom 630 W
Antrieb auf Hinterräder Geteilte Kardanwelle Einscheibentrockenkupplung Schalthebel Wagenmitte 4 Gang I–IV I. 3,835 II. 2,053 III. 1,345 IV. 1,000 Auf Wunsch: ZF Automatic Hydraulischer Wandler + 3 Gang-Planetengetriebe Wählhebel Wagenmitte I. 2,56, II. 1,52, III. 1,0 Wandler 1,94 fach 4,11	Antrieb auf Hinterräder Geteilte Kardanwelle Einscheibentrockenkupplung Schalthebel Wagenmitte 4 Gang I–IV I. 3,835 II. 2,053 III. 1,345 IV. 1,000 3,90	Antrieb auf Hinterräder Geteilte Kardanwelle Einscheibentrockenkupplung Schalthebel Wagenmitte 4 Gang I–IV I. 3,835 II. 2,053 III. 1,345 IV. 1,000 3,90
Selbsttragende Ganzstahlkarosserie McPherson-Federbeine Schraubenfedern Ab Aug. 1968 auf Wunsch: Stabilisator Schräglenker Schraubenfedern Auf Wunsch: Stabilisator Schnecke 17,58:1 3,75 Lenkraddrehungen Hydraulik, Servohilfe Ab Juli 1968: Doppel-Zweikreis-Hydraulik Scheibenbremsen vorn 272 mm ∅ Trommelbremsen hinten 250 mm ∅	Selbsttragende Ganzstahlkarosserie McPherson-Federbeine Schraubenfedern Stabilisator Schräglenker Schraubenfedern Stabilisator Schnecke 17,58:1 3,75 Lenkraddrehungen Hydraulik, Servohilfe Ab Juli 1968: Doppel-Zweikreis-Hydraulik Scheibenbremsen vorn 272 mm ∅ Trommelbremsen hinten 250 mm ∅	Selbsttragende Ganzstahlkarosserie McPherson-Federbeine Schraubenfedern Stabilisator Schräglenker Schraubenfedern Stabilisator Schnecke 17,58:1 3,75 Lenkraddrehungen Doppel-Zweikreis-Hydraulik, Servohilfe Scheibenbremsen vorn 272 mm ∅ Trommelbremsen hinten 250 mm ∅
2550 mm 1330/1376 mm 4500 x 1710 x 1450 mm 5 J x 14 6,45/165 S 14 (4 PR). Auf Wunsch bzw. ab Juli 1970 Serie: 165 SR 14 10,6/10,8 Meter 1170, Automatic 1190 kg 1550 kg 168, Automatic 164 km/h 13, Automatic 14 sec 13, Automatic 13,5 Liter Super 53 Liter (im Heck)	2550 mm 1330/1376 mm 4500 x 1710 x 1450 mm 5¹/₂ J x 14 6,95/175 H 14 (6 PR). Auf Wunsch: 175 SR oder HR 14 10,6/10,8 Meter TI 1150, tilux 1170 kg 1540 kg 181 km/h 12 sec 13,5 Liter Super 53 Liter (im Heck)	2550 mm 1330/ 1376 mm 4500 x 1710 x 1450 mm 5¹/₂ J x 14 175 HR 14 10,6/10,8 Meter 1170 kg 1560 kg 185 km/h 11 sec 13,5 Liter Super 53 Liter (im Heck)

BMW 1600-2, 1602 (1966–1975)
BMW 1802 (1971–1975)
BMW 2002 (1968–1975)
BMW 1502 (1975–1977)

02-Modellreihe mit gleichen Motoren und ähnlichem Fahrwerk wie BMW 1600/1800/2000 Viertüren-Limousinen, aber kleinere Zweitüren-Limousine von Coupé-ähnlicher Beschaffenheit, stilistisch allerdings ohne jede Brillanz. 02-Modellreihe fand begeisterte Kundschaft, welche die Leistungsfähigkeit, den sportlichen Charakter und gerade auch die äußere Unscheinbarkeit dieser kleinen Limousinen schätzte.

Vorgestellt wurde der BMW 1600-2 (-2 zur Unterscheidung vom damaligen BMW 1600 mit 4 Türen) auf dem Genfer Salon im März 1966. Die Produktion begann wenige Wochen später. Im September 1967 folgte der BMW 1600 TI mit Zweivergasermotor, Servobremse, Stabilisatoren, hinteren Ausstellfenstern und Drehzahlmesser. Er lebte allerdings nur bis November 1968, denn inzwischen gab es bereits den BMW 2002 und 2002 ti. Ab September 1967 erhielt der 1600-2 die 12 Volt-Elektrik mit Drehstrom-Lichtmaschine, ab September 1968 Doppel-Zweikreisbremse mit Servohilfe. Ab April 1971 lautete die Typenbezeichnung BMW 1602. Von da an erhielt er, wie die gesamte 02-Reihe, seitliche Gummileisten in Höhe der Stoßfänger.

Den BMW 2002 mit Zweiliter-Motor gab es seit Januar 1968. Im September 1968 erhielt er die Zweikreisbremse, ab September 1969 war er mit Automatic erhältlich und ab April 1971 trug auch er die seitlichen Gummileisten. Als Nachfolger für den 1600 TI gab es ab September 1968 den BMW 2002 ti mit Zweivergasermotor, der seinerseits im Februar 1971 durch den BMW 2002 tii mit Einspritzmotor abgelöst wurde.

Ab März 1971 war der BMW 1802 mit 1,8 Liter Kurzhubmotor erhältlich, das Idealauto für jene Interessenten, welche sich weder zum 2002 auf der einen, noch zum 1602 auf der anderen Seite entschließen mochten.

Als Kombi-Limousinen mit 2 Seitentüren und großer, oben angeschlagener Heckklappe erschienen im Februar 1971 der BMW 1600, 2000 und 2000 tii Touring. Dazu kam im September 1971 der 1800 Touring, wogegen im September 1972 der 1600 Touring entfiel. Ab 1973 lautete die Typenbezeichnung BMW Touring 1802, 2002 und 2002 tii. Die Touring-Modelle boten zwar einige praktische Vorteile, fuhren sich aber wegen ihrer Hecklastigkeit und Windempfindlichkeit weniger angenehm als die Limousinen. Sie verkauften sich längst nicht so gut wie erwartet, weshalb sie im Juli 1974 wieder aus dem Programm verschwanden.

Bereits auf der Frankfurter Automobil-Ausstellung 1967 stand das BMW 1600 Cabriolet (Karosserie Baur, Stuttgart) mit voll versenkbarem Verdeck. Es gefiel wegen seiner hübschen Figur, erwies sich aber als zu wenig verwindungssteif und übermäßig rostanfällig. Von Ende 1967 bis Dezember 1971 wurden 1682 Stück gebaut, außerdem von April 1971 bis August 1971 noch 256 äußerlich gleiche BMW 2002 Cabriolets. Beide Ausführungen wurden ab April 1971 durch das BMW 2002 Cabriolet mit Überrollbügel ersetzt. Dieses bot zwar mehr passive Sicherheit und mehr Festigkeit, was eigentlich erst jetzt den Einbau des stärkeren Motors erlaubte, aber nicht mehr den Reiz des völlig offenen Fahrens. In dieser Form hat Baur 2272 Wagen bis Juni 1975 hergestellt.

Ab September 1973 wurde die gesamte 02-Modellreihe überarbeitet, äußerlich erkennbar am schwarzen Grill, Kopfstützen, Sitzgurte sowie eckigen statt runden Heckleuchten. Die Touring-Modelle hingegen erhielten nun runde Heckleuchten.

Zur Frankfurter Automobil-Ausstellung September 1973 stellte man als zusätzliches Modell den BMW 2002 turbo vor, bestückt mit Einspritzmotor und Abgas-Turbolader, Leistung 170 PS. Die poppig bemalte Sportlimousine stieß allein schon wegen der ursprünglich dafür vorgesehenen Spiegelschrift auf dem

Frontspoiler auf heftige Kritik. In der Tat war der Zeitpunkt ihrer Vorstellung unglücklich gewählt (Ölkrise, Wirtschaftsrezession, Autoverteufelung). Zudem enttäuschten die Leistungen des Wagens in normalen Fahrbereichen. Nur 1670 BMW turbo wurden bis zur Produktionseinstellung Ende 1974 ausgeliefert.

BMW 1502: Im Januar 1975 verfiel das Werk in das andere Extrem und brachte einen abgemagerten 1602 als BMW 1502 heraus. Dieses Sparmodell mit 1,6 Liter Normalbenzin-Motor, nur etwa 1000 DM billiger als der 1602, fand erstaunlich viel Zuspruch, und zwar auch, nachdem im Juli 1975 die neue BMW 3er-Reihe herausgekommen war. Erst Anfang August 1977 wurde die Produktion des BMW 1502 beendet.

Insgesamt erreichte die 02-Reihe die stattliche Auflage von über 863 000 Stück.

Preise	BMW 1600-2			BMW 1600 TI		BMW 1600 Cabriolet	
März 1966	DM 8 650,–			–		–	
Sept. 1967	DM 8 650,–			DM 9 950,–		DM 11 980,–	
			BMW 2002				
Jan. 1968	DM 8 680,–		DM 9 400,–	DM 10 035,–		DM 11 980,–	
Juli 1968	DM 8 760,–		DM 9 480,–	DM 10 125,–		DM 12 090,–	
				BMW 2002 ti			
Okt. 1968	DM 8 760,–		DM 9 480,–	DM 10 990,–		DM 12 090,–	
Nov. 1969	DM 9 280,–		DM 9 980,–	DM 11 990,–		DM 13 255,–	
Jan. 1971	DM 9 990,–		DM 10 770,–	DM 12 325,–		DM 13 255,–	
	BMW 1602	**BMW 1802**		**BMW 2002 tii**	**BMW 2000 Touring**	**BMW 2002 Cabriolet**	
April 1971	DM 9/990,–	DM 10 435,–	DM 10 880,–	DM 12 765,–	DM 11 545,–	DM 14 985,–	
Sept. 1971	DM 10 250,–	DM 10 770,–	DM 11 230,–	DM 13 180,–	DM 11 920,–	DM 14 985,–	
Jan. 1972	DM 10 650,–	DM 11 200,–	DM 11 700,–	DM 13 740,–	DM 12 370,–	DM 15 490,–	
Febr. 1973	DM 11 100,–	DM 11 700,–	DM 12 300,–	DM 14 400,–	DM 13 000,–	DM 15 985,–	
							BMW 2002 turbo
Sept. 1973	DM 11 280,–	DM 11 880,–	DM 12 530,–	DM 14 630,–	DM 13 230,–	DM 16 215,–	DM 18 720,–
März 1974	DM 11 890,–	DM 12 620,–	DM 13 290,–	DM 15 560,–	DM 14 030,–	DM 17 160,–	DM 19 980,–
Juni 1974	DM 12 390,–	DM 13 180,–	DM 13 880,–	DM 16 180,–	DM 14 030,–	DM 17 880,–	DM 20 780,–
März 1975	DM 13 090,–	DM 13 860,–	DM 14 640,–	DM 16 980,–	–	DM 17 880,–	–
	BMW 1502						
Jan. 1975	DM 11 390,–						
März 1975	DM 11 750,–						
Aug. 1975	DM 12 380,–						
Mai 1976	DM 12 880,–						
März 1977	DM 13 380,–						

BMW 1600-2
Limousine 2 Türen
1966–1971

BMW 2002
BMW 2002 ti
Limousine 2 Türen
1968–1971

BMW 1602
BMW 1802
Limousine 2 Türen
1971–1973

BMW 1502
Limousine 2 Türen
1975–1977

Produktion	BMW 1502	BMW 16⬛ BMW 1⬛
1966		13 24
		(+ 21
1967		38 56
		(+ 391
1968		34 25
		(+ 258
1969		26 33
		(+ 258
1970		33 95
1971		26 17
1972		26 54
1973		21 80
1974	18	38 00
1975	41 337	9 13
1976	22 034	
1977	9 243	
	72 632	268 01
		(+ 9 30
		277 32

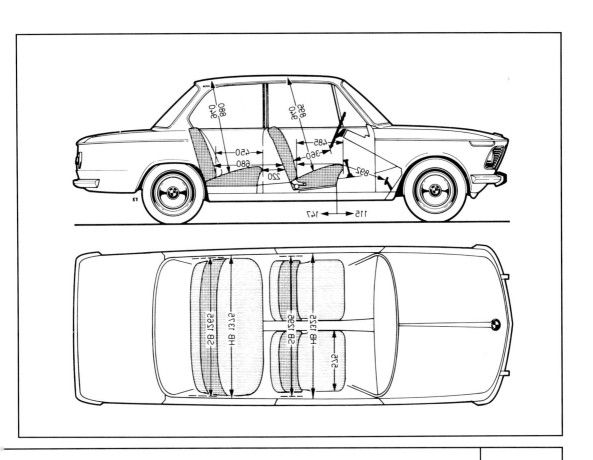

BMW Touring 1600	BMW 1600 GT	BMW 1802	BMW Touring 1800/1802	BMW 2002	BMW Touring 2000/2002	
						13 244
						(+ 219)
	58			12		38 630
						(+ 3 916)
	1 201			28 674		64 130
				(+ 1 383)		(+ 3 970)
				39 847		66 183
				(+ 2 204)		(+ 4 787)
				55 734		89 686
1 998		14 675	269	59 857	7 795	110 769
2 341		25 420	1 633	62 613	6 567	125 123
40		21 022	1 856	54 992	6 077	105 791
		19 353	317	56 916	1 314	115 918
		2 881		26 121		79 478
				10 081		32 115
						9 243
4 379	1 259	83 351	4 075	394 847	21 753	850 311
				(+ 3 587)		(+12 892)
				398 434		863 203

Zahlen in Klammern (+ …) = Produktion im Ausland

BMW 1600 Cabriolet 2/2 Sitze (Karosserie Baur) 1967–1971

BMW 2002 Cabriolet mit Überrollbügel (Karosserie Baur) 1971–1973

BMW 2000 Touring Kombilimousine 2 Türen 1971–1973

BMW 2002 turbo Limousine 2 Türen 1973–1974

Motor
Zylinderzahl

Bohrung x Hub
Hubraum
Leistung
Drehmoment
Verdichtung
Vergaser

Ventile
Kurbelwellenlager
Kühlung
Schmierung
Batterie

Lichtmaschine

Kraftübertragung
Kupplung
Schaltung
Getriebe
Synchronisierung
Übersetzungen

Antriebs-Übersetzung

Fahrwerk
Vorderradaufhängung

Hinterradaufhängung

Lenkung
Fußbremse

Allgemeine Daten
Radstand
Spur vorn/hinten

Gesamtmaße

Felgen

Reifen

Wendekreis links/rechts
Wagengewicht

Zuläss. Gesamtgewicht

Höchstgeschwindigkeit
Beschleunigung 0–100 km/h
Verbrauch/100 km
Kraftstofftank

BMW 1502 1975–1977	BMW 1600-2, BMW 1602 1966–1975 BMW 1600 Cabriolet 1967–1971	BMW 1600 Touring 1971–1972	BMW 1600 TI 1967–1968
Vergasermotor 4 (Reihe). Block um 30° rechts seitlich geneigt 84 x 71 mm 1573 ccm 75 PS bei 5800 U/min 12,0 mkg bei 3700 U/min 1:8,0 1 Fallstromvergaser Solex 38 PDSI	Vergasermotor 4 (Reihe). Block um 30° rechts seitlich geneigt 84 x 71 mm 1573 ccm 85 PS bei 5700 U/min 12,6 mkg bei 3000 U/min 1:8,6 1 Fallstromvergaser Solex 38 PDSI		Vergasermotor 4 (Reihe). Block um 30° rechts seitlich geneigt 84 x 71 mm 1573 ccm 105 PS bei 6000 U/min 13,4 mkg bei 4500 U/min 1:9,5 2 Doppel-Flachstromvergaser Solex 40 PHH
V-förmig hängend. Obenliegende Nockenwelle, Antrieb durch Duplexkette 5 Pumpe, 7 Liter Wasser Druckumlauf, 4,25 Liter Öl			
12 V 36 Ah (im Motorraum) Drehstrom 490 W	6 V 77 Ah (im Motorraum) Ab Sept. 1967: 12 V 36 Ah Gleichstrom 250 W bzw. (ab Sept. 1967 Drehstrom 490 W	12 V 36 Ah (im Motorraum) Drehstrom 490 W	12 V 44 Ah (im Motorraum) Drehstrom 490 W
Antrieb auf Hinterräder. Geteilte Kardanwelle Einscheibentrockenkupplung Schalthebel Wagenmitte			
4 Gang I–IV I. 3,764 II. 2,020 III. 1,320 IV. 1,000 4,11	4 Gang I–IV Bis 1971: / Ab 1971: I. 3,835 / I. 3,764 II. 2,053 / II. 2,020 III. 1,345 / III. 1,320 IV. 1,000 / IV. 1,000 4,11	4 Gang I–IV I. 3,764 II. 2,020 III. 1,320 IV. 1,000 4,11	4 Gang. Auf Wunsch: 5 Gang I–IV bzw. I–V 4 Gang: / 5 Gang: I. 3,835 / I. 3,368 II. 2,053 / II. 2,160 III. 1,345 / III. 1,579 IV. 1,000 / IV. 1,241 V. 1,000 3,90
Selbsttragende Ganzstahlkarosserie McPherson-Federbeine, Schraubenfedern Auf Wunsch (bei 1600 TI Serie): Drehstab-Stabilisator Schräglenker, Schraubenfedern Auf Wunsch (bei 1600 TI Serie): Drehstab-Stabilisator Schnecke 17,58:1, 3,75 Lenkraddrehungen			
Zweikreis-Hydraulik Servohilfe Scheibenbr. vorn 240 mm Ø Trommelbr. hinten 230 mm Ø	Hydraulik bzw. (ab Sept. 1968) Doppel-Zweikreis-Hydraulik Servohilfe Scheibenbr. vorn 240 mm Ø Trommelbr. hinten 200 mm Ø	Doppel-Zweikreis-Hydraulik Servohilfe Scheibenbr. vorn 240 mm Ø Trommelbr. hinten 200 mm Ø	Hydraulik Servohilfe Scheibenbr. vorn 240 mm Ø Trommelbr. hinten 200 mm Ø
2500 mm 1330/1330 mm 4230 x 1590 x 1410 mm 4½ J x 13 165 SR 13 10,4 Meter 980 kg 1380 kg 157 km/h 14,5 sec 12 Liter 50 Liter (im Heck)	2500 mm 1330/1330 mm bzw. (ab Sept. 1973) 1342/1342 mm 4230 x 1590 x 1410 mm Cabriolet: 4230 x 1590 x 1360 mm 4½ J x 13 bzw. (ab Sept. 1973) 5 J x 13 6,00 S 13. Auf Wunsch bzw. (ab Aug. 1970) Serie: 165 SR 13 10,4 Meter 940 kg. Ab Sept. 1973: 980 kg Cabriolet: 980 kg 1320 kg. Ab Sept. 1970: 1370 kg Cabriolet: 1320 kg 162 km/h 13,5 sec 11,5 Liter Super 46 bzw. (ab Sept. 1973) 50 Liter (im Heck)	2500 mm 1330/1330 mm 4110 x 1590 x 1380 mm 4½ J x 13 165 SR 13 10,4 Meter 1030 kg 1450 kg 162 km/h 13,5 sec 11,5 Liter Super 52 Liter (im Heck)	2500 mm 1330/1330 mm 4230 x 1590 x 1410 mm 4½ J x 13 165 SR 13 10,4 Meter 960 kg 1335 kg 175 km/h 11 sec 12,5 Liter Super 46 Liter (im Heck)

	BMW 1802 1971–1975	BMW 1800 Touring 1971–1974	BMW 2002 1968–1975 BMW 2002 Cabriolet 1971–1975	BMW 2000 Touring 1971–1974
Motor	Vergasermotor		Vergasermotor	
Zylinderzahl	4 (Reihe). Block um 30° rechts seitlich geneigt		4 (Reihe). Block um 30° rechts seitlich geneigt	
Bohrung x Hub	89 x 71 mm		89 x 80 mm	
Hubraum	1766 ccm		1990 ccm	
Leistung	90 PS bei 5250 U/min		100 PS bei 5500 U/min	
Drehmoment	14,6 mkg bei 3000 U/min		16,0 mkg bei 3500 U/min	
Verdichtung	1:8,6		1:8,5	
Vergaser	1 Fallstromvergaser		1 Fallstromvergaser	
bzw. Einspritzpumpe	Solex 38 PDSI		Solex 40 PDSI	
Ventile	V-förmig hängend. Obenliegende Nockenwelle, Antrieb durch Duplexkette			
Kurbelwellenlager	5			
Kühlung	Pumpe, 7 Liter Wasser			
Schmierung	Druckumlauf, 4,25 Liter Öl			
Batterie	12 V 44 Ah (im Motorraum)			
Lichtmaschine	Drehstrom 490 W bzw. (ab April 1971) 630 W			
Kraftübertragung	Antrieb auf Hinterräder. Geteilte Kardanwelle			
Kupplung	Einscheibentrockenkupplung			
Schaltung	Schalthebel Wagenmitte			
Getriebe	4 Gang oder (gegen Aufpreis) 5 Gang			
Synchronisierung	I–IV bzw. I–V			
Übersetzungen	4 Gang: I. 3,764 II. 2,020 III. 1,320 IV. 1,000		5 Gang: I. 3,368 II. 2,160 III. 1,579 IV. 1,241 V. 1,000 Auf Wunsch: ZF Automatic Hydraulischer Wandler + 3 Gang-Planetengetriebe Wählhebel Wagenmitte I. 2,56, II. 1,52, III. 1,0, Wandler 1,94 fach	
Antriebs-Übersetzung	4,11		3,64	
Fahrwerk	Selbsttragende Ganzstahlkarosserie			
Vorderradaufhängung	McPherson-Federbeine, Schraubenfedern 1800 Touring, 2002 Limousine, 2000 Touring: Drehstab-Stabilisator 1802 Limousine, 2002 Cabriolet auf Wunsch: Drehstab-Stabilisator			
Hinterradaufhängung	Schräglenker, Schraubenfedern 1800 Touring, 2002 Limousine, 2000 Touring: Drehstab-Stabilisator 1802 Limousine, 2002 Cabriolet auf Wunsch: Drehstab-Stabilisator			
Lenkung	Schnecke 17,58:1, 3,75 Lenkraddrehungen			
Fußbremse	Doppelkreis-Hydraulik, Servohilfe			
	Scheibenbremsen vorn 240 mm ⌀ Trommelbremsen hinten 200 mm ⌀		Scheibenbremsen vorn 240 mm ⌀ Trommelbremsen hinten 230 mm ⌀	
Allgemeine Daten				
Radstand	2500 mm	2500 mm	2500 mm	2500 mm
Spur	1330/1330 mm Ab Sept. 1973: 1342/1342 mm	1330/1330 mm Ab Sept. 1973: 1342/1342 mm	1330/1330 mm Ab Sept. 1973: 1342/1342 mm	1330/1330 mm Ab Sept. 1973: 1342/1342 mm
Gesamtmaße	4230 x 1590 x 1410 mm	4110 x 1590 x 1380 mm	4230 x 1590 x 1410 mm Cabriolet: 4230 x 1590 x 1360 mm	4110 x 1590 x 1380 mm
Felgen	4¹/₂ J x 13 Ab Sept. 1973: 5 J x 13	4¹/₂ J x 13 Ab Sept. 1973: 5 J x 13	4¹/₂ J x 13 Ab Sept. 1973: 5 J x 13	4¹/₂ J x 13 Ab Sept. 1973: 5 J x 13
Reifen	165 SR 13	165 SR 13	165 SR 13	165 SR 13
Wendekreis links/rechts	10,4 Meter	10,4 Meter	10,4 Meter	10,4 Meter
Wagengewicht	980 kg	1030 kg	990, Cabr. 1040 kg Automatic + 20 kg	1030 kg Automatic + 20 kg
Zuläss. Gesamtgewicht	1370 kg	1450 kg	1390 kg	1450 kg
Höchstgeschwindigkeit	167 km/h		173, Automatic 169 km/h	
Beschleunigung 0–100 km/h	12 sec		11, Automatic 12 sec	
Verbrauch/100 km	12 Liter Super		12,5, Automatic 13 Liter Super	
Kraftstofftank	46 Liter (im Heck) Ab Sept. 1973: 50 Liter (im Heck)	52 Liter (im Heck)	46 Liter (im Heck) Ab Sept. 1973: 50 Liter (im Heck)	52 Liter (im Heck)

BMW 2002 ti 1968–1971		BMW 2002 tii 1971–1975	BMW 2000 tii Touring 1971–1974	BMW 2002 turbo 1973–1974
Vergasermotor 4 (Reihe). Block um 30° rechts seitlich geneigt 89 x 80 mm 1990 ccm 120 PS bei 5500 U/min 17,0 mkg bei 3600 U/min 1:9,3 2 Doppel-Flachstromvergaser Solex 40 PHH		Einspritzmotor 4 (Reihe). Block um 30° rechts seitlich geneigt 89 x 80 mm 1990 ccm 130 PS bei 5800 U/min 18,1 mkg bei 4500 U/min 1:9,5 Kugelfischer Einspritzpumpe PL 04		Einspritzmotor mit Abgasturbolader 4 (Reihe). Block um 30° rechts seitlich geneigt 80 x 80 mm 1990 ccm 170 PS bei 5800 U/min 24,5 mkg bei 4000 U/min 1:6,9 Kugelfischer Einspritzpumpe PL 04 Turbolader KKK BLD
V-förmig hängend. Obenliegende Nockenwelle, Antrieb durch Duplexkette				
5				
Pumpe, 7 Liter Wasser Druckumlauf, 4,25 Liter Öl 12 V 44 Ah (im Motorraum) Drehstrom 490 W bzw. (ab April 1971) 630 W		Pumpe, 7 Liter Wasser Druckumlauf, 4,25 Liter Öl 12 V 44 Ah (im Motorraum) Drehstrom 630 W		Pumpe, 7 Liter Wasser Druckumlauf, 4,25 Liter Öl 12 V 44 Ah (im Motorraum) Drehstrom 630 W
Antrieb auf Hinterräder. Geteilte Kardanwelle Einscheibentrockenkupplung Schalthebel Wagenmitte 4 Gang oder (gegen Aufpreis) 5 Gang I–IV bzw. I–V				
4 Gang I. 3,835 II. 2,053 III. 1,345 IV. 1,00	5 Gang I. 3,368 II. 2,160 III. 1,579 IV. 1,241 V. 1,000	4 Gang I. 3,764 II. 2,020 III. 1,320 IV. 1,000	5 Gang I. 3,368 II. 2,160 III. 1,579 IV. 1,241 V. 1,000	4 Gang I. 3,764 II. 2,020 III. 1,320 IV. 1,000 5 Gang I. 3,368 II. 2,160 III. 1,579 IV. 1,241 V. 1,000
3,64		3,64		3,36
Selbsttragende Ganzstahlkarosserie McPherson-Federbeine, Schraubenfedern Drehstab-Stabilisator				
Schräglenker, Schraubenfedern Drehstab-Stabilisator				
Schnecke 17,58:1, 3,75 Lenkraddrehungen Doppel-Zweikreis-Hydraulik, Servohilfe				
Scheibenbremsen vorn 256 mm ⌀ Trommelbremsen hinten 230 mm ⌀		Scheibenbremsen vorn 256 mm ⌀ Trommelbremsen hinten 230 mm ⌀		Scheibenbremsen vorn 256 mm ⌀ Trommelbremsen hinten 250 mm ⌀
2500 mm 1342/1342 mm		2500 mm 1342/1342 mm	2500 mm 1342/1342 mm	2500 mm 1375/1362 mm
4230 x 1590 x 1410 mm		4230 x 1590 x 1410 mm	4110 x 1590 x 1380 mm	4220 x 1620 x 1410 mm
5 J x 13		5 J x 13	5 J x 13	5¹/₂ J x 13 (Stahl) Auf Wunsch: 6 J x 13 (Alu)
165 HR 13 10,4 Meter 990 kg		165 HR 13 10,4 Meter 1010 kg	165 HR 13 10,4 Meter 1050 kg	185/70 HR 13 10,5 Meter 1080 kg
1350 kg 185 km/h 10 sec 13 Liter Super 46 Liter (im Heck)		1410 kg 190 km/h 10 sec 13 Liter Super 46 Liter (im Heck) Ab Sept. 1973: 50 Liter (im Heck)	1450 kg 190 km/h 10 sec 13 Liter Super 52 Liter (im Heck)	1440 kg 211 km/h 8 sec 14,5 Liter Super 70 Liter (im Heck)

BMW 1600 GT (1967–1968)

Das elegante, leistungsfähige und verhältnismäßig billige Coupé Glas 1300 GT und Glas 1700 GT war wohl das bestgelungene Modell unter allen von der früheren Hans Glas GmbH. (Dingolfing) herausgebrachten Automobilen. Karosserie-Entwurf und -Herstellung: Frua (Turin). 5378 Wagen dieser beiden Typen produzierte die Firma Glas von März 1964 bis September 1967.

Dem Coupé war es als einzigem Modell aus dem Nachlaß der Firma Glas vergönnt, noch ein Jahr lang als BMW 1600 GT weitergebaut zu werden. Außer dem BMW-Gesicht erhielt es Motor, Getriebe und Hinterachse des BMW 1600 TI, während vom Ursprungsmodell die Karosserie und die Vorderachse beibehalten wurden. Ab September 1967 bis August 1968 produzierte BMW allerdings nur noch 1259 Wagen dieses Typs

BMW 1600 GT Coupé 2/2 Sitze   DM 15850,–
Ausverkaufspreis ab Oktober 1968:   DM 10900,–

BMW 1600 GT
Coupé 2/2 Sitze
1967–1968

	BMW 1600 GT 1967 – 1968	(BMW) Glas 3000 V8 1967 – 1968
Motor	BMW	(BMW) Glas
Zylinderzahl	4 (Reihe) Block um 30° rechts seitlich geneigt	V8 (90°-V-Form)
Bohrung x Hub	84 x 71 mm	78 x 78 mm
Hubraum	1573 ccm	2982 ccm
Leistung	105 PS bei 6000 U/min	160 PS bei 5100 U/min
Drehmoment	13,4 mkh bei 4500 U/min	24,0 mkg bei 3900 U/min
Verdichtung	1 : 9,5	1 : 9,2
Vergaser	2 Doppel-Flachstromvergaser Solex 40 PHH	3 Doppel-Fallstromvergaser (davon 2 in Registeranordnung) Solex 35 DDIS
Ventile	V-förmig hängend Obenliegende Nockenwelle Antrieb durch Duplex-Kette	V-förmig hängend Je 1 obenliegende Nockenwelle Antrieb durch je 1 Zahnriemen
Kurbelwellenlager	5	5
Kühlung	Pumpe, 7 Liter Wasser	Pumpe, 15,5 Liter Wasser
Schmierung	Druckumlauf, 4 Liter Öl	Druckumlauf, 6,5 Liter Öl
Batterie	12 V 44 Ah (im Motorraum)	12 V 55 Ah (im Motorraum)
Lichtmaschine	Drehstrom 35 A	Drehstrom 500 W
Zündung	Batteriezündung	Transistorzündung
Anlasser	1 PS	1 PS
Kraftübertragung	Antrieb auf Hinterräder Geteilte Kardanwelle	Antrieb auf Hinterräder Geteilte Kardanwelle
Kupplung	Einscheibentrockenkupplung	Einscheibentrockenkupplung
Schaltung	Schalthebel Wagenmitte	Knüppelschaltung Wagenmitte
Getriebe	4 Gang oder 5 Gang	4 Gang
Synchronisierung	I – IV I – V	I–IV
Übersetzungen	I. 3,835 I. 3,368	I. 3,918
	II. 2,053 II. 2,160	II. 2,133
	III. 1,345 III. 1,579	III. 1,361
	IV. 1,000 IV. 1,241	IV. 1.000
	V. 1,000	
Antriebs-Übersetzung	3,64	3,364
Fahrwerk	Selbsttragende Ganzstahlkarosserie	Selbsttragende Ganzstahlkarosserie
Vorderradaufhängung	Doppel-Querlenker, Schraubenfedern Querstabilisator	Doppel-Querlenker, Schraubenfedern Querstabilisator
Hinterradaufhängung	Schräglenker, Schraubenfedern	DeDion-Achse, Dreiblatt-Halbfedern Panhardstab
Lenkung	Schnecke (ZF-Gemmer, 16,45 : 1) 3,5 Lenkraddrehung	Schnecke (15,7 : 1), Servohilfe 3 Lenkraddrehungen
Fußbremse	Hydraulisch, Servohilfe Scheibenbremsen vorn 268 mm ⌀ Trommelbremsen hinten 230 mm ⌀	Hydraulisch, Servohilfe Scheibenbremsen vorn 272 mm ⌀ Scheibenbremsen hinten 268 mm ⌀ (innen am Differential)
Handbremse	Mechanisch auf Hinterräder	Mechanisch auf Hinterräder (Trommelbremsen mit Scheibenbremsen kombiniert)
Allgemeine Daten		
Radstand	2320 mm	2500 mm
Spur vorn/hinten	1260/1260 mm	1432/1412 mm
Gesamtmaße	4050 x 1550 x 1280 mm	4600 x 1750 x 1380 mm
Felgen	4 1/2 J x 14	5 1/2 JK x 14
Reifen	155 HR 14	185 H 14 oder 185 HR 14
Wendekreis links/rechts	10,6/10,7 Meter	12,6/11,1 Meter
Wagengewicht	970 kg	1350 kg
Zuläss. Gesamtgewicht	1330 kg	1800 kg
Höchstgeschwindigkeit	185 km/h	195 km/h
Beschleunigung 0–100 km/h	11 sec	10 sec
Verbrauch/100 km	12,5 Liter Super	16 Liter Super
Kraftstofftank	55 Liter (im Heck)	80 Liter (im Heck)

(BMW) Glas 3000 V8 (1967–1968)

Ab August 1966 bis Anfang 1967 wurde der Glas 2600 V8 gebaut, ein sportliches Viersitzer-Coupé mit V8-Motor, De-Dion-Hinterachse und Frua-Karosserie im damaligen Maserati-Stil („Glaserati"). Der sehr kurze Radstand erwies sich als nachteilig für Optik und Fahreigenschaften. Aber das Auto erschien sehr preisgünstig. 277 Exemplare des Glas 2600 V8 wurden ausgeliefert.

BMW vergrößerte den Motor, was übrigens schon vorher bereits bei Glas geplant war, auf 3 Liter Hubraum. Man wertete den Glas 3000 V8 dadurch auf, daß auf Motorhaube, Kofferraumdeckel und Radkappen BMW-Zeichen angebracht wurden. Seine Käufer bezeichneten den Wagen als BMW, werksoffiziell wurde er ungeachtet der Markenzeichen weiterhin als Glas 3000 V8 angeboten. Die Produktion dieses Modells lief ab September 1967 bis Mai 1968. Zur Auslieferung kamen 389 Glas 3000.

(BMW) Glas 3000 V8 Coupé 4 Sitze   DM 23 850,–

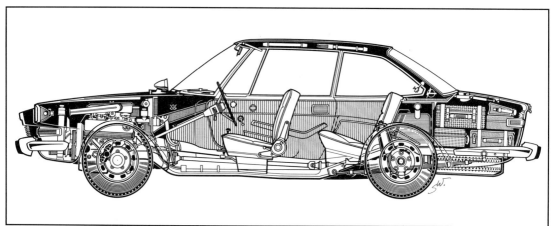

174

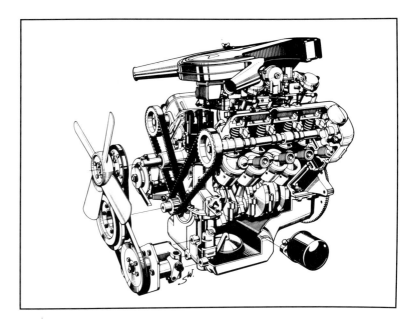

(BMW) Glas 3000 V8
Motor

(BMW) Glas 3000 V8
Coupé 4 Sitze
1967–1968

(BMW) Glas 3000 V8
Fahrgestell

175

BMW 1800 SA, 2000 SA (1968–1972)
BMW 1804, 2004 (1973–1975)

Der Glas 1700, eine von Frua (Turin) entworfene Viertüren-Limousine, wurde von der Hans Glas GmbH. (Dingolfing) ab September 1964 bis Herbst 1967 in einer Auflage von 13 789 Exemplaren hergestellt. Danach überließen die Bayerischen Motoren Werke sämtliche Produktionswerkzeuge für dieses Modell ihrem südafri-

BMW 1800 SA
BMW 2000 SA
Limousine 4 Türen
1968–1972

BMW 1804
BMW 2004
Limousine 4 Türen
1973–1975

kanischen Konzessionär in Pretoria. Dieser baute ab 1. Juli 1968 den BMW 1800 SA (anfangs 1800 GL) und ab 1970 den BMW 2000 SA. Beide Wagen bestanden aus der Karosserie und dem Fahrwerk des einstigen Glas 1700, während Motor und Getriebe komplett aus München angeliefert wurden. Äußerlich unterschieden sich diese Wagen vom Glas 1700 nur durch die BMW-Zeichen vorn, hinten und an den Rädern. Ab 1973 bis 1975 wurden beide Modelle als BMW 1804 und 2004 weitergeführt, besaßen aber nun ein richtiges BMW-Gesicht und eine überarbeitete Heckpartie. 1974 wurde die südafrikanische Montagefirma von BMW übernommen. Von da an begann die Montage der damals aktuellen 5er-Reihe. Die Produktion der südafrikanischen Modelle mit der vom einstigen Glas übernommenen Karosserie endete 1975. Von dieser Machart dürften schätzungsweise etwa 12 000 Stück hergestellt worden sein.

Zur 5er- kam in Südafrika bald die 7er- und ab 1983 auch die 3er-Reihe hinzu. Diese Autos unterschieden sich technisch und äußerlich kaum von den deutschen Originalmodellen. Vor allem besitzen sie Rechtssteuerung und eine umfangreichere Serienausstattung. Ein Teil der südafrikanischen Produktion wird ihrerseits wieder exportiert, hauptsächlich nach Rhodesien. Im Verhältnis zur Größe der dortigen Märkte bleibt die Zahl der BMW Wagen unbedeutend. Sie sind nämlich recht teuer, erfreuen sich aber eines guten Markenrufs.

BMW 2500, 2800 (1968–1977)
BMW 3,0 S (1971–1977)
BMW 2,8 L, 3,0 L, 3,3 L (1974–1977)

Im September 1968 begann die Produktion der damals völlig neuen BMW 2500 und 2800 Limousinen. Sie stimmten in Form, Größe, Gewicht, Leistung und Preis nahezu genau mit den entsprechenden Modellen der kleineren Mercedes-Reihe überein. Diesen gegenüber machten sie einerseits infolge des zwar wundervoll turbinenmäßig laufenden, aber doch nervöseren Motors und wegen der härteren Federung einen sportlicheren Eindruck, boten aber andererseits weniger Komfort und weniger Perfektion in manchen Details. Der BMW 2800, zunächst wesentlich reichhaltiger ausgestattet als der 2500, besaß bis Ende 1971 serienmäßig Niveauregulierung und Sperrdifferential. Erstere entfiel dann ersatzlos, letztere blieb, auch für alle späteren Ausführungen, als Sonderausstattung lieferbar.

Im April 1971 folgte der BMW 3,0 S mit Dreiliter-Vergaser- und im September 1971 der BMW 3,0 Si mit Dreiliter-Einspritzmotor. Ab September 1973 erhielt die gesamte Modellreihe einen schwarzen Grill, neue Felgen, Sitzhöhen- und Lenksäulenverstellung sowie Kopfstützen und Automatikgurte. Zum Jahresende 1974 entfiel der 2800, nachdem sich inzwischen die meisten Käufer für einen Dreiliter-Motor entschieden hatten.

Im August 1973 wurde als Spitzemodell dieser Baureihe der BMW 3,3 L mit 10 cm längerem Randstand, entsprechend zugunsten der Rücksitze verlängerter Karosserie und besonders luxuriöser Ausstattung vorgestellt. Seine Produktion begann im März 1974. Ab Februar 1975 gab es mit der gleichen langen

BMW 2800
Limousine 4 Türen
1969–1973

Karosserie den 2,8 L und den 3,0 L. Die Produktion dieser großen BMW-Modelle lief bis Frühjahr 1977. Noch kurz vorher, nämlich ab September 1976, ging man beim 3,3 L zu einem Einspritzmotor (mit anderen Zylinderabmessungen) über, was jedoch außer einer nochmaligen wesentlichen Verteuerung keinen weiteren Effekt hatte. Schon die Grundmodelle, aber auch die verlängerten Karosserien waren überfordert, wenn sie, was laienhaft oft geschah, den S-Typen von Mercedes vergleichsweise gegenübergestellt wurden. Sie konnten mit ihnen weder im Format noch in bezug auf Komfort und Prestige konkurrieren. Dabei kostete der BMW 3,3 L ebenso viel wie ein Mercedes 450 SE! Dennoch verzeichnete BMW für die gesamte Baureihe einen beachtlichen Verkaufserfolg.

BMW 2800 CS (1968–1971)
BMW 3,0 CS (1971–1975)
BMW 2,5 CS (1974–1975)

Das BMW 2800 CS Coupé wurde im September 1968 vorgestellt und ab Dezember 1968 in Serie gebaut. Es besaß die gleiche, von Karmann hergestellte Karosserie wie der frühere BMW 2000 CS, wirkte aber durch längere Motorhaube und wesentlich geschicktere Frontgestaltung sehr viel ansehnlicher. 9400 Stück dies Modells wurden bis April 1971 ausgeliefert.

Als Nachfolger erschienen, zusammen mit den entsprechenden Limousinen, im April 1971 der BMW 3,0 CS und im September 1971 der BMW 3,0 CSi. Äußerlich unterschieden sie sich kaum vom 2800 CS, technisch hauptsächlich durch den größeren Motor und Vierrad-Scheibenbremsen.

Im Mai 1971 entstand das aus dem 3,0 CS entwickelte Leichtbau-Coupé 3,0 CSL mit zunächst unverändertem 180 PS-Vergasermotor, dem im August 1972 die Ausführung mit 200 PS-Einspritzmotor und im August 1973 die dritte Version mit 3154 ccm-Motor folgten. Gedacht waren die CSL als Basisfahrzeuge für den Rennsport, wofür sie auch mit großem Erfolg Verwendung fanden, doch wurden die meisten CSL von Privatleuten mit der dem 3,0 CS entsprechenden Komfortausstattung für den normalen Straßenverkehr gekauft.

Im Hinblick auf die Wirtschaftslage lieferte BMW das Coupé ab April 1974 auch mit dem 2,5 Liter-Motor sowie einfacher Ausstattung als BMW 2,5 CS. Zum Jahresende 1975 wurde die Produktion aller Coupés dieser Baureihe beendet. Die Gesamtzahl mit über 30 000 Stück war für ein Automobil dieser Klasse ein stolzes Ergebnis. Im einzelnen wurden gebaut:

1968–1971	BMW 2800 CS	9399
1971–1975	BMW 3,0 CS/CSi	20303
1974–1975	BMW 2500 CS	844

Produktion	BMW 2500	BMW 2800	BMW 3,0	BMW 3,3 L	
1968	2560	140			2700
1969	20004	16611			36615
1970	17210	19260			36470
1971	10241	7645	16921		34807
1972	14166	2571	26872		43609
1973	13184	2371	26200		41755
1974	5099	948	11642	1131	18820
1975	5536	2455	8837	895	17723
1976	5249	2360	9339	927	17875
1977	957	236	915	77	2185
	94206	54597	100726	3030	252559

Limousinen: 208305
CS-Coupés: 44254

Preise

Preise	BMW 2500	BMW 2800	BMW 2,8 L	BMW 3,0 S	BMW 3,0 L	BMW 3,0 Si	BMW 3,3 L
Okt. 1968	DM 15 485,–	DM 17 250,–	–	–	–	–	–
Nov. 1969	DM 16 350,–	DM 18 450,–	–	–	–	–	–
Jan. 1971	DM 16 875,–	DM 18 985,–	–	–	–	–	–
April 1971	DM 16 985,–	DM 18 985,–	–	DM 19 980,–	–	–	–
Aug. 1971	DM 17 530,–	DM 18 450,–	–	DM 20 620,–	–	DM 22 690,–	–
Jan. 1972	DM 18 280,–	DM 19 250,–	–	DM 21 490,–	–	DM 23 590,–	–
Febr. 1973	DM 19 200,–	DM 20 300,–	–	DM 22 600,–	–	DM 24 800,–	–
Aug. 1973	DM 19 650,–	DM 20 750,–	–	DM 22 930,–	–	DM 25 130,–	DM 35 600,–
März 1974	DM 20 540,–	DM 21 700,–	–	DM 23 980,–	–	DM 26 280,–	DM 37 550,–
Juni 1974	DM 21 280,–	DM 22 530,–	–	DM 24 860,–	–	DM 27 280,–	DM 38 980,–
März 1975	DM 22 430,–	–	DM 25 980,–	DM 26 990,–	DM 28 920,–	DM 29 500,–	DM 39 980,–
Aug. 1975	DM 23 260,–	–	DM 26 980,–	DM 27 960,–	DM 29 980,–	DM 30 580,–	DM 41 380,–
Mai 1976	DM 24 350,–	–	DM 28 340,–	DM 29 300,–	DM 31 420,–	DM 32 060,–	DM 43 320,–
März 1977	DM 25 450,–	–	DM 29 550,–	DM 30 400,–	DM 32 550,–	DM 33 200,–	DM 44 920,–

	BMW 2,5 CS	BMW 2800 CS	BMW 3,0 CS	BMW 3,0 CSi	BMW 3,0 CSL	Automatic
Okt. 1968	–	DM 22 980,–	–	–	–	+ DM 1380,–
Nov. 1969	–	DM 24 510,–	–	–	–	+ DM 1340,–
Jan. 1971	–	DM 24 975,–	–	–	–	+ DM 1340,–
April 1971	–	–	DM 26 975,–	–	–	+ DM 1390,–
Aug. 1971	–	–	DM 27 840,–	–	DM 31 950,–	+ DM 1450,–
Juni 1972	–	–	DM 28 950,–	DM 30 650,–	DM 31 950,–	+ DM 1500,–
Febr. 1973	–	–	DM 30 300,–	DM 32 100,–	DM 32 700,–	+ DM 1550,–
Aug. 1973	–	–	DM 30 540,–	DM 32 340,–	DM 35 700,–	+ DM 1550,–
März 1974	–	–	DM 31 930,–	DM 33 810,–	DM 37 580,–	+ DM 1580,–
Juni 1974	DM 28 550,–	–	DM 32 980,–	DM 34 980,–	DM 38 860,–	+ DM 1580,–
März 1975	DM 30 180,–	–	DM 34 720,–	DM 36 820,–	DM 40 880,–	+ DM 1580,–
Aug. 1975	DM 31 220,–	–	DM 35 900,–	DM 38 080,–	DM 42 260,–	+ DM 1580,–

Produktion

1968–1977	BMW 2500	75 976
1969–1977	BMW 2500 Automatic	17 387
1974–1975	BMW 2,5 CS Coupé	844
1968–1975	BMW 2800	28 998
1968–1975	BMW 2800 Automatic	11 162
1975–1977	BMW 2,8 L	3 423
1975–1977	BMW 2,8 L Automatic	1 613
1968–1971	BMW 2800 CS Coupé	6 924
1969–1971	BMW 2800 CSA Coupé (Autom.)	2 475
1971–1977	BMW 3,0 S	29 826
1971–1977	BMW 3,0 S Automatic	21 718
1971–1977	BMW 3,0 Si	19 724
1971–1977	BMW 3,0 Si Automatic	2 586
1971–1975	BMW 3,0 CS Coupé	5 017
1971–1975	BMW 3,0 CSA Coupé (Autom.)	5 071
1971–1975	BMW 3,0 CSL Coupé	1 096
1971–1975	BMW 3,0 CSi Coupé	8 142
1975–1977	BMW 3,0 L	2 529
1975–1977	BMW 3,0 L Automatic	2 992
1974–1976	BMW 3,3 L	381
1974–1976	BMW 3,3 L Automatic	1 241
1976–1977	BMW 3,3 Li	477
1976–1977	BMW 3,3 Li Automatic	924

BMW 2500 Limousine 4 Türen 1969–1973

BMW 2500
Limousine 4 Türen
1968–1973

BMW 2500
Limousine 4 Türen
1973–1977

BMW 2800
Limousine 4 Türen
1973–1974

BMW 3,0 S
BMW 3,0 Si
Limousine 4 Türen
1971–1977

BMW 2,8 L
BMW 3,0 L
BMW 3,3 L
Limousine 4 Türen
1974–1977

BMW 2800 CS
Coupé 4 Sitze
1968–1971

BMW 3,0 CS
BMW 3,0 CSi
Coupé 4 Sitze ▶
1971–1975 ▶

BMW 2,5 CS
Coupé 4 Sitze
1974–1975

BMW 3,0 CSL
Rennsport-Coupé
1973–1975

181

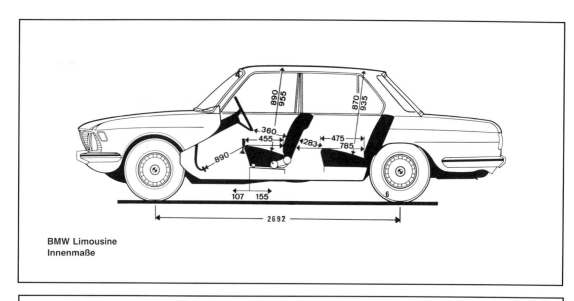

BMW Limousine
Innenmaße

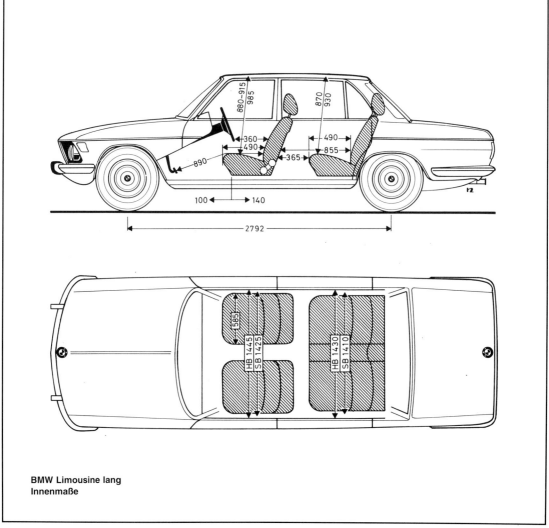

BMW Limousine lang
Innenmaße

	BMW 2500 1968–1977	BMW 2800 1968 – 1974	BMW 2,8 L 1975 – 1977
Motor	Vergasermotor	Vergasermotor	
Zylinderzahl	6 (Reihe). Block um 30° rechts seitlich geneigt	6 (Reihe). Block um 30° rechts seitlich geneigt	
Bohrung x Hub	86 x 71,6 mm	86 x 80 mm	
Hubraum	2494 ccm	2788 ccm	
Leistung	150 PS (110 kW) b. 6000 U/min	170 PS (125 kW) b. 6000 U/min	
Drehmoment	21,5 mkg bei 3700 U/min	23,8 mkg bei 3700 U/min	
Verdichtung	1 : 9,0	1 : 9,0	
Vergaser bzw.	2 Fallstrom-Registervergaser	2 Fallstrom-Registervergaser	
Einspritzung	Zenith 35/40 bzw. (ab Sept. 1973) 32/40 INAT mit Startautomatik	Zenith 35/40 INAT mit Startautomatik	

Ventile	V-förmig hängend. Obenliegende Nockenwelle, Antrieb durch Duplexkette
Kurbelwellenlager	7
Kühlung	Pumpe, 12 Liter Wasser
Schmierung	Druckumlauf, 6 Liter Öl
Batterie	12 V 55 Ah (im Motorraum)
Lichtmaschine	Drehstrom 500 W bzw. (ab März 1970) 630 oder 770 W
Kraftübertragung	Antrieb auf Hinterräder. Geteilte Kardanwelle
Kupplung	Einscheibentrockenkupplung
Schaltung	Schaltstock Wagenmitte
Getriebe	4 Gang
Synchronisierung	I – IV
Übersetzungen	Bis April 1971: I. 3,85, II. 2,08, III. 1,375, IV. 1,00 Ab April 1971: I. 3,855, II. 2,202, III. 1,401, IV. 1,00 Auf Wunsch: ZF Automatic Hydraulischer Wandler + 3 Gang-Planetengetriebe. Wählhebel Wagenmitte I. 2,56, II. 1,52, III. 1,00. Wandler 1,94-fach

	BMW 2500	BMW 2800	BMW 2,8 L
Antriebs-Übersetzung	3,64	3,45	3,64

Fahrwerk	Selbsttragende Ganzstahlkarosserie
Vorderradaufhängung	McPherson-Federbeine, Schraubenfedern, Gummi-Zusatzfedern
	Auf Wunsch bzw. (ab 1971) Serie: Drehstab-Stabilisator
Hinterradaufhängung	Schräglenker, Federbeine, Schraubenfedern, Gummi-Zusatzfedern
	Bis 1971 auf Wunsch bzw. (bei BMW 2800) Serie: Boge Nivomat + Stabilisator
Lenkung	ZF Gemmer Schnecke 22,5 : 1, 4,5 Lenkraddrehungen
	Auf Wunsch: 18,05 : 1 + Servohilfe, 4 Lenkraddrehungen
Fußbremse	Doppel-Zweikreis-Hydraulik, Servohilfe
	Scheibenbremsen vorn und hinten 272 mm ⌀

	BMW 2500	BMW 2800	BMW 2,8 L
Allgemeine Daten			
Radstand	2692 mm	2692 mm	2792 mm
Spur vorn/hinten	1446/1464 mm	1446/1464 mm	1480/1486 mm
Gesamtmaße	4700 x 1750 x 1450 mm	4700 x 1750 x 1450 mm	4800 x 1750 x 1450 mm
Felgen	6 J x 14 H 2	6 J x 14 H 2	6 J x 14 H 2
Reifen	175 HR 14	195/70 HR 14	195/70 HR 14
Wendekreis links/rechts	11,0/11,2 Meter	11,0/11,2 Meter	11,2/11,4 Meter
Wagengewicht	1360 kg	1360 kg	1440 kg
	Automatic + 20 kg	Automatic + 20 kg	Automatic + 20 kg
Zuläss. Gesamtgewicht	1830 kg	1830 kg	1900 kg
Höchstgeschwindigkeit	190 km/h	200 km/h	195 km/h
Beschleunigung 0–100 km/h	11 sec	10 sec	10 sec
Verbrauch/100 km	16 Liter Super	16,5 Liter Super	16,5 Liter Super
Kraftstofftank	75 Liter (im Heck)	75 Liter (im Heck)	75 Liter (im Heck)

	BMW 3,0 S 1971–1977	BMW 3,0 L 1975–1977
Motor		
Zylinder	Vergasermotor 6 (Reihe), Block um 30° rechts seitlich geneigt	
Bohrung x Hub	89 x 80 mm	
Hubraum	2895 ccm	
Leistung	180 PS (132 kW) b. 6000 U/min	
Drehmoment	26,0 mkg b. 3700 U/min	
Verdichtung	9,0:1	
Gemischbereitung	2 Register-Fallstromvergaser Zenith 35/40 INAT mit Startautomatik	
Ventile		
Kurbelwellenlager		
Kühlung		
Schmierung		
Batterie		
Lichtmaschine		
Kraftübertragung		
Kupplung		
Schaltung		
Schaltgetriebe		
Synchronisierung		
Übersetzungen		
Antriebs-Übersetzung		
Automat. Getriebe		
Antriebs-Übersetzung		
Fahrwerk		
Vorderradaufhängung		
Hinterradaufhängung		
Lenkung		
Fußbremse		
Allgemeine Daten		
Radstand	2692 mm	2792 mm
Spur vorn/hinten	1446/1464 mm	1480/1486 mm
Gesamtmaße	4700 x 1750 x 1450 mm	4800 x 1750 x 1450 mm
Felgen	6 J x 14 H 2	6 J x 14 H 2
Reifen	195/70 HR 14	195/70 HR 14
Wendekreis links/rechts	11,0/11,2 Meter	11,2/11,4 Meter
Wagengewicht	1420 kg Automatic + 20 kg	1470 kg Automatic + 20 kg
Zuläss. Gesamtgewicht	1800 kg	1900 kg
Höchstgeschwindigkeit	205 km/h	200 km/h
Beschleunigung 0–100 km/h	9 sec	9,5 sec
Verbrauch/100 km	17,5 Liter Super	17,5 Liter Super
Kraftstofftank	75 Liter (im Heck)	75 Liter (im Heck)

BMW 3,0 Si 1971–1975	BMW 3,0 Si 1976–1977	BMW 3,3 L 1974–1976	BMW 3,3 Li 1976–1977
Einspritzmotor	Einspritzmotor	Vergasermotor	Einspritzmotor
6 (Reihe), Block um 30°	6 (Reihe), Block um 30°	6 (Reihe), Block um 30°	6 (Reihe), Block um 30°
rechts seitlich geneigt	rechts seitlich geneigt	rechts seitlich geneigt	rechts seitlich geneigt
89 x 80 mm	89 x 80 mm	89 × 88,4 mm	89 x 86 mm
2895 ccm	2895 ccm	3295 ccm	3205 ccm
200 PS (147 kW) b. 5500 U/min	195 PS (143 kW) b. 5500 U/min	190 PS (140 kW) b. 5500 U/min	197 PS (145 kW) b. 5500 U/min
27,7 mkg b. 4300 U/min	27,2 mkg b. 4300 U/min	29,5 mkg b. 3500 U/min	28,5 mkg b. 4300 U/min
9,5:1	9,0:1	9,0:1	9,0:1
Elektronisch gesteuerte	Elektronisch gesteuerte	2 Register-Fallstromvergaser	Elektronisch gesteuerte
Benzineinspritzung	Benzineinspritzung	Zenith 35/40 INAT	Benzineinspritzung
Bosch D-Jetronic	Bosch L-Jetronic	mit Startautomatik	Bosch L-Jetronic

V-förmig hängend
enliegende Nockenwelle, Antrieb über Duplex-Kette
7
Pumpe, 12 Liter Wasser
Druckumlauf, 6 Liter Öl
12 V 55 Ah (im Motorraum)
Drehstrom 630 oder 770 W

Antrieb auf Hinterräder, geteilte Kardanwelle
Einscheibentrockenkupplung
Schalthebel Wagenmitte
4 Gang
I–IV
I. 3,855, II. 2,202, III. 1,401, IV. 1,00
3,45
Mit Aufpreis: Borg-Warner Automatic
draulischer Wandler + 3 Gang-Planetengetriebe
Wählhebel Wagenmitte
I. 2,39, II. 1,45, III. 1,00, Wandler 2-fach
3,45

Selbsttragende Ganzstahlkarosserie
McPherson-Federbeine, Schraubenfedern,
Gummi-Zusatzfedern, Drehstab-Stabilisator
Schräglenker, Federbeine,
Schraubenfedern, Gummi-Zusatzfedern,
Drehstab-Stabilisator
ZF-Gemmer Schnecke 18,5:1 + Servo
4 Lenkraddrehungen
Doppel-Zweikreis-Hydraulik + Servo
Scheibenbremsen vorn und hinten 272 mm ⌀

2692 mm		2792 mm
1446/1464 mm		1480/1486 mm
4700 x 1750 x 1450 mm		4800 x 1750 x 1450 mm
6 J x 14 H 2		6 J x 14 H 2 (Alu)
195/70 VR 14		195/70 VR 14
11,0/11,2 Meter		11,2/11,4 Meter
1440 kg		1520 kg
Automatic + 20 kg		Automatic + 20 kg
1880 kg		1980 kg
210 km/h		205 km/h
8,5 sec		9 sec
17,5 Liter Super		17,5 Liter Super
75 Liter (im Heck)		75 Liter (im Heck)

BMW 2,5 CS 1974–1975	BMW 2800 CS 1968–1971	BMW 3,0 CS 1971–1975 BMW 3,0 CSL 1971–1972
Vergasermotor 6 (Reihe), Block um 30° rechts seitlich geneigt 86 x 71,6 mm 2494 ccm 150 PS (110 kW) b. 6000 U/min 21,5 mkg b. 3700 U/min 9,0:1	Vergasermotor 6 (Reihe), Block um 30° rechts seitlich geneigt 86 x 80 mm 2788 ccm 170 PS (125 kW) b. 6000 U/min 23,8 mkg b. 3700 U/min 9,0:1	Vergasermotor 6 (Reihe), Block um 30° rechts seitlich geneigt 89 x 80 mm 2985 ccm 180 PS (132 kW) b. 6000 U/min 26,0 mkg b. 3700 U/min 9,0:1

2 Fallstrom-Registervergaser Zenith 35/40 INAT mit Startautomatik
V-förmig hängend, 1 obenliegende Nockenwelle, Antrieb über Duplex-Kette
7
Pumpe, 12 Liter Wasser
Druckumlauf, 6 Liter Öl
12 V 55 Ah (im Motorraum)

Drehstrom 630 W	Drehstrom 500 bzw. (ab März 1970) 630 W	Drehstrom 630 oder 770 W

Antrieb auf Hinterräder, geteilte Kardanwelle
Einscheibentrockenkupplung
Schalthebel Wagenmitte
4 Gang
I–IV

I. 3,855 II. 2,202 III. 1,401 IV. 1,00 3,64	I. 3,855 II. 2,08 III. 1,375 IV. 1,00 3,45	I. 3,855 II. 2,202 III. 1,401 IV. 1,00 3,45
Auf Wunsch: ZF Automatic Hydraulischer Wandler + 3 Gang-Planetengetriebe Wählhebel Wagenmitte I. 2,56, II. 1,52, III. 1,00 Wandler 1,94-fach 3,64	3,45	Auf Wunsch: Borg-Warner Automatic Hydraulischer Wandler + 3 Gang-Planetengetriebe Wählhebel Wagenmitte I. 2,39, II. 1,45, III. 1,00 Wandler 2-fach 3,45
Selbsttragende Ganzstahlkarosserie McPherson-Federbeine, Schraubenfedern, Drehstab-Stabilisator Schräglenker, Federbeine, Schraubenfedern ZF Gemmer Schnecke 22,5:1 4,5 Lenkraddrehungen Auf Wunsch: 18,05:1 + Servo 4 Lenkraddrehungen Doppel-Zweikreis-Hydraulik + Servo Scheibenbremsen vorn und hinten 272 mm ⌀	Selbsttragende Ganzstahlkarosserie McPherson-Federbeine, Schraubenfedern, Drehstab-Stabilisator Schräglenker, Federbeine, Schraubenfedern, Drehstab-Stabilisator ZF Gemmer Schnecke 18,05:1 + Servo 4 Lenkraddrehungen Doppel-Zweikreis-Hydraulik + Servo Scheibenbremsen vorn 272 mm ⌀ Trommelbremsen hinten 250 mm ⌀	Selbsttragende Ganzstahlkarosserie McPherson-Federbeine, Schraubenfedern, Drehstab-Stabilisator Schräglenker, Federbeine, Schraubenfedern, Drehstab-Stabilisator ZF Gemmer Schnecke 18,05:1 + Servo 4 Lenkraddrehungen Doppel-Zweikreis-Hydraulik + Servo Scheibenbremsen vorn und hinten 272 mm ⌀
2625 mm 1446/1398 mm 4660 x 1670 x 1370 mm 6 J x 14 H 2 (Stahl) 175 HR 14 10,6/10,8 Meter 1400, Automatic 1420 kg 1770 kg 201 km/h 10,5 sec 16 Liter Super 70 Liter (im Heck)	2625 mm 1446/1402 mm 4660 x 1670 x 1370 mm 6 J x 14 H 2 (Stahl) 195/70 HR 14 10,6/10,8 Meter 1355, Automatic 1375 kg 1770 kg 206 km/h 10 sec 16,5 Liter Super 70 Liter (im Heck)	2625 mm 1446/1402 mm 4660 x 1670 x 1370 mm CS: 6 J x 14 H 2 (Alu) CSL: 7 J x 14 H 2 (Alu) 195/70 VR 14 10,6/10,8 Meter CS: 1400, Automatic 1420 kg CSL: 1200 kg CS: 1750, CSL: 1650 kg CS: 213, CSL: 215 km/h CS: 9, CSL: 8 sec 17,5 Liter Super 70 Liter (im Heck)

BMW 3,0 CSi 1971–1975	BMW 3,0 CSi 1972–1973	BMW 3,0 CSL 1973–1975	
			Motor
Einspritzmotor	Einspritzmotor	Einspritzmotor	Zylinder
6 (Reihe), Block um 30°	6 (Reihe), Block um 30°	6 (Reihe), Block um 30°	
rechts seitlich geneigt	rechts seitlich geneigt	rechts seitlich geneigt	
89 x 80 mm	89,25 x 80 mm	89,25 x 84 mm	Bohrung x Hub
2985 ccm	3003 ccm	3153 ccm	Hubraum
200 PS (147 kW) b. 5500 U/min	200 PS (147 kW) b. 5500 U/min	206 PS (149 kW) b. 5600 U/min	Leistung
27,7 mkg b. 4300 U/min	27,7 mkg b. 4300 U/min	29,2 mkg b. 4200 U/min	Drehmoment
9,5:1	9,5:1	9,5:1	Verdichtung
Elektronisch gesteuerte Benzineinspritzung Bosch			Gemischbereitung
V-förmig hängend, 1 obenliegende Nockenwelle, Antrieb über Duplex-Kette			Ventile
7			Kurbelwellenlager
Pumpe, 12 Liter Wasser			Kühlung
Druckumlauf, 6 Liter Öl			Schmierung
12 V 55 Ah (im Motorraum)			Batterie
Drehstrom 770 W			Lichtmaschine
			Kraftübertragung
Antrieb auf Hinterräder, geteilte Kardanwelle			Kupplung
Einscheibentrockenkupplung			Schaltung
Schalthebel Wagenmitte			Schaltgetriebe
4 Gang			Synchronisierung
I–IV			Übersetzungen
I. 3,855			
II. 2,202			
III. 1,401			
IV. 1,00			
3,25			Antriebs-Übersetzung
Automatic nicht lieferbar			Automat. Getriebe
			Antriebs-Übersetzung
			Fahrwerk
Selbsttragende Ganzstahlkarosserie			Vorderradaufhängung
McPherson-Federbeine,			
Schraubenfedern, Drehstab-Stabilisator			
Schräglenker, Federbeine,			Hinterradaufhängung
Schraubenfedern, Drehstab-Stabilisator			
ZF Gemmer Schnecke 18,05:1	ZF Gemmer Schnecke 22,5:1		Lenkung
+ Servo	4 Lenkraddrehungen		
4 Lenkraddrehungen	Auf Wunsch: 18,05:1 + Servo		
	4 Lenkraddrehungen		
Doppel-Zweikreis-Hydraulik + Servo			Betriebsbremse
Scheibenbremsen			
vorn und hinten 272 mm ⌀			
			Allgemeine Daten
2625 mm	2625 mm	2625 mm	Radstand
1446/1402 mm	1426/1422 mm	1470/1426 mm	Spur vorn/hinten
4660 x 1670 x 1370 mm	4630 x 1730 x 1370 mm	4630 x 1730 x 1370 mm	Gesamtmaße
6 J x 14 H 2 (Alu)	7 J x 14 H 2 (Alu)	7 J x 14 H 2 (Alu)	Felgen
195/70 VR 14	195/70 VR 14	195/70 VR 14	Reifen
10,6/10,8 Meter	10,6/10,8 Meter	10,6/10,8 Meter	Wendekreis links/rechts
1400 kg	1270 kg	1270 kg	Wagengewicht
1750 kg	1730 kg	1730 kg	Zuläss. Gesamtgewicht
220 km/h	220 km/h	220 km/h	Höchstgeschwindigkeit
8 sec	7,5 sec	7,5 sec	Beschleunigung 0–100 km/h
17,5 Liter Super	17,5 Liter Super	17,5 Liter Super	Verbrauch/100 km
70 Liter (im Heck)	70 Liter (im Heck)	70 Liter (im Heck)	Kraftstofftank

BMW Turbo (Prototyp 1972)

Als Stylingstudie und rollendes Versuchslabor präsentierte BMW im August 1972 dem staunenden Publikum das Mittelmotor- und Flügeltüren-Coupé „Turbo". Dessen neuartige Sicherheitsmerkmale sollten künftigen Entwicklungen vorgreifen. Zu seinen Besonderheiten zählten beispielsweise progressive, selbst regenerierbare Knautschzonen, die spektral abgestufte Leuchtfarbe hoher Warnwirksamkeit, die Gummileisten rundum, der extrem niedrige Schwerpunkt, die Sicherheitslenkung oder das Radar-Abstands-Warngerät. Quer vor der Hinterachse war ein BMW 2002-Motor eingebaut, der mittels Abgas Turbolader auf 200 PS kam. Sein attraktives Aussehen verdankte das Auto dem Franzosen Paul Bracq, damals Chefstylist bei BMW. 1973 ließ das Werk ein zweites, in manchen Einzelheiten weiterentwickeltes Exemplar des Turbo bei Michelotti bauen, doch dabei ist es dann geblieben. Hier noch einige Daten: Radstand 2400 mm, Spur 1550/1530 mm, Gesamtmaße 4155×1880×1100 mm, Reifen 4,75/11,2–14, Gewicht 980 kg, Höchstgeschwindigkeit 250 km/h, Beschleunigung 0–100 km/h in 7 Sekunden.

BMW Turbo
Sport-Coupé 2 Sitze
Versuchswagen
Prototyp 1972

BMW 3er-Reihe (1975–1983)

BMW 316
1975–1982
BMW 318
1975–1980
BMW 318 i
1980–1982
Limousine 2 Türen
Einfach-Scheinwerfer

BMW 320
1975–1982
BMW 320 i
1975–1977
BMW 323 i
1977–1982
Limousine 2 Türen
Doppel-Scheinwerfer

BMW 3er-Reihe
Heckansicht
1975

BMW 3er-Reihe
Heckansicht
ab Januar 1976
mit schwarzer Blende
zwischen den Rückleuchten

Auf die 02-Modellreihe ließ BMW im Juli 1975 (Produktionsbeginn 2. Mai 1975) die erste 3er-Reihe (Baureihe E 21) folgen. Sie brachte eine wesentlich elegantere, im Rücksitz etwas geräumigere Zweitüren-Karosserie sowie (zunächst) auf Normalbenzin umgestellte Vergaser-motoren mit trotzdem noch höherer Leistung bei allerdings verminderter Elastizität. Die stilistisch der 5er-Reihe (ab 1972) angeglichenen Limou-sinen sahen ansprechend aus. Sie gewannen gegenüber den 02-Vorgängern an Stattlichkeit und Prestige, erkauft freilich durch für diese Größenklasse enorm hohe Preise. Doch wurden diese dem Markenruf und der Sportlichkeit zuliebe von einem großen Kreis offenbar zahlungs-kräftiger Kunden akzeptiert.

Äußerlich waren die verschiedenen 3er-Limousinen nahezu identisch, jedoch besaßen der 316 (drei-sechzehn) und der 318 (drei-achtzehn) einfache, der 320 (drei-zwanzig), der 320 i und der 323 i Doppel-Scheinwerfer. Die ursprünglichen Ausführungen des 320 und 320 i wurden ab September 1977 durch den 320 und ab Februar 1978 durch den 323 i mit Sechszylinder-Motoren ersetzt. Mit diesen neuen Trieb-werken, die sich durch moderne Konstruktionen, geringes Gewicht, hohe Leistung, Drehfreudigkeit und vorbildliche Laufkultur auszeichneten, bewies BMW ein weiteres Mal die Fähigkeit, mit die feinsten Automobil-motoren der Welt zu liefern.

Ab September 1979 wurden die BMW 3er gegen Aufpreis (die Sechs-zylinder ab Januar 1982 serienmäßig) mit 5 Gang-Getriebe geliefert, wobei eine Schongang- und eine Sportausführung zur Wahl standen. Ab August 1980 erhielt der BMW 316 den 1,8 Liter-Vergasermotor. Der 1,6 Liter-Motor (mit 75 statt 90 PS) kam im BMW 315 wieder, der ab Februar 1981 als Spar- und Einstiegmodell mit etwas einfacherer Aus-stattung angeboten wurde.

Seit Ende 1977 bis 1982 verwandelte die Karosseriefabrik Baur (Stutt-gart) 3er-Limousinen in sogenannte Hardtop-Cabriolets. Diese besaßen zwischen Frontscheibe und Überrollbügel ein herausnehmbares Dach-teil aus Kunststoff sowie über den Rücksitz ein Faltverdeck. Die festen Seitenteile ließen freilich nicht mehr jenes erhebende Cabriolet-Gefühl aufkommen, das es nur beim Fahren mit ganz offenem Wagen gibt. Im übrigen kostete der Umbau über 6000 DM. Geliefert hat Baur innerhalb der Baureihe E 21 schätzungsweise 3000 Hardtop-Cabriolets.

Im November 1982 (BMW 315: Ende 1983) wurde die Produktion der Baureihe E 21 beendet. Sie brachte es als bis dahin meistgebauter BMW auf 1,36 Millionen Einheiten. Mehr als die Hälfte davon ging in den Export. Rund ein Drittel aller 3er war mit Sechszylinder-Motor ausge-rüstet. Erfolgreichstes Modell dieser Reihe war mit mehr als einer halben Million der BMW 320.

Motor
Zylinderzahl

Bohrung x Hub
Hubraum
Leistung
Drehmoment
Verdichtung
Vergaser bzw.
Einspritzung

Ventile

Kurbelwellenlager
Kühlung
Schmierung
Batterie
Lichtmaschine

Kraftübertragung
Kupplung
Schaltung
Getriebe
Synchronisierung
Übersetzungen

Antriebs-Übersetzung
Fahrwerk
Vorderradaufhängung

Hinterradaufhängung

Lenkung
Fußbremse

Allgemeine Daten
Radstand
Spur vorn/hinten
Gesamtmaße
Felgen
Reifen
Wendekreis links/rechts
Wagengewicht
Zuläss. Gesamtgewicht
Höchstgeschwindigkeit
Beschleunigung 0–100 km/h
Verbrauch/100 km
Kraftstofftank

BMW 316 1975–1980	BMW 318 1975–1980	BMW 320 1975–1977	BMW 320 i 1975–1977
Vergasermotor	Vergasermotor	Vergasermotor	Einspritzmotor
4 (Reihe). Block um 30° rechts seitlich geneigt	4 (Reihe). Block um 30° rechts seitlich geneigt	4 (Reihe). Block um 30° rechts seitlich geneigt	4 (Reihe). Block um 30° rechts seitlich geneigt
84 x 71 mm	89 x 71 mm	89 x 80 mm	89 x 80 mm
1563 ccm	1754 ccm	1977 ccm	1977 ccm
90 PS (66 kW) b. 6000 U/min	98 PS (72 kW) b. 5800 U/min	109 PS (80 kW) b. 5800 U/min	125 PS (92 kW) b. 5700 U/min
12,5 mkg bei 4000 U/min	14,5 mkg bei 4000 U/min	16,0 mkg bei 3700 U/min	17,5 mkg bei 4350 U/min
1 : 8,3	1 : 8,3	1 : 8,1	1 : 9,3
1 Fallstrom-Registervergaser Solex 32/32 DIDTA mit Startautomatik	1 Fallstrom-Registervergaser Solex 32/32 DIDTA mit Startautomatik	1 Fallstrom-Registervergaser Solex 32/32 DIDTA mit Startautomatik	Antriebslose kontinuierliche Saugrohr-Benzineinspritzung Bosch »K-Jetronic«
V-förmig hängend	V-förmig hängend	V-förmig hängend	V-förmig hängend
Obenliegende Nockenwelle	Obenliegende Nockenwelle	Obenliegende Nockenwelle	Obenliegende Nockenwelle
Antrieb durch Duplexkette	Antrieb durch Duplexkette	Antrieb durch Duplexkette	Antrieb durch Duplexkette
5	5	5	5
Pumpe 7 Liter Wasser	Pumpe, 7 Liter Wasser	Pumpe, 7 Liter Wasser	Pumpe, 7 Liter Wasser
Druckumlauf, 4,25 Liter Öl	Druckumlauf, 4,25 Liter Öl	Druckumlauf, 4,25 Liter Öl	Druckumlauf, 4,25 Liter Öl
12 V 36 Ah (im Motorraum)	12 V 36 Ah (im Motorraum)	12 V 36 Ah (im Motorraum)	12 V 44 Ah (im Motorraum)
Drehstrom 630 W	Drehstrom 630 W	Drehstrom 630 W	Drehstrom 770 W

Antrieb auf Hinterräder. Geteilte Kardanwelle
Einscheibentrockenkupplung
Schaltstock Wagenmitte
4 Gang
I – IV
I. 3,764, II. 2,022, III. 1,320, IV. 1,00
Auf Wunsch: Automatic ZF HP 22
Hydraulischer Wandler
+ 3 Gang-Planetengetriebe
Wählhebel Wagenmitte
I. 2,478, II. 1,478, III. 1,00
Wandler 2-fach

4,10		3,90	3,64

Selbsttragende Ganzstahlkarosserie
McPherson-Federbeine, Schraubenfedern,
Gummi-Zusatzfedern, Stabilisator

Schräglenker Federbeine, Schraubenfedern, Gummi-Zusatzfedern Auf Wunsch: Stabilisator	Schräglenker Federbeine, Schraubenfedern, Gummi-Zusatzfedern Auf Wunsch (bzw. März bis Aug. 1976 Serie): Stabilisator	Schräglenker Federbeine, Schraubenfedern Gummi-Zusatzfedern Auf Wunsch bzw. (ab März 1976) Serie: Stabilisator	Schräglenker Federbeine, Schraubenfedern Gummi-Zusatzfedern Stabilisator

ZF Zahnstange 19,0 : 1,4 Lenkraddrehungen
Zweikreis-Hydraulik, Servohilfe
Scheibenbremsen vorn 255 mm ⌀
Trommelbremsen hinten 250 mm ⌀

2563 mm	2563 mm	2563 mm	2563 mm
1364/1377 mm	1364/1377 mm	1364/1377 mm	1386/1399 mm
4355 × 1610 × 1380 mm	4355 x 1610 x 1380 mm	4355 x 1610 x 1380 mm	4355 x 1610 x 1380 mm
5 J × 13	5 J x 13	5 J x 13	5 1/2 J x 13
165 SR 13	165 SR 13	165 SR 13	185/70 HR 13
10,4/10,8 Meter	10,4/10,8 Meter	10,4/10,8 Meter	10,4/10,8 Meter
1040 kg	1040 kg, Automatic + 20 kg	1060 kg, Automatic + 20 kg	1080 kg
1420 kg	1420 kg	1440 kg	1460 kg
161 km/h	168 km/h	173 km/h	182 km/h
14 sec	12 sec	11,5 sec	10 sec
11,5 Liter	12, Automatic 12,5 Liter	12,5, Automatic 13 Liter	13 Liter Super
52, ab Sept. 1977: 58 Liter (unter Rücksitz)	52, ab Sept. 1977: 58 Liter (unter Rücksitz)	52 Liter (unter Rücksitz)	52 Liter (unter Rücksitz)

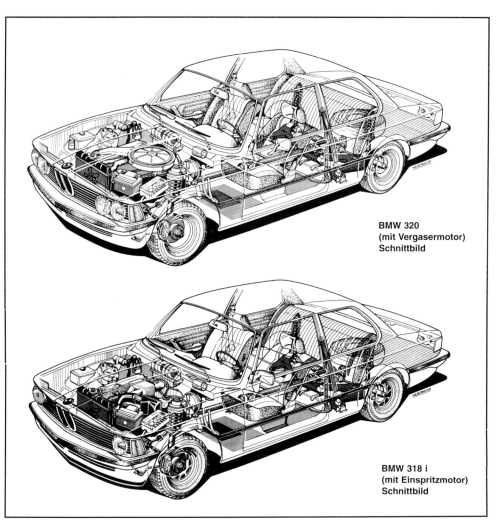

BMW 320
(mit Vergasermotor)
Schnittbild

BMW 318 i
(mit Einspritzmotor)
Schnittbild

Preise	BMW 316	BMW 318	BMW 320	BMW 320 i
August 1975	DM 13980,–	DM 14850,–	DM 15880,–	DM 17980,–
Mai 1976	DM 14580,–	DM 15460,–	DM 16580,–	DM 18630,–
März 1977	DM 14980,–	DM 15980,–	DM 17280,–	DM 19380,–
			BMW 320	**BMW 323 i**
			(6 Zyl.)	**(6 Zyl.)**
August 1977	DM 14980,–	DM 15980,–	DM 17980,–	DM 20350,–
Januar 1978	DM 15115,–	DM 16125,–	DM 18145,–	DM 20535,–
Mai 1978	DM 15680,–	DM 16700,–	DM 18950,–	DM 21450,–
Januar 1979	DM 15920,–	DM 16980,–	DM 19300,–	DM 21850,–
August 1979	DM 16250,–	DM 17350,–	DM 19850,–	DM 22500,–
April 1980	DM 16850,–	DM 18000,–	DM 20600,–	DM 23350,–
	BMW 315	**BMW 318 i**		
Februar 1981	DM 15850,–	DM 19100,–	DM 20950,–	DM 23900,–
August 1981	DM 16200,–	DM 19600,–	DM 21400,–	DM 24400,–
Januar 1982	DM 16600,–	DM 20100,–	DM 22300,–	DM 25400,–
Februar 1983	DM 17450,–			
August 1983	DM 17900,–			
Januar 1984	DM 18350,–			

	BMW 320 **1977–1982**	**BMW 323 i** **1978–1982**
Motor	Vergasermotor	Einspritzmotor
Zylinder	6 (Reihe), Block um 30° rechts seitlich geneigt	6 (Reihe), Block um 30° rechts seitlich geneigt
Bohrung x Hub	80 x 66 mm	80 x 76,8 mm
Hubraum	1990 ccm	2315 ccm
Leistung	122 PS (90 kW) bei 6000 U/min	143 PS (105 kW) bei 6000 U/min
Drehmoment	16,3 mkg bei 4000 U/min	19,4 mkg bei 4500 U/min
Verdichtung	9,2:1	9,5:1
Gemischbildung	1 Fallstrom-Registervergaser Solex 4 A 1 mit Startautomatik	Antriebslose kontinuierliche Saugrohr-Benzineinspritzung Bosch K-Jetronic
Ventile	V-förmig hängend, 1 obenliegende Nockenwelle, Antrieb über Zahnriemen	
Kurbelwellenlager	7	
Kühlung	Pumpe, 12 Liter Wasser	
Schmierung	Druckumlauf, 4,75 Liter Öl	
Batterie	12 V 44 Ah (im Motorraum)	12 V 55 Ah (im Motorraum)
Lichtmaschine	Drehstrom 910 W	Drehstrom 910 W
Kraftübertragung	Antrieb auf Hinterräder, geteilte Kardanwelle	
Schaltgetriebe	4 Gang (bis 1981)	5 Gang mit Schongang (ab Sept. 1979)	5 Gang Sportgetriebe (ab Sept. 1979)
Übersetzungen	I. 3,764 II. 2,022 III. 1,320 IV. 1,000	I. 3,681 II. 2,001 III. 1,329 IV. 1,000 V. 0,805	I. 3,764 II. 2,325 III. 1,612 IV. 1,229 V. 1,000
Antriebs-Übersetzung	3,64	3,45
Autom. Getriebe	Automatic ZF HP 22 Hydraulischer Wandler + 3 Gang-Planetengetriebe I. 2,478, II. 1,478, III. 1,00, Wandler 2-fach	
Antriebs-Übersetzung	3,64	3,45
Fahrwerk	Selbsttragende Ganzstahlkarosserie	
Vorderradaufhängung	McPherson-Federbeine, Schraubenfedern, Gummi-Zusatzfedern, Drehstab-Stabilisator	
Hinterradaufhängung	Schräglenker, Federbeine, Schraubenfedern, Gummi-Zusatzfedern, Drehstab-Stabilisator	
Lenkung	ZF Zahnstange 21,1:1 (4,1 Lenkraddrehungen, Aufpreis: Servohilfe	
Fußbremse	Zweikreis-Hydraulik, Servohilfe Scheibenbremsen vorn 255 mm ⌀ Trommelbremsen hinten 250 mm ⌀	Zweikreis-Hydraulik, Servohilfe Scheibenbremsen vorn 255 mm ⌀ Scheibenbremsen hinten 258 mm ⌀
Allgemeine Daten		
Radstand	2563 mm	2563 mm
Spur vorn/hinten	1386/1399 mm	1386/1399 mm
Gesamtmaße	4355 x 1610 x 1380 mm	4355 x 1610 x 1380 mm
Felgen	5½ J x 13	5½ J x 13
Reifen	185/70 HR 13	185/70 HR 13
Wendekreis links/rechts	10,4/10,8 Meter	10,4/10,8 Meter
Wagengewicht	1150 kg Automatic + 20 kg	1180 kg Automatic + 20 kg
Zuläss. Gesamtgewicht	1550 kg	1570 kg
Höchstgeschwindigkeit	183 km/h	192 km/h
Beschleunigung 0–100 km/h	10,5 sec	9,5 sec
Verbrauch/100 km	13, Automatic 13,5 Liter Super	13, Automatic 13,5 Liter Super
Kraftstofftank	58 Liter (unter Rücksitz)	58 Liter (unter Rücksitz)

BMW 316
BMW 318
BMW 320
BMW 323 i
Hardtop-Cabriolet
mit Targa-Bügel
Karosserie Baur
1977-1983

BMW 315
Limousine 2 Türen
1981–1983

BMW 320
Renn-Limousine
Gruppe 5
1977

	BMW 315 1981–1983		BMW 316 1980–1982		BMW 318 i 1980–1982

Motor

	BMW 315		BMW 316		BMW 318 i
Zylinder	Vergasermotor 4 (Reihe), Block um 30° rechts seitlich geneigt		Vergasermotor 4 (Reihe), Block um 30° rechts seitlich geneigt		Einspritzmotor 4 (Reihe), Block um 30° rechts seitlich geneigt
Bohrung x Hub	84 x 71 mm		89 x 71 mm		89 x 71 mm
Hubraum	1573 ccm		1766 ccm		1766 ccm
Leistung	75 PS (55 kW) b. 5800 U/min		90 PS (66 kW) b. 5500 U/min		105 PS (77 kW) b. 5800 U/min
Drehmoment	11,0 mkg bei 3200 U/min		14,0 mkg bei 4000 U/min		14,5 mkg bei 4500 U/min
Verdichtung	9,5 : 1		9,5 : 1		10,0 : 1
Gemischbildung	1 Fallstromvergaser Pierburg 1 B 2		1 Fallstrom-Registervergaser Pierburg 2 B 4		Saugrohr-Benzineinspritzung Bosch K-Jetronic
Ventile	V-förmig hängend, 1 obenliegende Nockenwelle, Antrieb über Duplex-Kette				
Kurbelwellenlager	5		5		5
Kühlung	Pumpe, 7,2 Liter Wasser		Pumpe, 7,2 Liter Wasser		Pumpe, 7,2 Liter Wasser
Schmierung	Druckumlauf, 4,25 Liter Öl		Druckumlauf, 4,25 Liter Öl		Druckumlauf, 4,25 Liter Öl
Batterie	12 V 36 Ah (im Motorraum)		12 V 36 Ah (im Motorraum)		12 V 36 Ah (im Motorraum)
Lichtmaschine	Drehstrom 630 W		Drehstrom 630 W		Drehstrom 910 W

Kraftübertragung

Antrieb auf Hinterräder, geteilte Kardanwelle

Schaltgetriebe	4 Gang	5 Gang mit Schongang	4 Gang	5 Gang mit Schongang	5 Gang Sportgetriebe
Übersetzungen	I. 3,764 II. 2,043 III. 1,320 IV. 1,000	I. 3,681 II. 2,001 III. 1,329 IV. 1,000 V. 0,805	I. 3,764 II. 2,043 III. 1,320 IV. 1,000	I. 3,681 II. 2,001 III. 1,329 IV. 1,000 V. 0,805	I. 3,764 II. 2,325 III. 1,612 IV. 1,229 V. 1,000
Antriebs-Übersetzung	4,11	4,11	3,91	3,91	3,91
Automat. Getriebe	nicht lieferbar		Automatic ZF HP 22 Hydraulischer Wandler + 3 Gang-Planetengetriebe I. 2,478, II. 1,478, III. 1,00, Wandler 2-fach		
Antriebs-Übersetzung			3,91		

Fahrwerk

Vorderradaufhängung	Selbsttragende Ganzstahlkarosserie McPherson-Federbeine, Schraubenfedern, Gummi-Zusatzfedern, Drehstab-Stabilisator
Hinterradaufhängung	Schräglenker, Federbeine, Schraubenfedern, Gummi-Zusatzfedern, 318 i: Drehstab-Stabilisator
Lenkung	ZF Zahnstange 21,1:1, (4,1 Lenkraddrehungen)
Fußbremse	Zweikreis-Hydraulik, Servohilfe Scheibenbremsen vorn 255 mm ⌀ Trommelbremsen hinten 250 mm ⌀

Allgemeine Daten

	BMW 315	BMW 316	BMW 318 i
Radstand	2563 mm	2563 mm	2563 mm
Spur vorn/hinten	1366/1373 mm	1366/1373 mm	1366/1373 mm
Gesamtmaße	4355 x 1610 x 1380 mm	4355 x 1610 x 1380 mm	4355 x 1610 x 1380 mm
Felgen	5 J x 13	5 J oder 5½ J x 13	5 J oder 5½ J x 13
Reifen	165 SR 13	165 SR 13	165 SR 13
Wendekreis links/rechts	10,4/10,8 Meter	10,4/10,8 Meter	10,4/10,8 Meter
Wagengewicht	1050 kg	1060 kg Automatic + 20 kg	1070 kg Automatic + 20 kg
Zuläss. Gesamtgewicht	1440 kg	1440 kg	1450–1460 kg
Höchstgeschwindigkeit	160 km/h	165 km/h	175 km/h
Beschleunigung 0–100 km/h	13 sec	11,5 sec	11 sec
Verbrauch/100 km	11 Liter Super	12, Autom. 12,5 l Super	11,5, Autom. 12 l Super
Kraftstofftank	58 Liter (unter Rücksitz)	58 Liter (unter Rücksitz)	58 Liter (unter Rücksitz)

Produktion BMW 3er-Reihen

	1975	1976	1977	1978	1979	1980	1981
E 21	43 349	130 821	166 218	182 213	186 973	204 358	226 960
E 21 (CKD)			540	1 164	1 836	1 968	1 872

	1982	1983	1984	1985	1986	1987	1988
E 21	181 254	33 349					
E 21 (CKD)	756	408					
E 30	15 580	212 172	265 046	286 895	305 651	274 529	212 936
E 30 (CKD)		6 029	20 088	10 980	13 020	14 856	17 582
E 30 Cabriolet				11	10 791	26 674	21 145
E 30 Touring						16	17 412

	1989	1990	1991	1992
E 30	200 654	184 999	8 889	
E 30 (CKD)	15 192	16 428	10 596	
E 30 Cabriolet	20 747	21 964	23 679	
E 30 Touring	20 714	23 427	13 199	
E 36	3	8 332	259 598	
E 36 (CKD)			3 175	
E 30 Coupé		3	2 754	

(CKD) = Teilesätze für Auslandsmontage

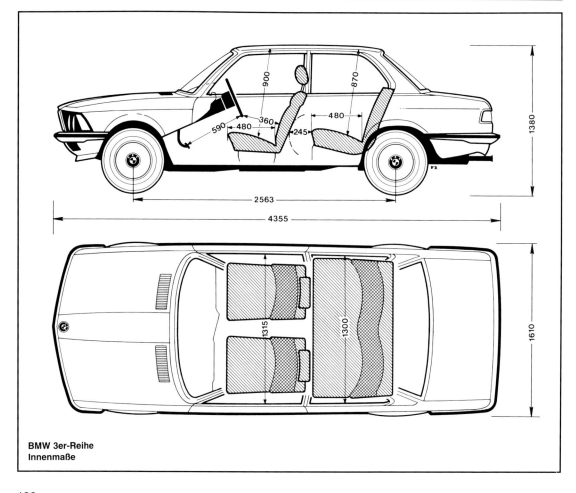

BMW 3er-Reihe
Innenmaße

BMW 3er Limousine (1983–1991)
BMW 3er Cabriolet (1985–1993)
BMW 3er Touring (1987–1995)

Baureihe E 30: Produktionsbeginn Oktober 1982, Markteinführung Ende November 1982, Lieferbeginn der Zweitüren-Limousine Anfang 1983 und der (neu in das Programm aufgenommenen) Viertüren-Limousine im Herbst 1983. Der Generationswechsel brachte zwar tatsächlich eine weitgehend neue Konstruktion zutage, auch und gerade in bezug auf die Karosserie, doch hat sich das äußere Erscheinungsbild nur wenig geändert. Die Linienführung wirkt etwas straffer und als besonderes optisches Merkmal trägt die B-Säule eine breite schwarze Kunststoffblende. Im übrigen bestand sowieso kein Anlaß, diesem anerkannt gut aussehenden Wagen ein völlig anderes Aussehen zu geben.

Ferner gab es seit Anfang 1983 auch wieder das Hardtop-Cabriolet der Karosseriefabrik Baur (Stuttgart). Aufpreis 7000 DM.

September 1984: BMW 518 i mit Katalysator (Aufpreis 1800 DM) lieferbar. Ab März 1985 wird der bereits für USA und Japan gebaute BMW 325 e (2,7 Liter eta-Sparmotor mit Kat) auf den deutschen Markt gebracht, stellt hier aber eher nur eine Verlegenheitslösung dar.

September 1985: Auf der Frankfurter Automobil-Ausstellung technische Modifikationen, aber keine auffallenden Änderungen im äußeren Erscheinungsbild der 3er-Reihe. Wesentliche Erweiterung des Programms durch BMW-eigenes Vollcabriolet (Serie ab Mai 1986) mit bildschöner Linienführung.

Preise		BMW 316 Limousine 2 Türen	BMW 318 i Limousine 2 Türen	BMW 320 i Limousine 2 Türen	BMW 320 i Limousine 4 Türen	BMW 320 i Hardtop- Cabriolet	BMW 325 i Limousine 2 Türen
November 1982	DM	19 250,–	21 550,–	24 550,–		31 550,–	27 400,–
Februar 1983	DM	19 850,–	22 200,–	25 400,–		32 400,–	28 350,–
Juli 1983	DM	20 030,–	22 400,–	25 630,–		32 900,–	28 600,–
August 1983	DM	20 700,–	22 800,–	26 050,–	26 910,–	33 400,–	29 050,–
Januar 1984	DM	21 100,–	23 350,–	26 750,–	27 630,–	34 300,–	29 800,–
September 1984	DM	21 400,–	23 650,–	27 150,–	28 040,–	34 900,–	30 200,–
März 1985	DM	21 800,–	24 200,–	27 800,–	28 700,–	35 700,–	31 100,–
						BMW 325 i L. 2 Türen	BMW 325 i Cabriolet
September 1985	DM	21 800,–	24 200,–	27 800,–	28 700,–	33 000,–	41 600,–
Dezember 1985	DM	22 200,–	24 800,–	29 100,–	30 000,–	34 100,–	43 300,–
April 1986	DM	22 550,–	25 150,–	29 100,–	30 000,–	34 100,–	43 300,–
August 1986	DM	22 950,–	25 150,–	29 950,–	30 900,–	37 350,–	46 800,–
		mit Kat	mit Kat	mit Kat	mit Kat	mit Kat	mit Kat
April 1987	DM	22 950,–	27 400,–	31 500,–	32 500,–	39 100,–	48 700,–
Mit Katalysator		BMW 316 i L. 2 Türen	BMW 318 i L. 2 Türen	BMW 320 i L. 2 Türen	BMW 320 i Touring	BMW 325 i L. 2 Türen	BMW 325 i Cabriolet
August 1987	DM	25 500,–	28 500,–	32 100,–	38 500,–	39 900,–	50 700,–
Februar 1988	DM	25 950,–	29 100,–	32 900,–	38 600,–	40 700,–	51 700,–
Februar 1989	DM	26 750,–	29 800,–	33 700,–	39 300,–	41 400,–	53 000,–
Mai 1990	DM	27 500,–	30 600,–	34 600,–	40 300,–	42 400,–	54 400,–
Oktober 1990	DM	28 300,–	31 500,–	35 500,–	41 400,–	43 600,–	55 900,–
					BMW 318 i Touring	BMW 318 i Cabriolet	BMW 325 i Cabriolet
September 1991	DM				37 600,–	46 100,–	57 500,–
April 1992	DM				38 100,–	47 150,–	59 200,–
September 1992	DM				38 950,–	48 000,–	60 050,–
Januar 1993	DM				39 300,–	48 400,–	
April 1993	DM				39 900,–	48 400,–	

Außerdem Einführung des BMW 524 d mit Sechszylinder-Saugdiesel-Motor. Ersatz des BMW 323 i durch den 325 i, der auch mit permanentem Allrad-Antrieb ausgerüstet werden kann, wovon aber in der Folgezeit die Kundschaft nur ganz wenig Gebrauch macht. Gezeigt wurde schließlich auch noch die Sport-Limousine BMW M 3, deren Auslieferung allerdings erst ab November 1986 begann.

September 1987: Gesamte Baureihe wird nur noch mit Katalysator angeboten. Neuer Vierzylinder-Motor M 40 für BMW 318 i. Weitere Bereicherung der 3er-Reihe durch den „Touring", einen hervorragend gelungenen Kombi, der nichts mit der glücklosen Kombilimousine gleichen Namens der früheren Baureihe 02 zu tun hat. Nach Aussehen, Ausstattung und Preis handelt es sich beim neuen BMW Touring um einen Edel-Kombi, der trotz seines hohen Preises vom Markt gut aufgenommen wurde.

Ebenfalls im September 1987 wird mit der Übernahme des bereits von der 5er-Reihe her bekannten Sechszylinder-Turbodiesel erstmals die elektronisch geregelte Dieseleinspritzung eingesetzt. Der BMW 524 td steht in bezug auf Leistung und Laufkultur kaum mehr den entsprechenden Benzin-Typen nach, bedingt aber einen so erheblichen Preiszuschlag, daß eine echte Rentabilität nur noch bei extrem hohen Kilometerleistungen besteht.

Mai 1988: Kraftpaket BMW M 3 auch als Cabriolet lieferbar. Preis 90 000 DM. Dennoch bis Juni 1991 (Produktionsende des M 3 Cabriolets) 800 Stück gebaut und verkauft.

August 1988: BMW 316 i mit 1,6 Liter-Motor der neuen Reihe M 40, der den seither eingebauten leistungsreduzierten 1,8 Liter-Motor ersetzt.

August 1989: BMW 318 is mit Vierventil-Vierzylinder-Motor.

September 1990: Präsentation der neuen BMW 3er Baureihe E 36. Dennoch läuft Produktion der seitherigen E 30 Limousine bis Ende April 1991, Cabriolet und Touring noch wesentlich länger. Cabriolet von jetzt an auch mit 1,8 Liter-Motor. Getriebe aller Cabriolets anders abgestuft. 320 i und 325 i mit 5- statt 4-Gang Automatic lieferbar.

Dezember 1990: BMW M 3 Sport Evolution (Motor 2,5 Liter, 95×87 mm, 238 PS, Reifen 225/45 ZR 16, max. 248 km/h, Preis 85 000 DM).

Juni 1991: Touring mit 316 i Motor lieferbar. Ab April 1993 nur noch Touring 316 i und 318 i. Das BMW 318 i Cabriolet bleibt bis Ende 1993, der Touring 316 i und 318 i voraussichtlich bis 1995 im Programm.

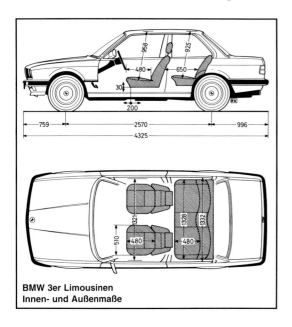

BMW 3er Limousinen
Innen- und Außenmaße

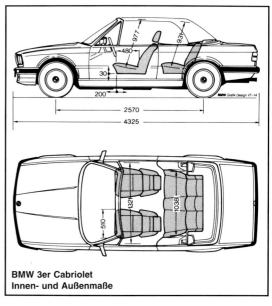

BMW 3er Cabriolet
Innen- und Außenmaße

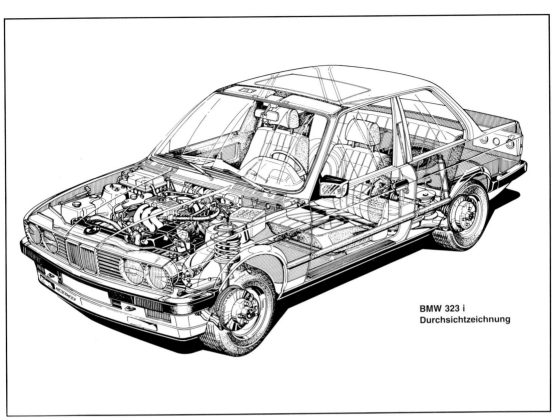

BMW 323 i
Durchsichtzeichnung

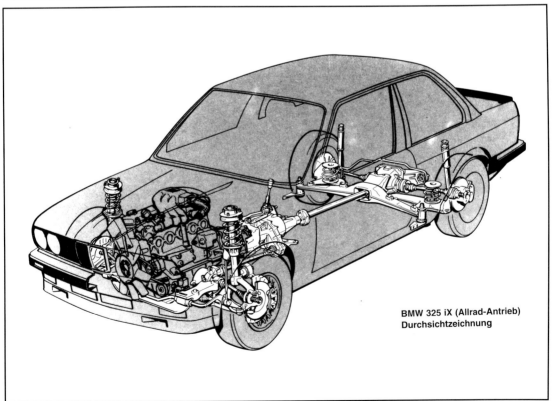

BMW 325 iX (Allrad-Antrieb)
Durchsichtzeichnung

BMW 3er-Reihe 1987–1991

	BMW 316 1983–1987	BMW 318 i 1983–1986	BMW 318 i KAT 1984–1987 BMW 316 i KAT 1987–1988
Motor	Vergasermotor	Einspritzmotor	Einspritzmotor mit Dreiwege-Katalysator und Lambda-Sonde
Zylinder		4 (Reihe), Block um 30° rechts seitlich geneigt	
Bohrung x Hub		89 x 71 mm	
Hubraum		1766 ccm	
Leistung	90 PS (66 kW) b. 5500 U/min	105 PS (77 kW) b. 5800 U/min	102 PS (75 kW) b. 5800 U/min
Drehmoment	14,0 mkg b. 4000 U/min	14,5 mkg b. 4500 U/min	14,0 mkg b. 4500 U/min
Verdichtung	9,5:1	9,5:1	8,2:1
Gemischbereitung	1 Register-Fallstromvergaser Pierburg 2 B 4	Benzineinspritzung Bosch L-Jetronic	Benzineinspritzung Bosch L-Jetronic
Ventile		V-förmig hängend	
		1 obenliegende Nockenwelle, Antrieb über Duplex-Kette	
Kurbelwellenlager		5	
Kühlung		Pumpe, 7 Liter Wasser	
Schmierung		Druckumlauf, 4,25 Liter Öl	
Batterie		12 V 44 Ah (im Motorraum)	
Lichtmaschine	Drehstrom 65 A = 910 W	Drehstrom 80 A = 1210 W	Drehstrom 80 A = 1210 W
Kraftübertragung		Antrieb auf Hinterräder, geteilte Kardanwelle	
Schaltgetriebe	4 Gang 5 Gang (bis 1984)	4 Gang 5 Gang (bis 1984)	5 Gang

Übersetzungen	I. 3,76 I. 3,72
	II. 2,04 II. 2,02
	III. 1,32 III. 1,32
	IV. 1,00 IV. 1,00
	            V. 0,80
		I. 3,76 I. 3,72
		II. 2,04 II. 2,02
		III. 1,32 III. 1,32
		IV. 1,00 IV. 1,00
		            V. 0,80
			I. 3,72
			II. 2,02
			III. 1,32
			IV. 1,00
			V. 0,80

Antriebs-Übersetzung	3,91 3,64	3,64 3,64	4,10
Autom. Getriebe	Aufpreis: 4 Gang Automatic	Aufpreis: 4 Gang Automatic	Aufpreis: 4 Gang Automatic
Übersetzungen	I. 2,48 II. 1,48 III. 1,00 IV. 0,73	I. 2,48 II. 1,48 III. 1,00 IV. 0,73	I. 2,72 II. 1,56 III. 1,00 IV. 0,73
Antriebs-Übersetzung	3,91	3,91	3,91
Fahrwerk		Selbsttragende Ganzstahlkarosserie	
Vorderradaufhängung		McPherson-Federbeine, Schraubenfedern, Drehstab-Stabilisator	
Hinterradaufhängung		Schräglenker, Minibloc-Schraubenfedern	
Lenkung		ZF Zahnstange (21,4:1), 4,25 Lenkraddrehungen bzw. Aufpreis: mit Servo (20,5:1), 4 Lenkraddrehungen	
Fußbremse		Zweikreis-Hydraulik, Servo Scheibenbremsen vorn 255 mm ∅ Trommelbremsen hinten 250 mm ∅ Ab Sept. 1986 mit Aufpreis: ABS (Bosch)	
Allgemeine Daten	**Limousine 2 Türen**	**Limousine 2 Türen**	**Limousine 2 Türen**
Radstand	2570 mm	2570 mm	2570 mm
Spur vorn/hinten	1407/1415 mm	1407/1415 mm	1407/1415 mm
Gesamtmaße	4325 x 1645 x 1380 mm	4325 x 1645 x 1380 mm	4325 x 1645 x 1380 mm
Felgen	5 J x 14 bzw. (ab Sept. 1985) 5,50 J x 14	5 J x 14 bzw. (ab Sept. 1985) 5,50 J x 14	5 J x 14 bzw. (ab Sept. 1985) 5,50 J x 14
Reifen	175/70 TR 14	175/70 HR 14 bzw. (ab Sept. 1985) 195/65 HR 14	175/70 HR 14 bzw. (ab Sept. 1985) 195/65 HR 14
Wendekreis links/rechts	10,5/10,5 Meter	10,5/10,5 Meter	10,5/10,5 Meter
Wagengewicht	1020, Automatic 1040 kg	1020, Automatic 1040 kg	1030, Automatic 1050 kg
Zuläss. Gesamtgewicht	1450–1490 kg	1460–1500 kg	1480–1545 kg
Höchstgeschwindigkeit	175, Automatic 170 km/h	185, Automatic 180 km/h	180, Automatic 175 km/h
Beschleunigung 0–100 km/h	12, Automatic 13,5 sec	11,5, Automatic 13 sec	12,5, Automatic 14 sec
Verbrauch/100 km	11, Automatic 11,5 Liter Super	11, Automatic 11,5 Liter Super	11,5, Automatic 12 Liter Normalbenzin bleifrei
Kraftstofftank	55 Liter (unter Rücksitz)	55 Liter (unter Rücksitz)	55 Liter (unter Rücksitz)
Abweichende Daten	Wagen- und Gesamtgewicht: Limousine 4 Türen + 25 kg	Wagen- und Gesamtgewicht: Limousine 4 Türen + 25 kg Hardtop-Cabriolet + 50 kg	Wagen- und Gesamtgewicht: Limousine 4 Türen + 25 kg

BMW 316 i KAT Limousinen 1987–1991 Touring 1989–1995	BMW 318 i KAT Limousinen 1987–1991 Cabriolet 1990–1993 Touring 1989–1995	BMW 318 is KAT 1989–1991	BMW M 3 KAT 1986–1991
Einspritzmotor mit Dreiwege-Katalysator und Lambda-Sonde			
4 (Reihe), Block um 30° rechts seitlich geneigt			
84 x 72 mm	84 x 81 mm	84 x 81 mm	93,4 x 84 mm
1596 ccm	1796 ccm	1796 ccm	2302 ccm
100 PS (73 kW) b. 5500 U/min	113 PS (83 kW) b. 5500 U/min	136 PS (100 kW) b. 6000 U/min	195–215 PS b. 6750 U/min
14,1 mkg b. 4250 U/min	16,2 mkg b. 4250 U/min	17,2 mkg b. 4600 U/min	23,0 mkg b. 4600 U/min
9,0:1	8,8:1	10,0:1	10,5:1
Elektron. Benzineinspritzung	Elektron. Benzineinspritzung	Elektron. Benzineinspritzung	Elektron. Benzineinspritzung
Bosch Motronic	Bosch Motronic	Bosch Motronic M 1,7	Bosch Motronic ML
V-förmig hängend, Hydrostößel		4 Ventile je Zylinder, V-förmig hängend,	
1 obenliegende Nockenwelle, Antrieb über Zahnriemen		2 obenliegende Nockenwellen, Antrieb über Duplex-Kette	
5		5	5
Pumpe, 6 Liter Wasser		Pumpe, 6,4 Liter Wasser	Pumpe, 9 Liter Wasser
Druckumlauf, 4 Liter Öl		Druckumlauf, 4,5 Liter Öl	Druckumlauf, 5 Liter Öl
12 V 46 Ah (im Motorraum)		12 V 46 Ah (im Motorraum)	12 V 65 Ah (im Motorraum)
Drehstrom 65 A = 910 W		Drehstrom 65 A = 910 W	Drehstrom 90 A = 1260 W
Antrieb auf Hinterräder, geteilte Kardanwelle		Antrieb auf Hinterräder, geteilte Kardanwelle	
5 Gang		5 Gang	5 Gang
I. 3,72		I. 3,72	I. 3,72
II. 2,02		II. 2,02	II. 2,40
III. 1,32		III. 1,32	III. 1,77
IV. 1,00		IV. 1,00	IV. 1,26
V. 0,81		V. 0,81	V. 1,00
4,10		4,10	3,25
Aufpreis: 4 Gang Automatic	Aufpreis: 4 Gang Automatic	Nicht lieferbar	Nicht lieferbar
I. 2,73	I. 2,48		
II. 1,56	II. 1,48		
III. 1,00	III. 1,00		
IV. 0,73	IV. 0,73		
4,45	4,45		
Selbsttragende Ganzstahlkarosserie			
McPherson-Federbeine, Schraubenfedern, Drehstab-Stabilisator			
Schräglenker, Minibloc-Schraubenfedern, Drehstab-Stabilisator			
ZF Zahnstange (21,4:1), 4,25 Lenkraddrehungen bzw.			ZF Zahnstange (19,6:1), Servo
Aufpreis: mit Servo (20,5:1), 4 Lenkraddrehungen			3,75 Lenkraddrehungen
Zweikreis-Hydraulik, Servo	Zweikreis-Hydraulik, Servo	Zweikreis-Hydraulik, Servo	Zweikreis-Hydraulik, Servo
Scheibenbr. vorn 255 mm ∅	Scheibenbr. vorn 255 mm ∅	Scheibenbr. vorn 255 mm ∅	Scheibenbr. vorn 280 mm ∅
Trommelbr. hinten 250 mm ∅	Trommelbr. hinten 250 mm ∅	Scheibenbr. hinten 258 mm ∅	Scheibenbr. hinten 282 mm ∅
Aufpreis: ABS (Bosch)	Aufpreis: ABS (Bosch)	Aufpreis: ABS (Bosch)	ABS (Bosch)
Limousine 2 Türen	**Limousine 2 Türen**	**Limousine 2 Türen**	**Limousine 2 Türen**
2570 mm	2570 mm	2570 mm	2562 mm
1407/1415 mm	1407/1415 mm	1407/1415 mm	1412/1424 mm
4325 x 1645 x 1380 mm	4325 x 1645 x 1380 mm	4325 x 1645 x 1380 mm	4360 x 1675 x 1370 mm
5,50 J x 14	5,50 J x 14	5,50 J x 14	7 J x 15 Alu
175/70 TR 14	195/65 HR 14	195/65 HR 14	205/55 ZR 15
10,5/10,5 Meter	10,5/10,5 Meter	10,5/10,5 Meter	11,2/11,2 Meter
1100, Automatic 1120 kg	1100, Automatic 1120 kg	1135 kg	1285 kg
1540, Automatic 1560 kg	1550, Automatic 1570 kg	1565 kg	1600 kg
185, Automatic 180 km/h	190, Automatic 185 km/h	205 km/h	235–240 km/h
12, Automatic 13,5 sec	11, Automatic 12 sec	10 sec	7–7,5 sec
10,5, Automatic 11 Liter	11, Automatic 11,5 Liter	11,5 Liter	13 Liter
Normalbenzin bleifrei	Normalbenzin bleifrei	Super bleifrei	Super bleifrei
55 Liter	55 Liter	55 Liter	Limousine 55 + 15 Liter
(unter Rücksitz)	(unter Rücksitz)	(unter Rücksitz)	Cabriolet 55 Liter
			(unter Rücksitz)
Wagen- und Gesamtgewicht:	Wagen- und Gesamtgewicht:	Wagen- und Gesamtgewicht:	Wagen- und Gesamtgewicht:
Limousine 4 Türen + 25 kg	Limousine 4 Türen + 25 kg	Limousine 4 Türen + 25 kg	Cabriolet + 130 kg
Touring + ca. 90 kg	Cabriolet + 130 kg		
	Touring + ca. 90 kg		

BMW 316
BMW 318 i
BMW 320 i
BMW 323 i
Limousine 2 Türen
1982–1985

BMW 316
BMW 318 i
BMW 320 i
BMW 323 i
Limousine 4 Türen
1982–1985

BMW 325 e
Limousine 2 Türen
1985–1986

BMW 318 i
Hardtop-Cabriolet
Karosserie Baur
1983–1985

	BMW 324 d 1985–1991	BMW 324 td 1987–1991
Motor	Wirbelkammer-Dieselmotor	Wirbelkammer-Dieselmotor mit Garrett Abgas-Turbolader
Zylinder	6 (Reihe), Block um 20° rechts seitlich geneigt	6 (Reihe), Block um 20° rechts seitlich geneigt
Bohrung x Hub	80 x 81 mm	80 x 81 mm
Hubraum	2443 ccm	2443 ccm
Leistung	86 PS (63 kW) bei 4600 U/min	115 PS (85 kW) bei 4800 U/min
Drehmoment	15,25 mkg bei 2500 U/min	22,2 mkg bei 2400 U/min
Verdichtung	22:1	22:1
Gemischbereitung	Mechanische bzw. (ab März 1989) elektron. Diesel-Einspritzung	Elektron. Diesel-Einspritzung
Ventile	Hängend, 1 obenliegende Nockenwelle, Antrieb über Zahnriemen	
Kurbelwellenlager	7	
Kühlung	Pumpe, 12 Liter Wasser	
Schmierung	Druckumlauf, 5 Liter Öl	
Batterie	12 V 90 Ah (im Kofferraum)	
Lichtmaschine	Drehstrom 80 A = 1120 W	
Kraftübertragung	Antrieb auf Hinterräder, geteilte Kardanwelle	
Schaltgetriebe	5 Gang	5 Gang
Übersetzungen	I. 3,72	I. 3,83
	II. 2,02	II. 2,20
	III. 1,32	III. 1,40
	IV. 1,00	IV. 1,00
	V. 0,80	V. 0,81
Antriebs-Übersetzung	3,45	3,25
Autom. Getriebe	Aufpreis: 4 Gang Automatic	
Übersetzungen	I. 2,73	
	II. 1,56	
	III. 1,00	
	IV. 0,73	
Antriebs-Übersetzung	3,23 oder 3,45	3,25
Fahrwerk	Selbsttragende Ganzstahlkarosserie	
Vorderradaufhängung	McPherson-Federbeine, Schraubenfedern, Drehstab-Stabilisator	
Hinterradaufhängung	Schräglenker, Minibloc-Schraubenfedern	
Lenkung	ZF Zahnstange (21,4:1), (4,25 Lenkraddrehungen bzw. Aufpreis: mit Servo (20,5:1), 4 Lenkraddrehungen	ZF Zahnstange mit Servo (20,5:1), 4 Lenkraddrehungen
Fußbremse	Zweikreis-Hydraulik, Servo Scheibenbr. vorn 225 mm ⌀ Trommelbr. hinten 250 mm ⌀	Zweikreis-Hydraulik, Servo Scheibenbr. vorn 255 mm ⌀ Scheibenbr. hinten 258 mm ⌀
Allgemeine Daten	**Limousine 4 Türen**	**Limousine 4 Türen**
Radstand	2570 mm	2570 mm
Spur vorn/hinten	1407/1415 mm	1407/1415 mm
Gesamtmaße	4325 x 1645 x 1380 mm	4325 x 1645 x 1380 mm
Felgen	5,50 J x 14	5,50 J x 14
Reifen	175/70 TR 14	195/65 HR 14
Wendekreis links/rechts	10,5/10,5 Meter	10,5/10,5 Meter
Wagengewicht	1220 kg, Automatic 1240 kg	1270 kg, Automatic 1290 kg
Zuläss. Gesamtgewicht	1655 kg, Automatic 1675 kg	1720 kg, Automatic 1740 kg
Höchstgeschwindigkeit	170, Automatic 165 km/h	185, Automatic 180 km/h
Beschleunigung 0–100 km/h	16, Automatic 17,5 sec	12,5, Automatic 13,5 sec
Verbrauch/100 km	9,5, Automatic 10 Liter Diesel	10, Automatic 10,5 Liter Diesel
Kraftstofftank	55 Liter (unter Rücksitz)	55 Liter (unter Rücksitz)
Abweichende Daten		Wagen- und Gesamtgewicht: Touring + ca. 60 kg Ab Frühjahr 1990 mit Aufpreis: Katalysator

BMW 325 iX (Allrad-Antrieb) Limousine 2 Türen 1985–1987

BMW M 3 Sport-Limousine 2 Türen 1986–1987

BMW 325 i Cabriolet (Bild unten mit Hardtop) 1985–1992

Motor

Zylinder

Bohrung x Hub
Hubraum
Leistung

Drehmoment
Verdichtung
Gemischbereitung

Ventile

Kurbelwellenlager
Kühlung
Schmierung
Batterie
Lichtmaschine

Kraftübertragung
Schaltgetriebe
Übersetzungen

Antriebs-Übersetzung
Automat. Getriebe
Übersetzungen
Antriebs-Übersetzung

Fahrwerk
Vorderradaufhängung
Hinterradaufhängung
Lenkung

Fußbremse

Allgemeine Daten
Radstand
Spur vorn/hinten
Gesamtmaße
Felgen
Reifen
Wendekreis links/rechts
Wagengewicht
Zuläss. Gesamtgewicht
Höchstgeschwindigkeit
Beschleunigung 0–100 km/h
Verbrauch/100 km

Kraftstofftank

Abweichende Daten

BMW 320 i 1983–1986	BMW 320 i KAT Limousinen 1986–1991 Cabriolet 1987–1992 Touring 1987–1991	BMW 323 i 1983–1985	BMW 325 e KAT 1985–1986
Einspritzmotor	Einspritzmotor mit Dreiwege-Katalysator und Lambda-Sonde	Einspritzmotor	Einspritzmotor mit Dreiwege-Katalysator und Lambda-Sonde
6 (Reihe), Block um 20° rechts seitlich geneigt	6 (Reihe), Block um 20° rechts seitlich geneigt	6 (Reihe), Block um 20° rechts seitlich geneigt	6 (Reihe), Block um 20° rechts seitlich geneigt
80 × 66 mm	80 × 66 mm	80 × 76,8 mm	84 × 81 mm
1990 ccm	1990 ccm	2316 ccm	2693 ccm
125 PS (92 kW) b. 5800 U/min bzw. ab Sept. 1995 129 PS (95 kW) b. 6000 U/min	129 PS (95 kW) b. 6000 U/min	139 PS (102 kW) b. 5300 U/min bzw. ab Sept. 1983 150 PS (110 kW) b. 6000 U/min	122 PS (90 kW) b. 4250 U/min
17 bzw. 17,4 mkg b. 4000 U/min	16,4 mkg b. 4300 U/min	20,5 mkg b. 4000 U/min	23,0 mkg b. 3250 U/min
9,8:1	8,8:1	9,8:1	9,0:1
Benzineinspritzung Bosch L-Jetronic	Elektron. Benzineinspritzung Bosch Motronic	Benzineinspritzung Bosch L-Jetronic	Elektron. Benzineinspritzung Bosch Motronic
V-förmig hängend 1 obenliegende Nockenwelle, Antrieb durch Zahnriemen		V-förmig hängend 1 obenliegende Nockenwelle, Antrieb durch Zahnriemen	
7		7	
Pumpe, 10,5 Liter Wasser Druckumlauf, 4,25 Liter Öl		Pumpe, 12 Liter Wasser Druckumlauf, 4,75 Liter Öl	
12 V 50 Ah (im Motorraum)	12 V 50 Ah (im Motorraum)	12 V 50 Ah (im Motorraum)	12 V 66 Ah (im Kofferraum)
Drehstrom 80 A = 1120 W	Drehstrom 80 A = 1120 W	Drehstrom 80 A = 1120 W	Drehstrom 80 A = 1120 W
Antrieb auf Hinterräder, geteilte Kardanwelle		Antrieb auf Hinterräder, geteilte Kardanwelle	
5 Gang		5 Gang oder Sport-5 Gang	5 Gang
I. 3,72		I. 3,83 I. 3,764	I. 3,83
II. 2,02		II. 2,20 II. 2,325	II. 2,20
III. 1,32		III. 1,40 III. 1,612	III. 1,40
IV. 1,00		IV. 1,00 IV. 1,229	IV. 1,00
V. 0,80		V. 0,81 V. 1,000	V. 0,81
3,45, ab Sept. 1985: 3,91	4,10	3,46 3,23	2,93
	Aufpreis: 4 Gang Automatic I. 2,48, II. 1,48, III. 1,00, IV. 0,73		
3,46 oder 3,64	4,10	3,23	2,93
Selbsttragende Ganzstahlkarosserie			
McPherson-Federbeine, Schraubenfedern, Drehstab-Stabilisator			
Schräglenker, Minibloc-Schraubenfedern, Drehstab-Stabilisator			
ZF Zahnstange (21,4:1), 4,25 Lenkraddrehungen bzw.			
Aufpreis: mit Servo (20,5:1), 4 Lenkraddrehungen			
Zweikreis-Hydraulik, Servo Scheibenbremsen vorn 255 mm ⌀ Trommelbremsen hinten 250 mm ⌀ Aufpreis: ABS (Bosch)		Zweikreis-Hydraulik, Servo Scheibenbr. vorn 255 mm ⌀ Scheibenbr. hint. 258 mm ⌀ Aufpreis: ABS (Bosch)	Zweikreis-Hydraulik, Servo Scheibenbr. vorn 255 mm ⌀ Trommelbr. hint. 250 mm ⌀ Aufpreis: ABS (Bosch)
Limousine 2 Türen		**Limousine 2 Türen**	**Limousine 2 Türen**
2570 mm		2570 mm	2570 mm
1407/1415 mm		1407/1415 mm	1407/1415 mm
4325 x 1645 x 1380 mm		4325 x 1645 x 1380 mm	4325 x 1645 x 1380 mm
5,50 J x 14		5,50 J x 14	5,50 J x 14
195/60 bzw. 195/65 HR 14	195/65 HR 14	190/65 VR 14	195/65 HR 14
10,5/10,5 Meter	10,5/10,5 Meter	10,5/10,5 Meter	10,5/10,5 Meter
1110, Automatic 1130 kg	1120, Automatic 1140 kg	1140, Automatic 1160 kg	1170, Automatic 1190 kg
1510–1560 kg	1550–1570 kg	1540–1560 kg	1580–1600 kg
200, Automatic 195 km/h	195, Automatic 190 km/h	205, Automatic 200 km/h	190, Automatic 195 km/h
10, Automatic 11,5 sec	11, Automatic 13 sec	9, Automatic 10,5 sec	10,5, Automatic 12 sec
12, Automatic 12,5 Liter	13, Automatic 13,5 Liter	12,5, Automatic 13 Liter	13, Automatic 13,5 Liter
Super	Normalbenzin bleifrei	Super	Normalbenzin bleifrei
55 Liter (unter Rücksitz)	55 bzw. ab Sept. 1987 64, Cabriolet 62 Liter (unter Rücksitz)	55 Liter (unter Rücksitz)	55 Liter (unter Rücksitz)
Wagen- und Gesamtgewicht: Limousine 4 Türen + 25 kg Hardtop-Cabriolet + 50 kg	Wagen- und Gesamtgewicht: Limousine 4 Türen + 25 kg Hardtop-Cabriolet + 50 kg Cabriolet + 130 kg Touring + ca. 100 kg	Wagen- und Gesamtgewicht: Limousine 4 Türen + 25 kg Hardtop-Cabriolet + 50 kg	Wagen- und Gesamtgewicht: Limousine 4 Türen + 25 kg Hardtop-Cabriolet + 50 kg

BMW 318 i Limousine 2 Türen 1987–1991

BMW 318 i Limousine 4 Türen 1987–1991

BMW M 3 Cabriolet 4 Sitze 1988–1991

BMW 318 i touring Kombi 4 Türen 1989–1995

Motor

Zylinder
Bohrung x Hub
Hubraum
Leistung
Drehmoment
Verdichtung
Gemischbereitung
Ventile
Kurbelwellenlager
Kühlung
Schmierung
Batterie
Lichtmaschine

Kraftübertragung

Schaltgetriebe
Übersetzungen

Antriebs-Übersetzung

Automat. Getriebe
Übersetzungen
Antriebs-Übersetzung

Fahrwerk
Vorderradaufhängung
Hinterradaufhängung
Lenkung

Fußbremse

Allgemeine Daten
Radstand
Spur vorn/hinten
Gesamtmaße
Felgen
Reifen
Wendekreis links/rechts
Wagengewicht
Zuläss. Gesamtgewicht
Höchstgeschwindigkeit
Beschleunigung 0–100 km/h
Verbrauch/100 km

Kraftstofftank

Abweichende Daten

BMW 325 i 1985–1986	BMW 325 i KAT 1986–1992	BMW 325 iX 1985–1986	BMW 325 IX KAT 1986–1992
Einspritzmotor	Einspritzmotor mit Dreiwege-Katalysator und Lambda-Sonde	Einspritzmotor	Einspritzmotor mit Dreiwege-Katalysator und Lambda-Sonde

6 (Reihe), Block um 20° rechts seitlich geneigt
84 x 75 mm
2494 ccm

| 171 PS (126 kW) b. 5800 U/min
22,6 mkg b. 4000 U/min
9,7:1 | 170 PS (125 kW) b. 5800 U/min
22,2 mkg b. 4300 U/min
8,8:1 | 171 PS (126 kW) b. 5800 U/min
22,6 mkg b. 4000 U/min
9,7:1 | 170 PS (125 kW) b. 5800 U/min
22,2 mkg b. 4300 U/min
8,8:1 |

Elektronische Benzineinspritzung Bosch ME-Motronic
V-förmig hängend, 1 obenliegende Nockenwelle, Antrieb über Zahnriemen
7
Pumpe, 12 Liter Wasser
Druckumlauf, 4,75 Liter Öl
12 V 66 Ah, Cabriolet 50 Ah (im Kofferraum)
Drehstrom 80 A = 1120 W

| Antrieb auf Hinterräder,
geteilte Kardanwelle | | Allrad-Antrieb, nicht abschaltbar
asymmetrisches Zentral-Differential
für Drehmomentverteilung vorn/hinten 37:63%
Viscosperre für zentrales und hinteres Differential | |

5 Gang oder Sport-5 Gang	5 Gang oder Sport-5 Gang	5 Gang oder Sport-5 Gang	
I. 3,83 I. 3,764	I. 3,83 I. 3,764	I. 3,83 I. 3,764	
II. 2,20 II. 2,325	II. 2,20 II. 2,325	II. 2,20 II. 2,325	
III. 1,40 III. 1,612	III. 1,40 III. 1,612	III. 1,40 III. 1,612	
IV. 1,00 IV. 1,229	IV. 1,00 IV. 1,229	IV. 1,00 IV. 1,229	
V. 0,81 V. 1,000	V. 0,81 V. 1,000	V. 0,81 V. 1,000	
3,64 3,91	3,64 bzw. 3,91 ab Sept. 1987 3,63	3,91	

Aufpreis: 4 Gang Automatic
I. 2,48, II. 1,48, III. 1,00, IV. 0,73

| 3,46 | | 3,73 | |

Selbsttragende Ganzstahlkarosserie
McPherson-Federbeine, Schraubenfedern, Drehstab-Stabilisator
Schräglenker, Minibloc-Schraubenfedern, Drehstab-Stabilisator

| ZF Zahnstange (21,4:1), 4,25 Lenkraddrehungen bzw.
Aufpreis: mit Servo (20,5:1), 4 Lenkraddrehungen
Zweikreis-Hydraulik, Servo
Scheibenbremsen vorn 255 mm ⌀
Scheibenbr. hinten 258 mm ⌀
Aufpreis: ABS (Bosch) | | ZF Zahnstange mit Servo (20,5:1),
4 Lenkraddrehungen
Zweikreis-Hydraulik, Servo
Scheibenbremsen vorn 255 mm ⌀
Scheibenbr. hinten 258 mm ⌀
ABS (Bosch) | |

Limousine 2 Türen		**Limousine 2 Türen**	
2570 mm		2570 mm	
1407/1415 mm		1420/1416 mm	
4325 x 1645 x 1380 mm		4325 x 1645 x 1400 mm	
5,50 J x 14		6 J x 14	
195/65 VR 14		195/65 VR 14	
10,5/10,5 Meter		11,1/11,1 Meter	

1190, Automatic 1210 kg	1200, Automatic 1220 kg	1270, Automatic 1290 kg	1280, Automatic 1300 kg
1585, Automatic 1605 kg	1585, Automatic 1605 kg	1675, Automatic 1695 kg	1685, Automatic 1705 kg
220, Automatic 215 km/h	215, Automatic 210 km/h	210, Automatic 205 km/h	205, Automatic 200 km/h
8,0, Automatic 9,5 sec	9, Automatic 10,5 sec	9, Automatic 11 sec	9,5, Automatic 11,5 sec
12,5, Automatic 13 Liter	12,5, Automatic 13 Liter	14, Automatic 14,5 Liter	14,5, Automatic 15 Liter
Super	Normalbenzin bleifrei	Super	Normalbenzin bleifrei
55 Liter (unter Rücksitz)	55 bzw. ab Sept. 1987 64, Cabriolet 62 Liter (unter Rücksitz)	55 Liter (unter Rücksitz)	55 bzw. ab Sept. 1987 64, Cabriolet 62 Liter (unter Rücksitz)

| Wagen- und Gesamtgewicht:
Limousine 4 Türen + 25 kg
Cabriolet + 130 kg
Touring + ca. 100 kg | | Wagen- und Gesamtgewicht:
Limousine 4 Türen + 25 kg
Cabriolet + 130 kg
Touring + ca. 60 kg | |

BMW 5er-Reihe (1972–1981)

Die Baureihe E 12 wurde im September 1972 mit dem BMW 520 (gesprochen: fünf-zwanzig) eröffnet, der den früheren BMW 2000 ablöste. Gegenüber dem Vorgänger blieben Motor, Getriebe und Fahrwerk im wesentlichen gleich, während sich die Karosserie in völlig neuer Gestalt darbot. Der Wagen wirkte voluminöser und stattlicher, aber auch weniger sportlich und spritzig. BMW leitete eine Stilwandel ein: Man wollte mehr als bisher auf Komfort bedacht sein, dabei aber die „Freude am Fahren" möglichst wenig beeinträchtigen. Dies gelang zwar, doch rutschte halt auch der Preis nach oben.

Preis und Größe des Wagens hatten zur Folge, daß ein beträchtlicher Teil der Kundschaft dem 5er-BMW deutlich höhere Fahrleistungen wünschte. Da bei der Einspritzer-Version 520 i die Mehrleistung in keinem angemessenen Verhältnis zum beträchtlichen Aufpreis stand, gab es ab September 1973 den 525 (sprich: fünf-fünfundzwanzig) mit 2,5 Liter- und ab Februar 1975 den 528 mit 2,8 Liter-Sechszylinder-Motor. Sie wurden beide zu einem durchschlagenden Erfolg, der freilich zu Lasten des BMW 520 auf der einen, der großen BMW 2500/2800 auf der anderen Seite ging.

Als Nachfolger des früheren BMW 1800 kam im Juni 1974 der BMW 518 (fünf-achtzehn) mit 1,8 Liter-Motor heraus. Gegenüber dem 520 durfte man sich vom kleineren Motor freilich keine nennenswerten Einsparungen erwarten. Daran änderte sich auch nichts, seit ab September 1975 der 518 auf Normalbenzin umgestellt wurde. Und obwohl diese Ausführung sowieso kaum das einem BMW solcher Preisklasse gemäße Temperament entwickelte, ist sie seit August 1977 auch mit automatischem Getriebe erhältlich. Verständlicherweise hatte man sich im Werk lange gegen diese offenbar doch von vielen Käufern gewünschte Kombination gesträubt.

Im August 1976 zeigte sich die gesamte 5er-Reihe äußerlich etwas überarbeitet, wobei sich aber der optische Gesamteindruck der Wagen erfreulicherweise nicht auffällig änderte. Man hatte Front- und Heckpartie sowie die Motorhaube etwas modifiziert, größere Heckleuchten und neue Radblenden gehörten dazu, und der Tankdeckel wanderte von der Rückseite in den rechten Hinterkotflügel.

Wesentliche Änderungen, wenn auch äußerlich unsichtbar, brachte der September 1977. Beim 520 wurde (wie beim 320) der seitherige Vier- durch einen neuen, hochmodernen Sechszylinder-Motor ersetzt, der bei relativ geringem Mehrpreis ein deutliches Plus an Leistung und Fahrkultur bot. Der 528 wandelte sich zum 528 i mit Einspritzung. Immens teuer! Und weil sein zusätzliches Leistungspotential gegenüber dem 525 auf der Straße ohne praktischen Nutzen blieb, bekam das Auto 1978 ein paar

Preise	BMW 518 (4 Zyl.)	BMW 520 (4 Zyl.)	BMW 520 i (4 Zyl.)	BMW 525 (6 Zyl.)	BMW 528 (6 Zyl.)
September 1972	–	DM 14 490,–	DM 15 670,–	–	–
Februar 1973	–	DM 14 985,–	DM 16 500,–	–	–
September 1973	–	DM 15 265,–	DM 16 780,–	DM 17 505,–	–
März 1974	–	DM 15 870,–	DM 17 480,–	DM 18 490,–	–
Juni 1974	DM 14 870,–	DM 16 390,–	DM 17 770,–	DM 19 180,–	–
März 1975	DM 15 850,–	DM 17 240,–	DM 18 920,–	DM 20 180,–	DM 22 530,–
August 1975	DM 16 640,–	DM 17 840,–	DM 19 580,–	DM 20 930,–	DM 23 360,–
Mai 1976	DM 17 260,–	DM 18 600,–	DM 20 420,–	DM 21 820,–	DM 24 400,–
März 1977	DM 17 980,–	DM 19 400,–	DM 21 300,–	DM 22 800,–	DM 25 500,–
		BMW 520 (6 Zyl.)			BMW 528 i (6 Zyl.)
August 1977	DM 17 980,–	DM 20 200,–	–	DM 22 800,–	DM 26 850,–
Januar 1978	DM 18 145,–	DM 20 385,–	–	DM 23 005,–	DM 27 095,–
Mai 1978	DM 18 780,–	DM 21 300,–	–	DM 23 950,–	DM 27 950,–
Januar 1979	DM 19 100,–	DM 21 700,–	–	DM 24 380,–	DM 28 450,–
August 1979	DM 19 550,–	DM 22 300,–	–	DM 24 950,–	DM 29 150,–
April 1980	DM 20 300,–	DM 23 150,–	–	DM 25 950,–	DM 30 300,–
Februar 1981	DM 20 550,–	DM 23 450,–	–	DM 26 350,–	DM 30 800,–

Produktion

	BMW 518 4 Zyl.	BMW 520 4 Zyl.	BMW 520 6 Zyl.	BMW 525 6 Zyl.	BMW 528 6 Zyl.	BMW 530 6 Zyl.
1972	–	12 895	–	–	–	–
1973	–	44 862	–	3 667	–	–
1974	9 848	19 660 (+2 104)	–	18 416 (+1 344)	19 (+ 60)	2 000
1975	23 784 (+1 980)	22 178 (+ 252)	–	15 859 (+ 708)	9 885 (+ 900)	5 202
1976	18 484 (+2 856)	24 452 (+1 692)	–	17 946 (+1 848)	13 538 (+1 008)	7 353
1977	19 098 (+2 508)	17 229 (+1 248)	5 973	18 792 (+1 104)	12 125 (+ 588)	7 648
1978	17 025 (+3 732)	1 168 (+2 196)	36 116	15 125 (+1 080)	13 628 (+ 396)	5 667
1979	16 540 (+ 348)	605 (+5 508)	40 860	18 477	22 387 (+1 596)	–

	BMW 518 4 Zyl.	BMW 520 4 Zyl.	BMW 520 6 Zyl.	BMW 525 6 Zyl.	BMW 528 6 Zyl.	BMW 533 6 Zyl.	BMW 535 6 Zyl.	BMW 524 TD 6 Zyl.
1980	15 491	– (+7 968)	37 746	11 602	17 825 (+1 344)	–	919	–
1981	11 099 (+1 740)	– (+7 080)	31 264	12 446	21 026 (+1 584)	–	491 (+ 396)	–
1982	20 423 (+6 252)	– (+3 684)	56 874	17 583	34 315 (+2 244)	1 926	– (+ 660)	100
1983	12 802 (+2 700)	– (+ 504)	39 207 (+ 912)	19 936	29 318 (+1 308)	6 475	– (+ 396)	16 197
1984	10 189 (+ 96)	–	31 919 (+ 372)	14 309	26 617 (+ 588)	4 398	3 396 (+ 204)	15 407
1985	12 168	–	19 200 (+2 076)	14 863	22 266 (+ 720)	–	17 117 (+ 192)	22 667
1986	7 847	–	16 161 (+ 756)	11 804 (+ 840)	22 085 (+ 204)	–	15 725 (+ 300)	15 962
1987	7 172	–	23 540 (+ 588)	6 109 (+1 716)	21 988 (+ 360)	–	11 562 (+ 288)	8 508
1988	–	–	– (+ 420)	– (+ 948)	– (+ 120)	–	– (+ 168)	–

Zahlen in Klammern (+ ...) = Produktion in Südafrika

weitere PS. Wem das noch nicht genügte, der konnte sich ab September 1979 mit dem Kraftpaket BMW M 535 i beschäftigen, der aber vornehmlich für die Beteiligung am Motorsport bestimmt war.

In recht beträchtlicher Zahl, aber nicht für den deutschen Markt, wurde der 5er-BMW auch als Dreiliter-Sechszylinder gebaut. Zum Programm des BMW-Montagewerkes in Südafrika gehörte der BMW 530 mit Vergasermotor, während dem USA-Markt der BMW 530 i mit Benzineinspritzung vorbehalten blieb. Die effektive Leistung beider Ausführungen lag bei 175 PS, wobei das USA-Modell Leistungseinbußen infolge der dortigen Abgasbestimmungen hinnehmen mußte.

Im Juni 1981 wurde der nächste 5er-BMW (Baureihe E 28) vorgestellt.

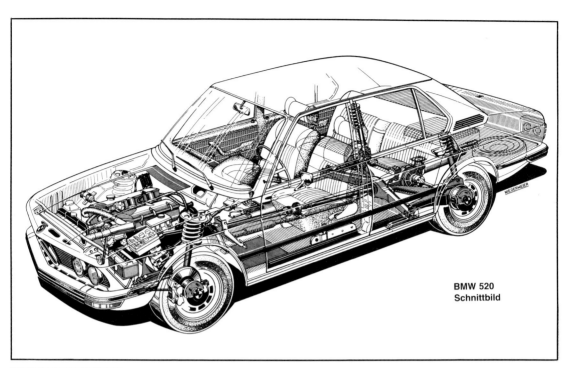

BMW 520
Schnittbild

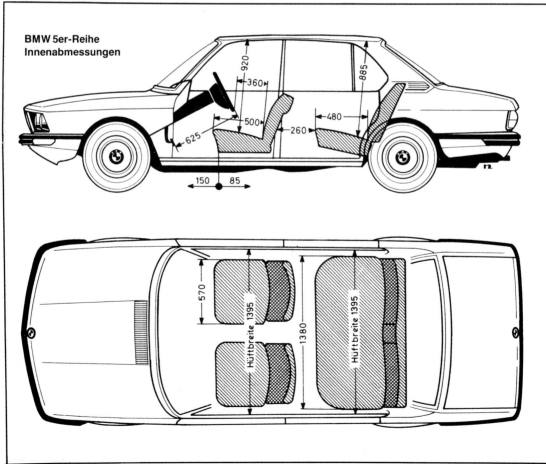

BMW 5er-Reihe
Innenabmessungen

	BMW 518 1974–1975	BMW 518 1975–1980	BMW 518 1980–1981
Motor		Vergasermotor	
Zylinder		4 (Reihe), Block um 30° rechts seitlich geneigt	
Bohrung x Hub		89 x 71 mm	
Hubraum		1766 ccm	
Leistung	90 PS (66 kW) b. 5500 U/min	90 PS (66 kW) b. 5500 U/min	90 PS (66 kW) b. 5500 U/min
Drehmoment	14,5 mkg b. 3500 U/min	14,3 mkg b. 3700 U/min	14,0 mkg b. 4000 U/min
Verdichtung	8,6:1	8,3:1	9,5:1
Gemischbereitung	1 Fallstromvergaser Solex 38 PDSI ohne Startautomatik	1 Register-Fallstromvergaser Solex 32/32 DIDTA mit Startautomatik	1 Register-Fallstromvergaser Pierburg 2 B 4 mit Startautomatik
Ventile		V-förmig hängend 1 obenliegende Nockenwelle, Antrieb über Duplex-Kette	
Kurbelwellenlager		5	
Kühlung		Pumpe, 7,25 Liter Wasser	
Schmierung		Druckumlauf, 4,25 Liter Öl	
Batterie		12 V 36 oder 55 Ah (im Motorraum)	
Lichtmaschine		Drehstrom 630 W	
Kraftübertragung	Antrieb auf Hinterräder, geteilte Kardanwelle	Antrieb auf Hinterräder, geteilte Kardanwelle	Antrieb auf Hinterräder, geteilte Kardanwelle
Schaltgetriebe	4 Gang	4 Gang 5 Gang (ab 1979)	4 Gang 5 Gang

Übersetzungen	I. 3,764
	II. 2,020
	III. 1,320
	IV. 1,000
		I. 3,764 I. 3,822
		II. 2,043 II. 2,202
		III. 1,320 III. 1,398
		IV. 1,000 IV. 1,000
		                V. 0,813
			I. 3,764 I. 3,822
			II. 2,043 II. 2,202
			III. 1,320 III. 1,398
			IV. 1,000 IV. 1,000
			                V. 0,813

Antriebs-Übersetzung	4,44	4,72 4,44	4,27 4,27
Automat. Getriebe		Aufpreis: 3 Gang Automatic ZF 3 HP 22	
Fahrwerk		Selbsttragende Ganzstahlkarosserie	
Vorderradaufhängung		McPherson-Federbeine, Schraubenfedern, Drehstab-Stabilisator	
Hinterradaufhängung		Schräglenker, Federbeine, Schraubenfedern, Aufpreis: Drehstab-Stabilisator	
Lenkung		ZF Gemmer Schnecke (19,1:1), 4,3 Lenkraddrehungen bzw. Aufpreis: mit Servo (19,6:1), 3,6 Lenkraddrehungen	
Betriebsbremse		Zweikreis-Hydraulik, Servo Scheibenbremsen vorn 280 mm ⌀ Trommelbremsen hinten 250 mm ⌀	
Allgemeine Daten		Limousine 4 Türen	
Radstand		2636 mm	
Spur vorn/hinten		1406/1412 mm	
Gesamtmaße		4620 x 1690 x 1425 mm	
Felgen		5,50 J x 14	
Reifen		175 SR 14	
Wendekreis links/rechts		10,7/11,1 Meter	
Wagengewicht	1260 kg	1260, Automatic 1280 kg	1265, Automatic 1285 kg
Zuläss. Gesamtgewicht	1700 kg	1700, Automatic 1720 kg	1700, Automatic 1720 kg
Höchstgeschwindigkeit	163 km/h	160, Automatic 155 km/h	160, Automatic 155 km/h
Beschleunigung 0–100 km/h	15 sec	15, Automatic 16 sec	15, Automatic 16 sec
Verbrauch/100 km	12,5 Liter Super	13, Automatic 13,5 Liter Normalbenzin	12,5, Automatic 13 Liter Super
Kraftstofftank	56 Liter (im Heck)	70 Liter (im Heck)	70 Liter (im Heck)

BMW 518
Limousine 4 Türen ▶
1974–1976 ▶

BMW 520
BMW 520 i
Limousine 4 Türen
1972–1976

BMW 525
Limousine 4 Türen
1973–1976

BMW 528
Limousine 4 Türen
1975–1976

BMW 518
BMW 520
BMW 525
Limousine 4 Türen
1976–1981

BMW 520 i
BMW 528
Limousine 4 Türen
1976–1977

BMW 528 i
Limousine 4 Türen
1977–1981

	BMW 520 1972–1977	BMW 520 i 1972–1975	BMW 520 i 1975–1977
Motor	Vergasermotor	Einspritzmotor	
Zylinder	4 (Reihe), Block um 30° rechts seitlich geneigt	4 (Reihe), Block um 30° rechts seitlich geneigt	
Bohrung x Hub	89 x 80 mm	89 x 80 mm	
Hubraum	1990 ccm	1990 ccm	
Leistung	115 PS (85 kW) b. 5800 U/min	130 PS (96 kW) b. 5800 U/min	125 PS (92 kW) b. 3700 U/min
Drehmoment	16,5 mkg b. 3700 U/min	18,1 mkg b. 4500 U/min	17,5 mkg b. 4350 U/min
Verdichtung	9,0 : 1	9,5 : 1	9,3 : 1
Gemischbereitung	1 Fallstromvergaser Stromberg 175 CDET mit Startautomatik	Mechanische Benzineinspritzung FAG Kugelfischer PL 04	Antriebslose kontinuierliche Saugrohr-Benzineinspritzung Bosch K-Jetronic
Ventile	V-förmig hängend 1 obenliegende Nockenwelle, Antrieb über Duplex-Kette		
Kurbelwellenlager	5		
Kühlung	Pumpe, 7 Liter Wasser		
Schmierung	Druckumlauf, 4,25 Liter Öl		
Batterie	12 V 44 oder 55 Ah (im Motorraum)		
Lichtmaschine	Drehstrom 630 W	Drehstrom 770 W	Drehstrom 770 W
Kraftübertragung	Antrieb auf Hinterräder, geteilte Kardanwelle		
Schaltgetriebe	4 Gang		
Übersetzungen	I. 3,764, II. 2,02, III. 1,32, IV. 1,00		
Antriebs-Übersetzung	4,11	3,90	3,90
Automat. Getriebe	Aufpreis: 3 Gang Automatic ZF 3 HP 22 I. 2,56, II. 1,52, III. 1,00	Nicht lieferbar	Nicht lieferbar
Antriebs-Übersetzung	4,11		
Fahrwerk	Selbsttragende Ganzstahlkarosserie		
Vorderradaufhängung	McPherson-Federbeine, Schraubenfedern, Drehstab-Stabilisator		
Hinterradaufhängung	Schräglenker, Federbeine, Schraubenfedern, Drehstab-Stabilisator		
Lenkung	ZF Gemmer Schnecke (22,3:1), 4,3 Lenkraddrehungen bzw. Aufpreis: mit Servo (16,9:1), 3,6 Lenkraddrehungen		
Betriebsbremse	Zweikreis-Hydraulik, Servo Scheibenbremsen vorn 280 mm ⌀ Trommelbremsen hinten 250 mm ⌀		
Allgemeine Daten	Limousine 4 Türen		
Radstand	2636 mm		
Spur vorn/hinten	1406/1442 mm		
Gesamtmaße	4620 x 1690 x 1425 mm		
Felgen	5,50 J x 14		
Reifen	175 SR 14	175 HR 14	175 HR 14
Wendekreis links/rechts	10,7/11,1 Meter	10,7/11,1 Meter	10,7/11,1 Meter
Wagengewicht	1275, Automatic 1295 kg	1280 kg	1295 kg
Zuläss. Gesamtgewicht	1700, Automatic 1720 kg	1700 kg	1700 kg
Höchstgeschwindigkeit	175, Automatic 170 km/h	184 km/h	181 km/h
Beschleunigung 0–100 km/h	13, Automatic 14 sec	12 sec	12 sec
Verbrauch/100 km	13,5, Automatic 14 Liter Super	13,5 Liter Super	13,5 Liter Super
Kraftstofftank	56, ab Sept. 1975: 70 Liter (im Heck)	55 Liter (im Heck)	70 Liter (im Heck)

	BMW 520 1977–1981	BMW 525 1973–1981
Motor	Vergasermotor	Vergasermotor
Zylinder	6 (Reihe), Block um 30° rechts seitlich geneigt	6 (Reihe), Block um 30° rechts seitlich geneigt
Bohrung x Hub	80 x 66 mm	86 x 71,6 mm
Hubraum	1990 ccm	2494 ccm
Leistung	122 PS (90 kW) b. 6000 U/min	145 PS (107 kW) b. 6000 U/min bzw. ab Aug. 1976 150 PS (110 kW) b. 5800 U/min
Drehmoment	16,3 mkg b. 4000 U/min	21,2 mkg b. 4000 U/min
Verdichtung	9,2:1	9,0:1
Gemischbereitung	1 Register-Fallstromvergaser Solex 4 A 1	2 Register-Fallstromvergaser Zenith 32/40 INAT bzw. ab Aug. 1976 1 Register-Fallstromvergaser Solex 4 A 1
Ventile	V-förmig hängend, 1 obenliegende Nockenwelle, Antrieb über Duplex-Kette	
Kurbelwellenlager	7	
Kühlung	Pumpe, 12 Liter Wasser	Pumpe, 12 Liter Wasser
Schmierung	Druckumlauf, 4,75 Liter Öl	Druckumlauf, 6 Liter Öl
Batterie	12 V 44 oder 55 Ah (im Motorraum)	12 V 55 Ah (im Motorraum)
Lichtmaschine	Drehstrom 770 W	Drehstrom 770 W

Kraftübertragung	Antrieb auf Hinterräder, geteilte Kardanwelle			Antrieb auf Hinterräder, geteilte Kardanwelle		
Schaltgetriebe	4 Gang	5 Gang (ab 1979)	5 Gang (ab 1979)	4 Gang	5 Gang (ab 1979)	5 Gang (ab 1979)
Übersetzungen	I. 3,764 II. 2,043 III. 1,320 IV. 1,000	I. 3,862 II. 2,002 III. 1,329 IV. 1,000	I. 3,37 II. 2,16 III. 1,581 IV. 1,241 V. 0,805	I. 3,855 II. 2,202 III. 1,401 IV. 1,000	I. 3,822 II. 2,203 III. 1,398 IV. 1,000	I. 3,717 II. 2,403 III. 1,766 IV. 1,263 V. 1,000
Antriebs-Übersetzung	3,90	3,90	3,90	3,64	3,64	3,64
Autom. Getriebe	Aufpreis: 3 Gang Automatic ZF 3 HP 22					
Übersetzungen	I. 2,56, II. 1,52, III. 1,00 bzw. (ab 1979) I. 2,48, II. 1,48, III. 1,00					
Antriebs-Übersetzung	3,90			3,64		

Fahrwerk	Selbsttragende Ganzstahlkarosserie	
Vorderradaufhängung	McPherson-Federbeine, Schraubenfedern, Drehstab-Stabilisator	
Hinterradaufhängung	Schräglenker, Federbeine, Schraubenfedern, Aufpreis bei 520 Serie bei 525: Stabilisator	
Lenkung	ZF Gemmer Schnecke (22,3:1), 4,3 Lenkraddrehungen bzw. Aufpreis: mit Servo (16,9:1), 3,6 Lenkraddrehungen	
Betriebsbremse	Zweikreis-Hydraulik, Servo Scheibenbremsen vorn 280 mm ⌀ Trommelbremsen hinten 250 mm ⌀	Zweikreis-Hydraulik, Servo Scheibenbremsen vorn 280 mm ⌀ Scheibenbremsen hinten 272 mm ⌀

Allgemeine Daten	**Limousine 4 Türen**	**Limousine 4 Türen**
Radstand	2636 mm	2636 mm
Spur vorn/hinten	1406/1446 mm	1406/1466 mm
Gesamtmaße	4620 x 1690 x 1425 mm	4620 x 1690 x 1425 mm
Felgen	5,50 J x 14	5,50 J x 14
Reifen	175 SR 14	175 HR 14
Wendekreis links/rechts	10,7/11,1 Meter	10,7/11,1 Meter
Wagengewicht	1350, Automatic 1370 kg	1380, Automatic 1400 kg
Zuläss. Gesamtgewicht	1770, Automatic 1790 kg	1810, Automatic 1830 kg
Höchstgeschwindigkeit	181, Automatic 176 km/h	192, Automatic 187 km/h
Beschleunigung 0–100 km/h	12,5, Automatic 15,5 sec	10,5, Automatic 13 sec
Verbrauch/100 km	13,5, Automatic 14 Liter Super	15,5 Liter Super
Kraftstofftank	70 Liter (im Heck)	70 Liter (im Heck)

BMW 528 1975–1977	BMW 528 i 1977–1978	BMW 528 i 1978–1981	BMW M 535 i 1979–1981
Vergasermotor 6 (Reihe), Block um 30° rechts seitlich geneigt 86 x 80 mm 2788 ccm 165 PS (121 kW) b. 5800 U/min bzw. ab Aug. 1976 170 PS (125 kW) b. 5800 U/min 25,8 mkg b. 4000 U/min 9,0:1 2 Register-Fallstromvergaser Zenith 35/40 INAT bzw. ab Aug. 1976 1 Register-Fallstromvergaser Solex 4 A 1	Einspritzmotor 6 (Reihe), Block um 30° rechts seitlich geneigt 86 x 80 mm 2788 ccm 176 PS (130 kW) b. 5800 U/min 24,0 mkg b. 4300 U/min 9,0:1	Einspritzmotor 6 (Reihe), Block um 30° rechts seitlich geneigt 86 x 80 mm 2788 ccm 184 PS (135 kW) b. 5800 U/min 24,0 mkg b. 4200 U/min 9,3:1 Elektronisch gesteuerte Benzineinspritzung Bosch L-Jetronic	Einspritzmotor 6 (Reihe), Block um 30° rechts seitlich geneigt 93,4 x 84 mm 3453 ccm 218 PS (160 kW) b. 5200 U/min 31,6 mkg b. 4000 U/min 9,3:1 Elektronisch gesteuerte Benzineinspritzung Bosch L-Jetronic

V-förmig hängend, 1 obenliegende Nockenwelle, Antrieb über Duplex-Kette
7
Pumpe, 12 Liter Wasser
Druckumlauf, 6 Liter Öl

12 V 55 Ah (im Motorraum) Drehstrom 770 W	12 V 55 Ah (im Motorraum) Drehstrom 770 W	12 V 55 Ah (im Motorraum) Drehstrom 910 W	12 V 66 Ah (im Motorraum) Drehstrom 910 W \
Antrieb auf Hinterräder, geteilte Kardanwelle 4 Gang (Getrag)		Antrieb auf Hinterräder, geteilte Kardanwelle 4 Gang 5 Gang 5 Gang	Antrieb auf Hinterräder, geteilte Kardanwelle 5 Gang
I. 3,855 II. 2,202 III. 1,401 IV. 1,000		I. 3,855 I. 3,822 I. 3,717 II. 2,202 II. 2,203 II. 2,403 III. 1,401 III. 1,398 III. 1,766 IV. 1,000 IV. 1,000 IV. 1,263 V. 0,812 V. 1,000	I. 3,717 II. 2,403 III. 1,766 IV. 1,265 V. 1,000
3,64 Aufpreis: 3 Gang Automatic ZF 3 HP 22 I. 2,56, II. 1,52, III. 1,00		3,45 3,45 3,45 Aufpreis: 3 Gang Automatic ZF 3 HP 22 I. 2,48, II. 1,48, III. 1,00	3,25 oder 3,07 Nicht lieferbar
3,64		3,64	

Selbsttragende Ganzstahlkarosserie
McPherson-Federbeine, Schraubenfedern, Drehstab-Stabilisator
Schräglenker, Federbeine, Schraubenfedern, Drehstab-Stabilisator
ZF Kugelumlauf mit Servo (16,9:1), 3,6 Lenkraddrehungen

Zweikreis-Hydraulik, Servo
Scheibenbremsen vorn 280 mm ∅
Scheibenbremsen hinten 272 mm ∅

	Limousine 4 Türen 2636 mm 1422/1470 mm 4620 x 1690 x 1425 mm 6 J x 14		Limousine 4 Türen 2636 mm 1422/1470 mm 4620 x 1690 x 1425 mm 6,50 J x 14 Alu
195/70 HR 14 10,7/11,1 Meter 1415, Automatic 1435 kg 1840, Automatic 1860 kg 198 km/h 10 sec 16 Liter Super 70 Liter (im Heck).	195/70 HR 14 10,7/11,1 Meter 1450, Automatic 1470 kg 1870, Automatic 1890 kg 208 km/h 9,5 sec 16 Liter Super 70 Liter (im Heck)	195/70 VR 14 10,7/11,1 Meter 1465, Automatic 1485 kg 1870, Automatic 1890 kg 210 km/h 9 sec 16,5 Liter Super 70 Liter (im Heck)	195/70 VR 14 10,7/11,1 Meter 1465 kg 1870 kg 222 km/h 8 sec 17,5 Liter Super 70 Liter (im Heck)

BMW 5er-Reihe (1981–1987)

Die Baureihe E 28 (Vorstellung Juni 1981 in München) zeigte keine gravierenden Änderungen im Vergleich zu vorhergehenden 5er-BMW. Der einzige wesentliche Unterschied bestand in der geglätteten und harmonisierten Karosserielinie, wobei das gewohnte Erscheinungsbild dieses beliebten Wagentyps gewahrt blieb. Wieder standen vier Basismodelle zur Wahl, nämlich der BMW 518, 520, 525 und 528. Sukzessive wurde das Programm erweitert, und zwar ziemlich genau in Übereinstimmung mit der vorigen Serie. Vorher noch nicht dagewesen waren der BMW 524 Diesel und der BMW 524 Turbo-Diesel. Im Oktober 1987 endete die Produktion der Baureihe E 28. Sie blieb in guter Erinnerung und erzielte dementsprechend auf dem Gebrauchtwagenmarkt noch jahrelang sehr anständige Preise.

Preise	BMW 518	BMW 520 i	BMW 525 i	BMW 528 i	BMW 524 td
Juni 1981	DM 20950,–	DM 24900,–	DM 29000,–	DM 32450,–	–
September 1981	DM 21350,–	DM 25400,–	DM 29550,–	DM 33100,–	–
Januar 1982	DM 21950,–	DM 26100,–	DM 30400,–	DM 34050,–	–
Februar 1983	DM 23200,–	DM 28000,–	DM 32550,–	DM 36000,–	–
Juli 1983	DM 23410,–	DM 28250,–	DM 32840,–	DM 36320,–	DM 32300,–
September 1983	DM 24300,–	DM 28650,–	DM 33650,–	DM 36900,–	DM 32300,–
Januar 1984	DM 24900,–	DM 29400,–	DM 34600,–	DM 37900,–	DM 32650,–
	BMW 518 i				
September 1984	DM 25800,–	DM 29950,–	DM 35150,–	DM 38350,–	DM 33000,–
März 1985	DM 26500,–	DM 30650,–	DM 33950,–	DM 39250,–	DM 33850,–
Dezember 1985	DM 27200,–	DM 31550,–	DM 37300,–	DM 40800,–	DM 35050,–
August 1986	DM 27750,–	DM 33950,–	DM 39200,–	DM 44900,–	DM 36400,–
		BMW 520 i Katalysator			
April 1987	DM 28300,–	DM 34600,–	DM 40000,–	DM 45800,–	DM 37100,–

**BMW 5er-Reihe
Limousine 4 Türen
1981–1984**

	BMW 518 1981–1984	BMW 518 i 1984–1987
Motor	Vergasermotor	Einspritzmotor
Zylinder	4 (Reihe), Block um 30° rechts seitlich geneigt	4 (Reihe), Block um 30° rechts seitlich geneigt
Bohrung x Hub	89 x 71 mm	89 x 71 mm
Hubraum	1766 ccm	1766 ccm
Leistung	90 PS (66 kW) b. 5500 U/min	105 PS (77 kW) b. 5800 U/min
Drehmoment	14,0 mkg b. 4000 U/min	14,5 mkg b. 4500 U/min
Verdichtung	9,5 : 1	10,0 : 1
Gemischbereitung	1 Fallstrom-Registervergaser Pierburg 2 B 4	Benzineinspritzung Bosch L-Jetronic
Ventile	V-förmig hängend	
	1 obenliegende Nockenwelle, Antrieb über Duplex-Kette	
Kurbelwellenlager	5	
Kühlung	Pumpe, 7,2 Liter Wasser	
Schmierung	Druckumlauf, 4,25 Liter Öl	
Batterie	12 V 44 Ah (im Motorraum)	
Lichtmaschine	Drehstrom 42 A = 630 W bzw. (ab Sept. 1982) 65 A = 910 W	Drehstrom 80 A = 1120 W
Kraftübertragung	Antrieb auf Hinterräder, geteilte Kardanwelle	Antrieb auf Hinterräder, geteilte Kardanwelle
Schaltgetriebe	4 Gang 5 Gang	4 Gang 5 Gang
Übersetzungen	I. 3,764 I. 3,822	I. 3,764 I. 3,822
	II. 2,043 II. 2,202	II. 2,043 II. 2,202
	III. 1,320 III. 1,398	III. 1,320 III. 1,398
	IV. 1,000 IV. 1,000	IV. 1,000 IV. 1,000
	V. 0,813	V. 0,813
Antriebs-Übersetzung	4,27 4,27	4,10 4,10
Automat. Getriebe	Nicht lieferbar	Nicht lieferbar
Fahrwerk	Selbsttragende Ganzstahlkarosserie	
Vorderradaufhängung	McPherson-Federbeine, Schraubenfedern, Drehstab-Stabilisator	
Hinterradaufhängung	Schräglenker, Federbeine, Schraubenfedern	
Lenkung	ZF Gemmer Schnecke (21,4:1), 4,2 Lenkraddrehungen bzw. mit Aufpreis: Servo (16,9:1), 3,6 Lenkraddrehungen	
Betriebsbremse	Zweikreis-Hydraulik, Servo Scheibenbremsen vorn 284 mm ⌀ Trommelbremsen hinten 250 mm ⌀	
Allgemeine Daten	**Limousine 4 Türen**	**Limousine 4 Türen**
Radstand	2625 mm	2625 mm
Spur vorn/hinten	1430/1460 mm	1430/1460 mm
Gesamtmaße	4620 x 1700 x 1415 mm	4620 x 1700 x 1415 mm
Felgen	5,50 J x 14	6 J x 14
Reifen	175 SR 14	175 HR 14
Wendekreis links/rechts	10,8/10,8 Meter	10,8/10,8 Meter
Wagengewicht	1160 kg	1200 kg
Zuläss. Gesamtgewicht	1670 kg	1670 kg
Höchstgeschwindigkeit	165 km/h	180 km/h
Beschleunigung 0–100 km/h	13 sec	12,5 sec
Verbrauch/100 km	12 Liter Super	11 Liter Super
Kraftstofftank	70 Liter (im Heck)	70 Liter (im Heck)

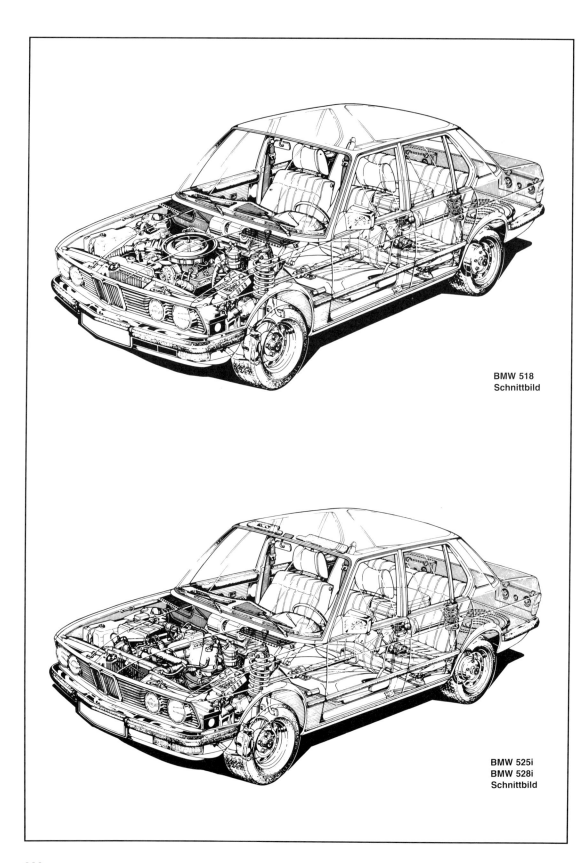

BMW 518
Schnittbild

BMW 525i
BMW 528i
Schnittbild

	BMW 520 i 1981–1985	BMW 520 i 1985–1987	BMW 520 i KAT 1986–1987
Motor	Einspritzmotor	Einspritzmotor	Einspritzmotor Dreiwege-Katalysator und Lambda-Sonde
Zylinder	6 (Reihe), Block um 20° rechts seitlich geneigt	6 (Reihe), Block um 20° rechts seitlich geneigt	6 (Reihe), Block um 20° rechts seitlich geneigt
Bohrung x Hub	80×86 mm	80×86 mm	80×86 mm
Hubraum	1990 ccm	1990 ccm	1990 ccm
Leistung	125 PS (92 kW) b. 5800 U/min	129 PS (95 kW) b. 6000 U/min	129 PS (95 kW) b. 6000 U/min
Drehmoment	16,5 mkg b. 4500 U/min	17,4 mkg b. 4000 U/min	16,4 mkg b. 4300 U/min
Verdichtung	9,8:1	9,8:1	8,8:1
Gemischbildung	Mechan. Benzineinspritzung Bosch K-Jetronic	Elektron. Benzineinspritzung Bosch L-Jetronic	Elektron. Benzineinspritzung Bosch Motronic
Ventile	V-förmig hängend 1 obenliegende Nockenwelle Antrieb über Zahnriemen	V-förmig hängend 1 obenliegende Nockenwelle Antrieb über Zahnriemen	V-förmig hängend 1 obenliegende Nockenwelle Antrieb über Zahnriemen
Kurbelwellenlager	7	7	7
Kühlung	Pumpe, 12 Liter Wasser	Pumpe, 12 Liter Wasser	Pumpe, 12 Liter Wasser
Schmierung	Druckumlauf, 4,25 Liter Öl	Druckumlauf, 4,25 Liter Öl	Druckumlauf, 4,25 Liter Öl
Batterie	12 V 44 Ah (im Motorraum)	12 V 55 Ah (im Motorraum)	12 V 55 Ah (im Motorraum)
Lichtmaschine	Drehstrom 60 A = 910 W	Drehstrom 80 A = 1120 W	Drehstrom 80 A = 1120 W
Kraftübertragung	Antrieb auf Hinterräder, geteilte Kardanwelle	Antrieb auf Hinterräder, geteilte Kardanwelle	Antrieb auf Hinterräder, geteilte Kardanwelle
Schaltgetriebe	4 Gang 5 Gang (bis 1982)	5 Gang	5 Gang
Übersetzungen	I. 3,764 I. 3,822 II. 2,043 II. 2,202 III. 1,320 III. 1,398 IV. 1,000 IV. 1,000 V. 0,813	I. 3,72 II. 2,02 III. 1,32 IV. 1,00 V. 0,80	I. 3,72 II. 2,02 III. 1,32 IV. 1,00 V. 0,80
Antriebs-Übersetzung	3,91 3,91	4,10	4,27
Automat. Getriebe	Aufpreis: ZF Automatic 3 Gang 4 Gang (bis 1983) (ab 1983)	Aufpreis: ZF Automatic 4 Gang	Aufpreis: ZF Automatic 4 Gang
Übersetzungen	I. 2,48 I. 2,73 II. 1,48 II. 1,56 III. 1,00 III. 1,00 IV. 0,73	I. 2,73 II. 1,56 III. 1,00 IV. 0,73	I. 2,73 II. 1,56 III. 1,00 IV. 0,73
Antriebs-Übersetzung	3,91 3,91	3,91	4,27
Fahrwerk		Selbsttragende Ganzstahlkarosserie	
Vorderradaufhängung		McPherson-Federbeine, Schraubenfedern, Drehstab-Stabilisator	
Hinterradaufhängung		Schräglenker, Federbeine, Schraubenfedern, Aufpreis: Drehstab-Stabilisator	
Lenkung		ZF Kugelmutter-Hydro-Servolenkung (16,2:1), 3,6 Lenkraddrehungen	
Betriebsbremse		Zweikreis-Hydraulik, Servo Scheibenbremsen vorn 284 mm ∅ Trommelbremsen hinten 250 mm ∅ bzw. (ab Febr. 1986) Scheibenbremsen hinten 284 mm ∅ Ab April 1982 mit Aufpreis bzw. ab August 1986 Serie: ABS	
Allgemeine Daten		**Limousine 4 Türen**	
Radstand		2625 mm	
Spur vorn/hinten		1430/1460 mm	
Gesamtmaße		4620 x 1700 x 1415 mm	
Felgen	5,50 J x 14	6 J x 14	6 J x 14
Reifen	175 HR 14	195/70 HR 14	195/70 HR 14
Wendekreis links/rechts	10,8/10,8 Meter	10,8/10,8 Meter	10,8/10,8 Meter
Wagengewicht	1250, Automatic 1270 kg	1300, Automatic 1320 kg	1300, Automatic 1320 kg
Zuläss. Gesamtgewicht	1730, Automatic 1750 kg	1780, Automatic 1800 kg	1780, Automatic 1800 kg
Höchstgeschwindigkeit	185, Automatic 180 km/h	190, Automatic 185 km/h	190, Automatic 185 km/h
Beschleunigung 0–100 km/h	12, Automatic 14 sec	11,5, Automatic 13 sec	12,5, Automatic 14,5 sec
Verbrauch/100 km	12,5, Automatic 13 Liter Super	12,5, Automatic 13,5 Liter Super	13, Automatic 13,5 Liter Normalbenzin bleifrei
Kraftstofftank	70 Liter (im Heck)	70 Liter (im Heck)	70 Liter (im Heck)

221

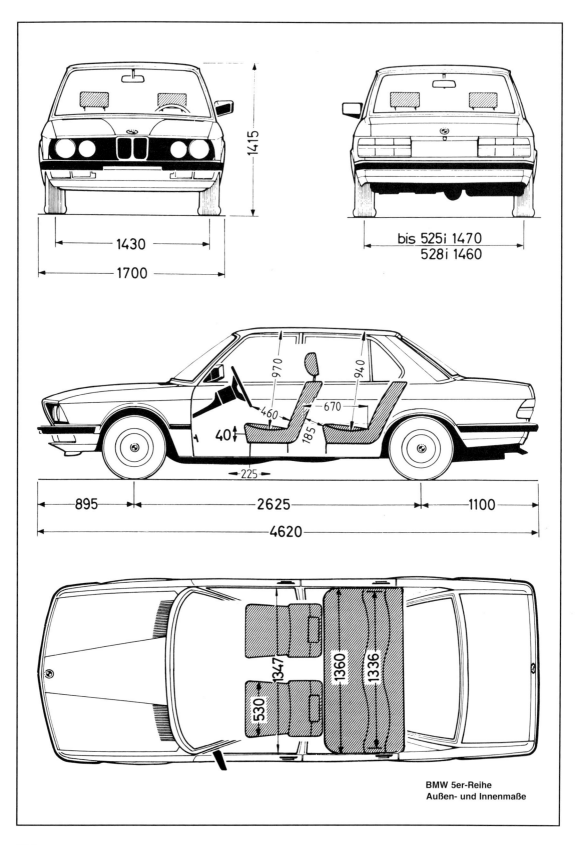

1415

1430

1700

bis 525i 1470
528i 1460

970

940

460

670

185

40

225

895

2625

1100

4620

1347

530

1360

1336

BMW 5er-Reihe
Außen- und Innenmaße

	BMW 525 e KAT 1984–1987	BMW 524 d 1986–1987	BMW 524 td 1983–1987
Motor	Einspritzmotor mit Dreiwege-Katalysator und Lambda-Sonde	Wirbelkammer-Dieselmotor	Wirbelkammer-Dieselmotor mit Abgas-Turbolader Garrett T 03
Zylinder	6 (Reihe), Block um 30° rechts seitlich geneigt	6 (Reihe), Block um 20° rechts seitlich geneigt	
Bohrung x Hub	84 x 81 mm	80 x 81 mm	
Hubraum	2693 ccm	2443 ccm	
Leistung	129 PS (95 kW) b. 4800 U/min	86 PS (63 kW) b. 4600 U/min	115 PS (85 kW) b. 4800 U/min
Drehmoment	23,0 mkg b. 3200 U/min	15,2 mkg b. 2500 U/min	21,0 mkg b. 2400 U/min
Verdichtung	8,5:1	22,0:1	22,0:1
Gemischbereitung	Elektron. Benzineinspritzung Bosch Motronic	Sechsstempel-Einspritzpumpe	
Ventile	V-förmig hängend 1 obenliegende Nockenwelle Antrieb über Duplex-Kette	Hängend 1 obenliegende Nockenwelle Antrieb über Zahnriemen	
Kurbelwellenlager	7	7	
Kühlung	Pumpe, 12 Liter Wasser	Pumpe, 12 Liter Wasser	
Schmierung	Druckumlauf, 4,75 Liter Öl	Druckumlauf, 5,25 Liter Öl	
Batterie	12 V 66 Ah (im Motorraum)	12 V 90 Ah (im Motorraum)	
Lichtmaschine	Drehstrom 80 A = 1120 W	Drehstrom 80 A = 1120 W	
Kraftübertragung	Antrieb auf Hinterräder, geteilte Kardanwelle	Antrieb auf Hinterräder, geteilte Kardanwelle	
Schaltgetriebe	5 Gang	5 Gang	5 Gang
Übersetzungen	I. 3,83	I. 3,72	I. 4,35
	II. 2,20	II. 2,02	II. 2,33
	III. 1,40	III. 1,32	III. 1,39
	IV. 1,00	IV. 1,00	IV. 1,00
	V. 0,81	V. 0,80	V. 0,81
Antriebs-Übersetzung	3,25	3,91	3,15
Automat. Getriebe	Aufpreis: 4 Gang Automatic	Nicht lieferbar	Aufpreis: 4 Gang Automatic
Übersetzungen	I. 2,48		I. 2,73
	II. 1,48		II. 1,56
	III. 1,00		III. 1,00
	IV. 0,73		IV. 0,73
Antriebs-Übersetzung	3,46		3,15
Fahrwerk	Selbsttragende Ganzstahlkarosserie		
Vorderradaufhängung	McPherson-Federbeine, Schraubenfedern, Drehstab-Stabilisator		
Hinterradaufhängung	Schräglenker, Federbeine, Schraubenfedern, Aufpreis: Drehstab-Stabilisator		
Lenkung	ZF Kugelmutter-Hydro-Servolenkung (16,2:1), 3,6 Lenkraddrehungen		
Betriebsbremse	Zweikreis-Hydraulik, Servo Aufpreis: ABS Scheibenbr. vorn 284 mm Ø Scheibenbr. hinten 284 mm Ø	Zweikreis-Hydraulik, Servo Aufpreis: ABS Scheibenbr. vorn 284 mm Ø Scheibenbr. hinten 284 mm Ø	Zweikreis-Hydraulik, Servo Aufpreis: ABS Scheibenbr. vorn 284 mm Ø Trommelbr. hinten 250 mm Ø bzw. ab Febr. 1986 Scheibenbr. hinten 284 mm Ø
Allgemeine Daten	Limousine 4 Türen	Limousine 4 Türen	
Radstand	2625 mm	2625 mm	
Spur vorn/hinten	1430/1460 mm	1430/1460 mm	
Gesamtmaße	4620 x 1700 x 1415 mm	4620 x 1700 x 1415 mm	
Felgen	6 J x 14	5,50 J x 14 bzw. (ab Aug. 1986) 6 J x 14	
Reifen	195/70 HR 14	175 HR 14 bzw. (ab Aug. 1986) 195/70 HR 14	
Wendekreis links/rechts	10,8/10,8 Meter	10,8/10,8 Meter	
Wagengewicht	1280, Automatic 1300 kg	1335 kg	1390, Automatic 1410 kg
Zuläss. Gesamtgewicht	1790, Automatic 1810 kg	1840 kg	1865, Automatic 1885 kg
Höchstgeschwindigkeit	190 km/h	165 km/h	180 km/h
Beschleunigung 0–100 km/h	12,5 sec	18,5 sec	13,5 sec
Verbrauch/100 km	12,5 l Normal bleifrei	10,5 Liter Diesel	11 Liter Diesel
Kraftstofftank	70 Liter (im Heck)	70 Liter (im Heck)	70 Liter (im Heck)
Bemerkungen	Ohne Katalysator bereits ab 1983 lieferbar		

BMW 518 i Limousine 4 Türen 1984–1987

BMW M 5 Sport-Limousine 4 Türen 1985–1987

BMW M 535 i Sport-Limousine 4 Türen 1984–1987

Motor

Zylinder

Bohrung x Hub
Hubraum
Leistung
Drehmoment
Verdichtung
Ventile

Gemischbereitung

Kurbelwellenlager
Kühlung
Schmierung
Batterie
Lichtmaschine

Kraftübertragung

Schaltgetriebe

Übersetzungen

Antriebs-Übersetzung

Automat. Getriebe

Übersetzungen

Antriebs-Übersetzung

Fahrwerk
Vorderradaufhängung
Hinterradaufhängung
Lenkung

Betriebsbremse

Allgemeine Daten
Radstand
Spur vorn/hinten
Gesamtmaße
Felgen
Reifen
Wendekreis links/rechts
Wagengewicht
Zuläss. Gesamtgewicht
Höchstgeschwindigkeit
Beschleunigung 0–100 km/h
Verbrauch/100 km
Kraftstofftank

BMW 525 i 1981–1987	BMW 528 i 1981–1987	BMW 535 i KAT BMW M 535 i KAT 1985–1987	BMW M 5 1985–1987
Einspritzmotor	Einspritzmotor	Einspritzmotor mit Dreiwege-Katalysator und Lambda-Sonde	Einspritzmotor
6 (Reihe), Block um 30° rechts seitlich geneigt 86 x 71,6 mm 2494 ccm 150 PS (110 kW) b. 5500 U/min 21,5 mkg b. 4000 U/min 9,6:1 V-förmig hängend 1 obenliegende Nockenwelle Antrieb über Duplex-Kette	6 (Reihe), Block um 30° rechts seitlich geneigt 86 x 80 mm 2788 ccm 184 PS (135 kW) b. 5800 U/min 24,0 mkg b. 4200 U/min 9,3:1 V-förmig hängend 1 obenliegende Nockenwelle Antrieb über Duplex-Kette	6 (Reihe), Block um 30° rechts seitlich geneigt 92 x 86 mm 3430 ccm 185 PS (136 kW) b. 5400 U/min 29,0 mkg b. 4000 U/min 8,0:1 V-förmig hängend 1 obenliegende Nockenwelle Antrieb über Duplex-Kette	6 (Reihe), Block um 30° rechts seitlich geneigt 93,4 x 84 mm 3453 ccm 286 PS (210 kW) b. 6500 U/min 34,0 mkg b. 4500 U/min 10,5:1 4 Ventile je Zylinder V-förmig hängend 2 obenliegende Nockenwellen Antrieb über Duplex-Kette
Elektron. Benzineinspritzung Bosch L-Jetronic 7 Pumpe, 12 Liter Wasser Druckumlauf, 5,75 Liter Öl 12 V 55 Ah (im Motorraum) Drehstrom 65 A = 910 W bzw. (ab 1983) 80 A = 1120 W	Elektron. Benzineinspritzung Bosch L-Jetronic 7 Pumpe, 12 Liter Wasser Druckumlauf, 5,75 Liter Öl 12 V 55 Ah (im Motorraum) Drehstrom 65 A = 910 W bzw. (ab 1983) 80 A = 1120 W	Elektron. Benzineinspritzung Bosch ME-Motronic 7 Pumpe, 12 Liter Wasser Druckumlauf, 6 Liter Öl 12 V 66 Ah (im Motorraum) Drehstrom 80 A = 1120 W	Elektron. Benzineinspritzung Bosch Motronic 7 Pumpe, 10,5 Liter Wasser Druckumlauf, 8 Liter Öl 12 V 90 Ah (im Kofferraum) Drehstrom 90 A = 1210 W
Antrieb auf Hinterräder, geteilte Kardanwelle 4 Gang / 5 Gang (bis 1982) I. 3,855 / I. 3,822 II. 2,202 / II. 2,202 III. 1,402 / III. 1,398 IV. 1,000 / IV. 1,000 / V. 0,813 3,45 / 3,45 bzw. (ab 1985) 3,64	Antrieb auf Hinterräder, geteilte Kardanwelle 5 Gang I. 3,822 II. 2,202 III. 1,398 IV. 1,000 V. 0,813 3,25	Antrieb auf Hinterräder, geteilte Kardanwelle 5 Gang I. 3,822 II. 2,202 III. 1,398 IV. 1,000 V. 0,813 3,25	Antrieb auf Hinterräder, geteilte Kardanwelle 5 Gang I. 3,51 II. 2,08 III. 1,35 IV. 1,00 V. 0,81 3,73
Aufpreis: ZF Automatic 3 Gang / 4 Gang (bis 1983) / (ab 1983) I. 2,48 / I. 2,48 II. 1,48 / II. 1,48 III. 1,00 / III. 1,00 / IV. 0,73 3,45 / 3,45	Aufpreis: ZF Automatic 3 Gang / 4 Gang (bis 1983) / (ab 1983) I. 2,48 / I. 2,48 II. 1,48 / II. 1,48 III. 1,00 / III. 1,00 / IV. 0,73 3,25 / 3,45	Aufpreis: ZF Automatic 4 Gang I. 2,48 II. 1,48 III. 1,00 IV. 0,73 3,45	Nicht lieferbar

Selbsttragende Ganzstahlkarosserie
McPherson-Federbeine, Schraubenfedern, Drehstab-Stabilisator
Schräglenker, Federbeine, Schraubenfedern, Drehstab-Stabilisator (letzterer mit Aufpreis bei 525 i)

ZF Kugelmutter-Hydro-Servolenkung (16,2:1) 3,6 Lenkraddrehungen Zweikreis-Hydraulik, Servo Aufpreis (528 i ab 1986 Serie: ABS Scheibenbremsen vorn 284 mm ∅ Scheibenbremsen hinten 284 mm ∅	ZF Kugelmutter-Hydro-Servolenkung (15,1:1) 3,2 Lenkraddrehungen Zweikreis-Hydraulik, Servo, ABS Scheibenbremsen vorn 284 mm ∅ Scheibenbremsen hinten 284 mm ∅
Limousine 4 Türen 2625 mm 1430/1460 mm 4620 x 1700 x 1415 mm 5,50 oder 6 J x 14 bzw. (ab Aug. 1986) 165 TR 390 Alu 175 HR 14 oder 195/70 VR 14 bzw. (ab Aug. 1986) 200/60 VR 390 10,8/10,8 Meter	**Limousine 4 Türen** 2625 mm 1430/1465 mm 4620 x 1700 x 1397 mm 165 TR 390 Alu 220/55 VR 390 TRX 11,2/11,2 Meter

BMW 525 i	BMW 528 i	BMW 535 i KAT / M 535 i KAT	BMW M 5
1330, Automatic 1350 kg 1800–1840 kg 200 km/h 10 sec 13 Liter Super 70 Liter (im Heck)	1370, Automatic 1390 kg 1830–1870 kg 210 km/h 8,5 sec 13,5 Liter Super 70 Liter (im Heck)	1450 kg 1900 kg 215 km/h 8,5 sec 15 Liter Normal bleifrei 70 Liter (im Heck) Ohne Katalysator: 218 PS, 230 km/h	1470 kg 1900 kg 245 km/h 7 sec 15 Liter Super 70 Liter (im Heck)

BMW 6er-Reihe (1976–1989)

Im März 1976 (Genfer Salon) präsentierte BMW das 6er-Coupé (intern: Baureihe E 24) mit 3 Liter Vergaser- oder mit 3,3 Liter Einspritzmotor. Eleganter, aber auch relativ sehr teurer Wagen. Im ersten Produktionsjahr litten die 6er-Coupés unter lästigen Verarbeitungsmängeln. Deshalb verlegte BMW ab August 1977 die Endmontage in das Werk Dingolfing, so daß von da an nur noch die Rohkarosserie von Karmann kam.

Juli 1978: Als weiteres Modell BMW 635 CSi mit 3,5 Liter-Motor, 5 Gang-Schaltgetriebe sowie Front- und Heckspoiler.

August 1979: BMW 628 CSi ersetzt den BMW 630 CS mit Vergasermotor. Gleiche Fahrleistungen bei geringerem Verbrauch.

März 1982 bzw. auf dem deutschen Markt Juli 1982: Zahlreiche technische Modifikationen (vor allem anders ausgelegter 3,5 Liter-Motor) ohne auffallende Änderung der äußeren Erscheinung (Stoßfänger am Heck bis zum hinteren Radausschnitt herum- und vorgezogen). Der BMW 633 CSi wird aus dem Programm genommen.

September 1983 (Lieferbeginn Frühjahr 1984): BMW M 635 CSi mit dem Motor des BMW M 1, also mit Vierventiltechnik. Hohe Motorleistung, sehr eindrucksvoll, Preisunterschied noch sehr viel eindrucksvoller. Äußeres Merkmal ist die tief herabgezogene Frontschürze.

September 1985 wurden BMW 635 CSi und ab Oktober 1986 auch BMW M 635 CSi mit Katalysator lieferbar.

Mai 1987: BMW 628 CSi entfällt. Nochmals Modellpflege für den BMW 635 CSi KAT. Motorleistung fast wieder auf früherem Stand. Zweirohr-Gasdruck-Stoßdämpfer. Stoßfänger mit Prallpuffern. Frontschürze mit integriertem Spoiler.

Anfang 1989: Produktion der 6er-Reihe beendet.

BMW 630 CS Coupé 4 Sitze 1976–1979
BMW 628 CSi Coupé 4 Sitze 1979–1982
BMW 633 CSi Coupé 4 Sitze 1976–1982

	BMW 630 CS 1976–1979	BMW 633 CSi 1976–1982	BMW 628 CSi 1979–1987
Motor	Vergasermotor	Einspritzmotor	Einspritzmotor
Zylinder	6 (Reihe), Block um 30° rechts seitlich geneigt	6 (Reihe), Block um 30° rechts seitlich geneigt	6 (Reihe), Block um 30° rechts seitlich geneigt
Bohrung x Hub	89 x 80 mm	89 x 86 mm	86 x 80 mm
Hubraum	2985 ccm	3210 ccm	2788 ccm
Leistung	185 PS (136 kW) b. 5800 U/min	197 PS (145 kW) b. 5500 U/min	184 PS (135 kW) b. 5800 U/min
Drehmoment	26,0 mkg b. 3500 U/min	29,0 mkg b. 4300 U/min	24,0 mkg b. 4200 U/min
Verdichtung	9,0 : 1	9,3 : 1	9,3 : 1
Gemischbereitung	1 Fallstrom-Registervergaser Pierburg 4 A 1	Elektron. Benzineinspritzung Bosch L-Jetronic	Elektron. Benzineinspritzung Bosch L-Jetronic
Ventile	V-förmig hängend, 1 obenliegende Nockenwelle, Antrieb über Duplex-Kette		
Kurbelwellenlager	7		
Kühlung	Pumpe, 12 Liter Wasser		
Schmierung	Druckumlauf, 5,75 Liter Öl		
Batterie	12 V 66 Ah (im Motorraum)		
Lichtmaschine	Drehstrom 770 W	Drehstrom 910 W	910 W, ab 1984: 1120 W
Zündung	Unterbrecher-gesteuerte Spulenzündung	Kontaktlos gesteuerte Transistor-Spulenzündung	Kontaktlos gesteuerte Transistor-Spulenzündung
Kraftübertragung	Antrieb auf Hinterräder, geteilte Kardanwelle	Antrieb auf Hinterräder, geteilte Kardanwelle	Antrieb auf Hinterräder, geteilte Kardanwelle

Schaltgetriebe	4 Gang	4 Gang	5 Gang (ab 1979)	4 Gang (bis 1982)	5 Gang	5 Gang Sport
Übersetzungen	I. 3,855	I. 3,855	I. 3,82	I. 3,855	3,82	3,717
	II. 2,203	II. 2,203	II. 2,20	II. 2,203	2,20	2,403
	III. 1,402	III. 1,402	III. 1,40	III. 1,402	1,40	1,766
	IV. 1,000	IV. 1,000	IV. 1,00	IV. 1,000	1,00	1,263
			V. 0,81	V.	0,81	1,000
Antriebs-Übersetzung	3,45	3,25	3,25	3,45	3,45	3,45
Automat. Getriebe	Aufpreis: ZF 3 Gang Automatic	Nicht lieferbar		Aufpreis: ZF 3 Gang Automatic		
Übersetzungen	I. 2,48			I. 2,48		
	II. 1,48			II. 1,48		
	III. 1,00			III. 1,00		
Antriebs-Übersetzung	3,45			3,45		

Fahrwerk			
	Selbsttragende Ganzstahlkarosserie		
Vorderradaufhängung	McPherson-Federbeine, Schraubenfedern, Drehstab-Stabilisator		
Hinterradaufhängung	Schräglenker, Federbeine, Schraubenfedern, Drehstab-Stabilisator		
Lenkung	ZF Kugelmutter-Hydro-Servolenkung (16,9:1), 3,5 Lenkraddrehungen		
Betriebsbremse	Zweikreis-Hydraulik, Servo		
	Scheibenbremsen. vorn 280 mm ∅, hinten 272 mm ∅		
	BMW 628 CSi mit Aufpreis ab 1982 und Serie ab Sept. 1984: ABS		

Allgemeine Daten			
	Sport-Coupé 4 Sitze		
Radstand	2626 mm		
Spur vorn/hinten	1422/1487 mm		
Gesamtmaße	4755 x 1725 x 1365 mm		
Felgen	6 J x 14 (Alu)	6 J x 14 (Alu)	6 J x 14 (Alu) bzw. (ab 1982) 6,50 J x 14 Alu
Reifen	195/70 VR 14	195/70 VR 14	195/70 VR 14 bzw. (ab 1982) 205/70 VR 14
Wendekreis links/rechts	11,2/11,2 Meter	11,2/11,2 Meter	11,2/11,2 Meter
Wagengewicht	1475 kg Automatic + 20 kg	1495 kg	1475 bzw. (ab 1982) 1450 kg Automatic + 20 kg
Zuläss. Gesamtgewicht	1830 kg	1830 kg	1830 bzw. (ab 1982) 1850 kg
Höchstgeschwindigkeit	210 km/h	215 km/h	210–215 km/h
Beschleunigung 0–100 km/h	9 sec	8,5 sec	9–9,5 sec
Verbrauch/100 km	16,5 Liter Super	16,5 Liter Super	15,5 bzw. (ab 1982) 14 l Super
Kraftstofftank	70 Liter (im Heck)	70 Liter (im Heck)	70 Liter (im Heck)

BMW 635 CSi Coupé 4 Sitze 1982–1989

Preise	BMW 630 CS	BMW 633 CSi	BMW 635 CSi	BMW M 635 CSi
März 1976	DM 40 600,–	DM 43 100,–	–	–
März 1977	DM 42 300,–	DM 44 900,–	–	–
März 1978	DM 43 900,–	DM 46 500,–	–	–
Juli 1978			DM 49 000,–	–
Januar 1979	DM 44 700,–	DM 47 300,–	DM 50 400,–	–
	BMW 628 CSi			
August 1979	DM 46 000,–	DM 48 700,–	DM 51 900,–	–
April 1980	DM 47 800,–	DM 50 600,–	DM 54 000,–	–
August 1981	DM 49 350,–	DM 52 250,–	DM 56 750,–	–
Juli 1982	DM 51 800,–	–	DM 61 300,–	–
Februar 1983	DM 54 600,–	–	DM 64 600,–	–
August 1983	DM 55 900,–	–	DM 66 150,–	–
Januar 1984	DM 57 250,–	–	DM 67 750,–	DM 89 500,–
September 1984	DM 59 700,–	–	DM 68 450,–	DM 91 250,–
März 1985	DM 61 100,–	–	DM 70 050,–	DM 92 350,–
Dezember 1985	DM 63 700,–	–	DM 73 700,–	DM 98 500,–
			BMW 635 CSi Katalysator	**BMW M 635 CSi Katalysator**
August 1986	DM 65 300,–	–	DM 76 650,–	DM 102 050,–
April 1987	DM 67 000,–	–	DM 78 000,–	DM 104 000,–
August 1987	–	–	DM 80 000,–	DM 106 000,–
Februar 1988	–	–	DM 81 500,–	DM 107 500,–
Februar 1989	–	–	DM 82 000,–	DM 108 000,–

Motor

Zylinder

Bohrung x Hub
Hubraum
Leistung
Drehmoment
Verdichtung
Gemischbereitung

Ventile

Kurbelwellenlager
Kühlung
Schmierung
Batterie
Lichtmaschine

Kraftübertragung

Schaltgetriebe
Übersetzungen

Antriebs-Übersetzung
Automat. Getriebe

Übersetzungen

Antriebs-Übersetzung

Fahrwerk
Vorderradaufhängung
Hinterradaufhängung

Lenkung
Betriebsbremse

Allgemeine Daten
Radstand
Spur vorn/hinten
Gesamtmaße
Felgen

Reifen

Wendekreis links/rechts
Wagengewicht

Zuläss. Gesamtgewicht
Höchstgeschwindigkeit
Beschleunigung 0–100 km/h
Verbrauch/100 km
Kraftstofftank

Bemerkungen

BMW 635 CSi 1978–1981	BMW 635 CSi 1982–1987	BMW 635 CSi KAT 1987–1989	BMW M 635 CSi 1983–1989
Einspritzmotor	Einspritzmotor	Einspritzmotor mit Dreiwege-Katalysator und Lambda-Sonde	Einspritzmotor
6 (Reihe), Block um 30° rechts seitlich geneigt	6 (Reihe), Block um 30° rechts seitlich geneigt	6 (Reihe), Block um 30° rechts seitlich geneigt	6 (Reihe), Block um 30° rechts seitlich geneigt
93,4 x 84 mm	92 x 86 mm	92 x 86 mm	93,4 x 84 mm
3453 ccm	3430 ccm	3430 ccm	3453 ccm
218 PS (160 kW) b. 5200 U/min	218 PS (160 kW) b. 5200 U/min	211 PS (155 kW) b. 5700 U/min	286 PS (210 kW) b. 6500 U/min
31,0 mkg b. 4000 U/min	31,0 mkg b. 4000 U/min	30,5 mkg b. 4000 U/min	34,0 mkg b. 4500 U/min
9,3:1	10,0:1	9,0:1	10,5:1
Elektron. Benzineinspritzung	Elektron. Benzineinspritzung	Elektron. Benzineinspritzung	Elektron. Benzineinspritzung
Bosch L-Jetronic	Bosch Motronic	Bosch Motronic	4 Ventile je Zylinder
V-förmig hängend	V-förmig hängend	V-förmig hängend	V-förmig hängend
1 obenliegende Nockenwelle	1 obenliegende Nockenwelle	1 obenliegende Nockenwelle	2 obenliegende Nockenwellen
Antrieb über Duplex-Kette	Antrieb über Duplex-Kette	Antrieb über Duplex-Kette	Antrieb über Duplex-Kette
7	7	7	7
Pumpe, 12 Liter Wasser	Pumpe, 12 Liter Wasser	Pumpe, 12 Liter Wasser	Pumpe, 10,5 Liter Wasser
Druckumlauf, 5,75 Liter Öl	Druckumlauf, 5,75 Liter Öl	Druckumlauf, 5,75 Liter Öl	Druckumlauf, 8 Liter Öl
12 V 66 Ah (im Motorraum)	12 V 66 Ah (im Motorraum)	12 V 66 Ah (im Motorraum)	12 V 90 Ah (im Kofferraum)
Drehstrom 910 W	910 W bzw. (ab 1984) 1120 W	Drehstrom 1120 W	Drehstrom 1120 W
Antrieb auf Hinterräder, geteilte Kardanwelle	Antrieb auf Hinterräder, geteilte Kardanwelle	Antrieb auf Hinterräder, geteilte Kardanwelle	Antrieb auf Hinterräder, geteilte Kardanwelle
5 Gang-Sport	5 Gang / 5 Gang-Sport	5 Gang	5 Gang
I. 3,717	I. 3,822 / I. 3,717	I. 3,822	I. 3,51
II. 2,403	II. 2,202 / II. 2,403	II. 2,202	II. 2,08
III. 1,766	III. 1,398 / III. 1,766	III. 1,398	III. 1,35
IV. 1,263	IV. 1,000 / IV. 1,263	IV. 1,000	IV. 1,00
V. 1,000	V. 0,813 / V. 0,813	V. 0,813	V. 0,81
3,07	3,08 / 3,08	3,64	3,73 oder 3,91
Nicht lieferbar	Aufpreis: ZF Automatic	Aufpreis: ZF Automatic	Nicht lieferbar
	3 Gang (bis 1983) / 4 Gang (ab 1983)	4 Gang	
	I. 2,48 / I. 2,48	I. 2,48	
	II. 1,48 / II. 1,48	II. 1,48	
	III. 1,00 / III. 1,00	III. 1,00	
	IV. 0,73	IV. 0,73	
	3,08 / 3,08	3,64	

Selbsttragende Ganzstahlkarosserie
McPherson-Federbeine, Schraubenfedern, Drehstab-Stabilisator
Schräglenker, Federbeine, Schraubenfedern, Drehstab-Stabilisator
BMW 635 CSi ab 1987: Niveauregelung
ZF Kugelmutter-Hydro-Servolenkung (16,9:1), 3,5 Lenkraddrehungen
Zweikreis-Hydraulik, Servo, ABS, Scheibenbremsen vorn 280 mm ∅, hinten 272 mm ∅

Sport-Coupé 4 Sitze	**Sport-Coupé 4 Sitze**	**Sport-Coupé 4 Sitze**	**Sport-Coupé 4 Sitze**
2626 mm	2626 mm	2626 mm	2626 mm
1430/1460 mm	1430/1460 mm	1430/1460 mm	1430/1464 mm
4755 x 1725 x 1365 mm	4755 x 1725 x 1365 mm	4755 x 1725 x 1365 mm	4755 x 1725 x 1354 mm
6,50 J x 14 (Alu)	6,50 J x 14 (Alu)	6,50 J x 14 (Alu)	165 TR 390 (Alu) oder 210 TR 415 (Alu)
195/70 VR 14	205/70 VR 14 oder 202/55 VR 390 TRX	205/70 VR 14	220/55 VR 390 oder 240/45 VR 415
11,5/11,5 Meter	11,7/11,7 Meter	11,7/11,7 Meter	11,7/11,7 Meter
1520 kg	1470 kg	1475 kg	1510 kg
	Automatic + 20 kg	Automatic + 20 kg	
1860 kg	1850 kg	1850 kg	1850 kg
222 km/h	225 km/h	225 km/h	250–255 km/h
8 sec	8,5 sec	8,5 sec	6,5–7,0 sec
17 Liter Super	15 Liter Super	15,5 Liter Normal bleifrei	18 Liter Super
70 Liter (im Heck)	70 Liter (im Heck)	70 Liter (im Heck)	70 Liter (im Heck)
	Ab Sept. 1985 mit KAT lieferbar: 185 PS, 217 km/h		Ab 1986 mit KAT lieferbar: 260 PS, 240–245 km/h

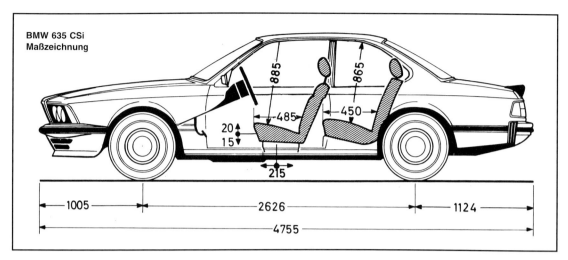

BMW 635 CSi
Maßzeichnung

BMW 635 CSi
Schnittbild

Produktion	BMW 628	BMW 630	BMW 633	BMW 635	Gesamtzahl
1975	–			–	17
1976	–			–	4916
1977	–	2518	3263	–	5781
1978	–	924	3387	1286	5597
1979	286	249	2439	3755	6729
1980	1018	–	2043	3567	6628
1981	785	–	1781	3086	5652
1982	1112	–	2326	4153	7601
1983	972	–	3325	3673	7970
1984	741	–	2007	5510	8258
1985	593	–	–	9033	9626
1986	367	–	–	6660	7027
1987	77	–	–	5615	5692
1988	–	–	–	3666	3666
1989	–	–	–	1064	1064
					86216

BMW M 1 (1978–1981)

Niemand weiß bis heute genau, ob BMW mit dem M 1 lediglich dem Markenimage einen zusätzlichen Impuls geben wollte, oder ob die Münchener Firma vorhatte, sich auf Dauer auch im illustren Kreis der teuersten Edelsportwagen (wie Ferrari oder Aston Martin) zu etablieren. Jedenfalls blieb der M 1 eine einmalige, einzigartige und zweifellos bemerkenswerte Veranstaltung. Die Bayerischen Motoren Werke hatten mit dem M 1 (werksintern: E 26) ein hochkarätiges Sportfahrzeug herausgebracht, das sich insgesamt doch ausgezeichnet bewährte. Ursprünglich war vorgesehen, daß die von Giorgio Guigiaro (Ital. Design) entworfene Karosserie und das Fahrwerk von der italienischen Firma Lamborghini gebaut werden, während BMW für die Motoren und die Kraftübertragung sorgen sollte. Der Vertrag mit Lamborghini wurde jedoch im April 1978 gekündigt, nachdem sich die Firma außerstande erwiesen hatte, wenigstens einige Vorserienwagen fristgerecht herzustellen. So war unnötig viel Zeit verloren gegangen, ehe man schließlich zu einer weniger spektakulären, dafür aber praktikablen Lösung gelangte: Die 450 Autos, die geplant waren, ließ man bei der Karosseriefabrik Baur in Stuttgart montieren. Die offizielle Vorstellung erfolgte beim Pariser Salon im Oktober 1978. Angeboten wurde der Wagen in drei Leistungsstufen, nämlich in der serienmäßigen Straßenausführung mit 277 PS sowie in je einer Rennausführung mit 470 PS Saugmotor oder mit 850 PS Turbomotor. 450 Wagen reichten übrigens vollauf zur Sättigung des Marktes. Der Listenpreis betrug zunächst 100 000 DM, dann ab Juli 1979 sogar 113 000 DM. Die anfangs durchaus gute Nachfrage ließ freilich ab 1980 derart nach, daß die Autos zuletzt selbst um 90 000 DM, also weit unter Listenpreis, nur noch mühsam an den Mann gebracht werden konnten. Für die BMW AG. war der M 1 trotz seines für damalige Begriffe stolzen Preises kein lukratives Geschäft, weshalb er ohne Nachfolger blieb. Zwar hat er das Markenschild kräftig poliert, doch genügte er eben technisch, ausstattungsmäßig und wohl auch qualitativ nicht den Ansprüchen, die an einen Sportwagen solchen Kalibers gestellt werden.

BMW M1
1978–1981

**BMW M 1
1978–1981**

Motor
Zylinder
Bohrung x Hub
Hubraum
Leistung
Drehmoment
Verdichtung
Gemischherstellung

Ventile

Kurbelwellenlager
Kühlung
Schmierung
Batterie
Lichtmaschine

Kraftübertragung

Schaltgetriebe
Übersetzungen

Antriebs-Übersetzung
Automat. Getriebe

Fahrwerk
Vorderradaufhängung

Hinterradaufhängung

Lenkung
Betriebsbremse

Allgemeine Daten
Radstand
Spur vorn/hinten
Gesamtmaße
Felgen
Reifen
Wendekreis links/rechts
Wagengewicht
Zuläss. Gesamtgewicht
Höchstgeschwindigkeit
Beschleunigung

Verbrauch/100 km
Kraftstofftank

Einspritzmotor
6 (Reihe)
93,4 x 84 mm
3453 ccm
277 PS (204 kW) b. 6500 U/min
33,0 mkg b. 5000 U/min
9,0 : 1
Mechanische Benzineinspritzung
Kugelfischer
4 Ventile je Zylinder
V-förmig hängend
2 obenliegende Nockenwellen
Antrieb über Duplex-Kette
7
Pumpe, 20 Liter Wasser
Trockensumpf-Druckumlauf, 8 Liter Öl
12 V 55 Ah (vorn im Wagen)
Drehstrom 65 A = 910 W

Motor in Wagenmitte, Antrieb auf Hinterräder
Motor in Längsrichtung vor, Getriebe hinter der Hinterachse
Schaltgetriebe mit integriertem Sperrdifferential (40%)
ZF 5 Gang
I. 2,42
II. 1,61
III. 1,14
IV. 0,846
V. 0,704
4,22
Nicht lieferbar

Stahlrohr-Gitterrahmen mit Kunststoff-Karosserie
Doppel-Querlenker, Schraubenfedern,
Drehstab-Stabilisator, Gasdruck-Stoßdämpfer
Doppel-Querlenker, Schraubenfedern,
Drehstab-Stabilisator, Gasdruck-Stoßdämpfer
Zahnstange, 3,2 Lenkraddrehungen
Zweikreis-Hydraulik, Servo
Scheibenbremsen vorn 300 mm ⌀, hinten 297 mm ⌀

Sport-Coupé 2 Sitze
2560 mm
1550/1576 mm
4360 x 1824 x 1140 mm
vorn 7 J x 16 (Alu), hinten 8 J x 16 (Alu)
vorn 205/55 VR 16, hinten 225/50 VR 16
13,3/13,3 Meter
1440 kg
1600 kg
250–260 km/h
0–100 km/h: 6,5 sec
0–200 km/h: 22,5 sec
17 Liter Super
116 Liter, d. h.
je 58 Liter links und rechts vor der Hinterachse

BMW 7er-Reihe (1977–1986)

Als Nachfolger der seitherigen großen BMWs erschien im Mai 1977 die 7er-Reihe (interne Bezeichnung E 23), deren Vorserienproduktion bereits Ende 1976 begonnen hatte. Die sowohl technisch als auch optisch recht eindrucksvolle Limousine wurde zunächst mit drei, später mit vier fast gleich großen Motoren angeboten. Am meisten Interesse fand der BMW 728 und 728 i, der zwar auch bereits ziemlich teuer war, aber preislich noch einigermaßen im Rahmen lag, während die relativ geringe Mehrleistung der größeren Motoren allenfalls aus Gründen des Prestiges und der Repräsentation die habhaften Aufpreise rechtfertigte. Hauptvorzug der großen Limousinen waren nach wie vor die fabelhaft laufruhigen, geschmeidigen, elastischen und drehfreudigen Motoren. Auch sonst standen diese Autos in fast jeder Beziehung auf hohem Niveau, doch blieb es ihr Problem, daß sie gegen die damals klar überlegene, weil perfektere S-Klasse von Mercedes-Benz konkurrieren mußten.

August 1979: Alle Motoren der 7er-Reihe arbeiteten jetzt mit Einspritzung, wobei die (oft recht störanfällige) Elektronik bei BMW nun immer mehr Anwendung fand. Das neue Spitzenmodell BMW 745 i (Auslieferung aber erst ab Juni 1980) erzielte dank des Turboladers einen respektablen Leistungszuwachs, vermochte sich aber wegen seines unharmonischen Laufverhaltens, wegen des hohen Verbrauchs und auch wegen seines irrealen Preises nicht durchzusetzen. Die Turboaufladung für Benzinmotoren blieb damals sowieso nur eine kurzzeitige Modeerscheinung. Bei Daimler wäre ein Auto wie der 745 i niemals in Serie gegangen.

Außerhalb des offiziellen Verkaufsprogramms lieferte BMW die 7er-Limousine auch mit dem 150 PS-Motor des BMW 525, und zwar hauptsächlich an bayerische Behörden, aber auch an private Kunden. – Und der BMW 735 i ist seit Mitte 1981 zum Preis von etwa 150000 DM in gepanzerter Ausführung erhältlich.

September 1982: Technische Modifikationen, hauptsächlich mit dem Ziel der Gewichts- und Verbrauchsreduzierung. Nur unauffällige Retuschen an der äußeren Erscheinung: BMW-Niere etwas flacher, Lufteinlaß im Kühlergrill kleiner, Abschlußblech unter dem Stoßfänger geändert. Auch der etwas nachgebesserte BMW 745 i wurde angekündigt, aber erst im Juli 1983 wieder ausgeliefert.

Oktober 1984: Alle 7er serienmäßig mti ABS. BMW 735 i Executive und BMW 745 i Executive mit umfangreicher, unverhältnismäßig teurer Luxusausstattung.

Mai 1986: Produktion der Baureihe E 23 beendet.

Preise	BMW 728	BMW 730	BMW 733 i		
Mai 1977	DM 29300,–	DM 33600,–	DM 38600,–		
Januar 1978	DM 29565,–	DM 34100,–	DM 38950,–		
Mai 1978	DM 30850,–	DM 34850,–	DM 39950,–		
Januar 1979	DM 31400,–	DM 35500,–	DM 40700,–		
	BMW 728 i	BMW 732 i	BMW 735 i	BMW 745 i	BMW 745 i Executive
August 1979	DM 33700,–	DM 37700,–	DM 43750,–	DM 52000,–	
April 1980	DM 35100,–	DM 39300,–	DM 45600,–	DM 54200,–	
Februar 1981	DM 35700,–	DM 39950,–	DM 46350,–	DM 55100,–	
August 1981	DM 36450,–	DM 40800,–	DM 47300,–	DM 56150,–	
Januar 1982	DM 37400,–	DM 41900,–	DM 48550,–	DM 57650,–	
Februar 1983	DM 40200,–	DM 45150,–	DM 51350,–	DM 62650,–	
Juli 1983	DM 40560,–	DM 45550,–	DM 51800,–	DM 63200,–	
August 1983	DM 41150,–	DM 46250,–	DM 52600,–	DM 64150,–	DM 81600,–
Januar 1984	DM 42200,–	DM 47350,–	DM 53850,–	DM 65700,–	DM 83760,–
September 1984	DM 44950,–	DM 49900,–	DM 56300,–	DM 66450,–	
März 1985	DM 45950,–	DM 51050,–	DM 57650,–	DM 67950,–	DM 86460,–
Dezember 1985	DM 47950,–	DM 53800,–	DM 60400,–	DM 71300,–	DM 90900,–

	BMW 728 1977–1979	BMW 730 1977–1979	BMW 733 i 1977–1979
Motor	Vergasermotor	Vergasermotor	Einspritzmotor
Zylinder	6 (Reihe), Block um 30° rechts seitlich geneigt	6 (Reihe), Block um 30° rechts seitlich geneigt	6 (Reihe), Block um 30° rechts seitlich geneigt
Bohrung x Hub	86 x 80 mm	89 x 80 mm	89 x 86 mm
Hubraum	2788 ccm	2985 ccm	3205 ccm
Leistung	170 PS (125 kW) b. 5800 U/min	184 PS (135 kW) b. 5800 U/min	197 PS (145 kW) b. 5500 U/min
Drehmoment	23,8 mkg b. 4000 U/min	26,0 mkg b. 3500 U/min	28,5 mkg b. 4300 U/min
Verdichtung	9,0:1	9,0:1	9,0:1
Gemischbereitung	1 Fallstrom-Registervergaser Pierburg 4 A 1	1 Fallstrom-Registervergaser Pierburg 4 A 1	Elektron. Benzineinspritzung Bosch L-Jetronic
Ventile		V-förmig hängend 1 obenliegende Nockenwelle, Antrieb über Duplex-Kette	
Kurbelwellenlager		7	
Kühlung		Pumpe, 12 Liter Wasser	
Schmierung		Druckumlauf, 6 Liter Öl	
Batterie	12 V 55 Ah (im Motorraum)	12 V 55 Ah (im Motorraum)	12 V 66 Ah (im Motorraum)
Lichtmaschine	Drehstrom 770 W	Drehstrom 770 W	Drehstrom 910 W
Zündung	Unterbrecher-gesteuerte Spulenzündung	Unterbrecher-gesteuerte Spulenzündung	Kontaktlos gesteuerte Transistor-Spulenzündung
Kraftübertragung		Antrieb auf Hinterräder, geteilte Kardanwelle	
Schaltgetriebe		4 Gang (Getrag)	
Übersetzungen		I. 3,855	
		II. 2,203	
		III. 1,402	
		IV. 1,000	
		Ab Febr. 1979 mit Aufpreis: 5 Gang	
Antriebs-Übersetzung	3,64	3,45	3,45
Automat. Getriebe		Aufpreis: ZF 3 Gang Automatic	
Übersetzungen		I. 2,478, II. 1,478, III. 1,00, Wandler 2-fach	
Antriebs-Übersetzung	3,64	3,45	3,45
Fahrwerk		Selbsttragende Ganzstahlkarosserie	
Vorderradaufhängung		McPherson-Federbeine, Schraubenfedern, Drehstab-Stabilisator	
Hinterradaufhängung		Schräglenker, Federbeine, Schraubenfedern	
Lenkung		ZF Kugelmutter-Hydro-Servolenkung (15,2:1), 3,8 Lenkraddrehungen	
Betriebsbremse		Zweikreis-Hydraulik, Servo	
		Scheibenbremsen vorn und hinten 280 mm ⌀	
		Ab Nov. 1978 mit Aufpreis: ABS (Bosch)	
Allgemeine Daten	**Limousine 4 Türen**	**Limousine 4 Türen**	**Limousine 4 Türen**
Radstand	2795 mm	2795 mm	2795 mm
Spur vorn/hinten	1508/1522 mm	1502/1516 mm	1502/1516 mm
Gesamtmaße	4860 x 1800 x 1430 mm	4860 x 1800 x 1430 mm	4860 x 1800 x 1430 mm
Felgen	6 J x 14 (Stahl)	6,50 J x 14 (Stahl)	6,50 J x 14 (Stahl)
Reifen	195/70 HR 14	205/70 HR 14	205/70 VR 14
Wendekreis links/rechts	11,3/11,4 Meter	11,3/11,4 Meter	11,3/11,4 Meter
Wagengewicht	1550 kg	1600 kg	1660 kg
	Automatic + 20 kg	Automatic + 20 kg	Automatic + 20 kg
Zuläss. Gesamtgewicht	2000 kg	2050 kg	2070 kg
Höchstgeschwindigkeit	195, Automatic 190 km/h	200, Automatic 195 km/h	205, Automatic 200 km/h
Beschleunigung 0–100 km/h	10, Automatic 13 sec	9,5, Automatic 11,5 sec	9, Automatic 10,5 sec
Verbrauch/100 km	16,5, Autom. 18,5 l Super	17,5, Autom. 19 l Super	17,5, Autom. 19 l Super
Kraftstofftank	85 Liter (im Heck)	85 Liter (im Heck)	85 Liter (im Heck)

	BMW 728 i 1979–1982	BMW 732 i 1979–1982	BMW 735 i 1979–1982
Motor	Einspritzmotor	Einspritzmotor	Einspritzmotor
Zylinder	6 (Reihe), Block um 30° rechts seitlich geneigt	6 (Reihe), Block um 30° rechts seitlich geneigt	6 (Reihe), Block um 30° rechts seitlich geneigt
Bohrung x Hub	86 x 80 mm	89 x 86 mm	93,4 x 84 mm
Hubraum	2788 ccm	3205 ccm	3453 ccm
Leistung	184 PS (135 kW) b. 5800 U/min	197 PS (145 kW) b. 5500 U/min	218 PS (160 kW) b. 5200 U/min
Drehmoment	24,0 mkg b. 4200 U/min	28,5 mkg b. 4300 U/min	31,0 mkg b. 4000 U/min
Verdichtung	9,3:1	9,3:1	9,3:1
Gemischbereitung	Elektron. Benzineinspritzung Bosch L-Jetronic	Elektron. Benzineinspritzung Bosch Motronic	Elektron. Benzineinspritzung Bosch L-Jetronic bzw. (ab Aug. 1980) Bosch Motronic
Ventile	V-förmig hängend		
Kurbelwellenlager	1 obenliegende Nockenwelle, Antrieb über Duplex-Kette		
Kühlung	7		
Schmierung	Pumpe, 12 Liter Wasser		
Batterie	Druckumlauf, 5,75 Liter Öl		
Lichtmaschine	12 V 55 Ah (im Motorraum)	12 V 66 Ah (im Motorraum)	12 V 66 Ah (im Motorraum)
	Drehstrom 65 A = 910 W	Drehstrom 65 A = 910 W	Drehstrom 65 A = 910 W

Kraftübertragung	Antrieb auf Hinterräder, geteilte Kardanwelle			Antrieb auf Hinterräder, geteilte Kardanwelle		Antrieb auf Hinterräder, geteilte Kardanwelle	
Schaltgetriebe	4 Gang (bis 1982)	Schon-5 Gang	Sport-5 Gang	Schon-5 Gang	Sport-5 Gang
Übersetzungen	I. 3,855	I. 3,822	I. 3,717	I. 3,822	I. 3,717
	II. 2,203	II. 2,202	II. 2,403	II. 2,202	II. 2,403
	III. 1,402	III. 1,398	III. 1,766	III. 1,398	III. 1,766
	IV. 1,000	IV. 1,000	IV. 1,263	IV. 1,000	IV. 1,263
		V. 0,813	V. 1,000	V. 0,813	V. 1,000

Automat. Getriebe	Aufpreis: ZF 3 Gang Automatic		
Übersetzungen	I. 2,478, II. 1,478, III. 1,00		
Antriebs-Übersetzung	3,64	3,45	3,25

Fahrwerk	Selbsttragende Ganzstahlkarosserie
Vorderradaufhängung	McPherson-Federbeine, Schraubenfedern, Drehstab-Stabilisator
Hinterradaufhängung	Schräglenker, Federbeine, Schraubenfedern
Lenkung	ZF Kugelmutter-Hydro-Servolenkung (15,7:1), 3,8 Lenkraddrehungen
Betriebsbremse	Zweikreis-Hydraulik, Servo, mit Aufpreis: ABS
	Scheibenbremsen vorn 280 mm ∅
	Scheibenbremsen hinten 280 mm ∅ bzw. (ab Sept. 1981) 284 mm ∅

Allgemeine Daten	**Limousine 4 Türen**	**Limousine 4 Türen**	**Limousine 4 Türen**
Radstand	2795 mm	2795 mm	2795 mm
Spur vorn/hinten	1508/1522 mm	1502/1516 mm	1502/1516 mm
Gesamtmaße	4860 x 1800 x 1430 mm	4860 x 1800 x 1430 mm	4860 x 1800 x 1430 mm
Felgen	6 J x 14 (Stahl) oder	6,50 J x 14 (Stahl) oder	6,50 J x 14 (Alu) oder
	165 TR 390 (Alu)	165 TR 390 (Alu)	165 TR 390 (Alu)
Reifen	195/70 HR 14 oder	205/70 HR 14 oder	205/70 VR 14 oder
	220/55 VR 390 TRX	220/55 VR 390 TRX	220/55 VR 390 TRX
Wendekreis links/rechts	11,6/11,6 Meter	11,6/11,6 Meter	11,6/11,6 Meter
Wagengewicht	1530 kg	1580 kg	1580 kg
	Automatic + 20 kg	Automatic + 20 kg	Automatic + 20 kg
Zuläss. Gesamtgewicht	1960 kg	2000 kg	2000 kg
Höchstgeschwindigkeit	200, Automatic 195 km/h	210, Automatic 205 km/h	213, Automatic 210 km/h
Beschleunigung 0–100 km/h	9,5, Automatic 12 sec	8,5, Automatic 10,5 sec	8, Automatic 10 sec
Verbrauch/100 km	16,5, Autom. 18,5 l Super	16,5, Autom. 18 l Super	16,5, Autom. 18 l Super
Kraftstofftank	85 bzw. (ab Aug. 1980) 100 l (im Heck)	85 bzw. (ab Aug. 1980) 100 l (im Heck)	85 bzw. (ab Aug. 1980) 100 l (im Heck)

BMW 7er-Reihe, Limousine 4 Türen 1977–1982

	BMW 728 i 1982–1986	BMW 732 i 1982–1986	BMW 735 i 1982–1986
Motor	Einspritzmotor	Einspritzmotor	Einspritzmotor
Zylinder	6 (Reihe), Block um 30° rechts seitlich geneigt	6 (Reihe), Block um 30° rechts seitlich geneigt	6 (Reihe), Block um 30° rechts seitlich geneigt
Bohrung x Hub	86 x 80 mm	89 x 86 mm	92 x 86 mm
Hubraum	2788 ccm	3205 ccm	3420 ccm
Leistung	184 PS (135 kW) b. 5800 U/min	197 PS (145 kW) b. 5500 U/min	218 PS (160 kW) b. 5200 U/min
Drehmoment	24,0 mkg b. 4200 U/min	28,5 mkg b. 4300 U/min	31,0 mkg b. 4000 U/min
Verdichtung	9,3:1	10,0:1	10,0:1
Gemischbereitung	Elektron. Benzineinspritzung Bosch L-Jetronic	Elektron. Benzineinspritzung Bosch Motronic	Elektron. Benzineinspritzung Bosch Motronic
Ventile		V-förmig hängend 1 obenliegende Nockenwelle, Antrieb über Duplex-Kette	
Kurbelwellenlager		7	
Kühlung		Pumpe, 12 Liter Wasser	
Schmierung		Druckumlauf, 5,75 Liter Öl	
Batterie		12 V 66 Ah (im Motorraum)	
Lichtmaschine		Drehstrom 80 A = 1120 W	
Kraftübertragung		Antrieb auf Hinterräder, geteilte Kardanwelle	
Schaltgetriebe		Schon-5 Gang Sport-5 Gang	
Übersetzungen		I. 3,822 I. 3,717	
		II. 2,203 II. 2,403	
		III. 1,398 III. 1,766	
		IV. 1,000 IV. 1,263	
		V. 0,813 V. 1,000	
Automat. Getriebe		Aufpreis: 4 Gang Automatic	
Übersetzungen		I. 2,478	
		II. 1,478	
		III. 1,000	
		IV. 0,73	
Antriebs-Übersetzung	3,64	3,45	3,25
Fahrwerk		Selbsttragende Ganzstahlkarosserie	
Vorderradaufhängung		McPherson-Federbeine, Schraubenfedern, Drehstab-Stabilisator	
Hinterradaufhängung		Schräglenker, Federbeine, Schraubenfedern	
		Aufpreis: Drehstab-Stabilisator	
Lenkung		ZF Kugelmutter-Hydro-Servolenkung (15,7:1), 3,8 Lenkraddrehungen	
Betriebsbremse		Zweikreis-Hydraulik, Servo	
		Scheibenbremsen vorn 280 mm ⌀	
		Scheibenbremsen hinten 284 mm ⌀	
		Aufpreis bzw. (ab Sept. 1984) Serie: ABS	
Allgemeine Daten	**Limousine 4 Türen**	**Limousine 4 Türen**	**Limousine 4 Türen**
Radstand	2795 mm	2795 mm	2795 mm
Spur vorn/hinten	1502/1524 mm	1502/1524 mm	1502/1524 mm
Gesamtmaße	4860 x 1800 x 1430 mm	4860 x 1800 x 1430 mm	4860 x 1800 x 1430 mm
Felgen	6,50 J x 14 (Stahl)	6,50 J x 14 (Stahl)	6,50 J x 14 (Alu)
Reifen	195/70 VR 14	205/70 VR 14	205/70 VR 14
Wendekreis links/rechts	11,6/11,6 Meter	11,6/11,6 Meter	11,6/11,6 Meter
Wagengewicht	1530, Automatic 1550 kg	1530, Automatic 1550 kg	1530, Automatic 1550 kg
Zuläss. Gesamtgewicht	1980 kg	2010 kg	2010 kg
Höchstgeschwindigkeit	200 km/h	210 km/h	215 km/h
Beschleunigung 0–100 km/h	9,5, Automatic 12 sec	8,5, Automatic 10,5 sec	8, Automatic 9,5 sec
Verbrauch/100 km	15, Autom. 16 l Super	15,5, Autom. 16,5 l Super	15,5, Autom. 16,5 l Super
Kraftstofftank	100 Liter (im Heck)	100 Liter (im Heck)	100 Liter (im Heck)
Bemerkungen			Ab Jan. 1984 mit Katalysator lieferbar, aber nur in Verbindung mit Automat-Getriebe: 185 PS, 200 km/h

**BMW 7er-Reihe
Limousine 4 Türen
1982–1986**

Produktion	BMW 728	BMW 730	BMW 732	BMW 733	BMW 735	BMW 745
1977	7 660	4 965	–	7 331	–	–
1978	14 290	8 274	–	11 525	–	–
	(+ 648)	(+468)		(+ 540)		
1979	15 435	3 905	2 353	8 485	3 696	–
	(+ 468)	(+ 96)		(+ 684)		
1980	14 230	–	9 952	97	6 984	2 175
	(+ 984)		(+ 648)			
1981	9 997	–	8 136	439	5 777	2 504
	(+1 752)		(+ 624)		(+ 612)	
1982	9 452	–	8 955	149	6 120	1 514
	(+2 004)		(+ 672)		(+ 624)	
1983	9 114	–	11 845	–	5 355	2 541
	(+1 584)		(+ 492)		(+ 348)	
1984	7 064	–	10 382	–	8 343	3 545
	(+ 780)		(+ 468)		(+ 528)	
1985	5 811	–	1 994	–	15 384	2 831
	(+ 132)		(+ 168)		(+ 132)	
1986	2 091	–	503	–	7 411	921
	(+ 216)		(+ 132)		(+ 29)	

Zahlen in Klammern (...) = Produktion in Südafrika

	BMW 745 i 1980–1982	BMW 745 i 1983–1986
Motor	Einspritzmotor mit Abgas-Turbolader (KKK K 27) und Ladeluftkühlung	
Zylinder	6 (Reihe), Block um 30° rechts seitlich geneigt	
Bohrung x Hub	89 x 86 mm	92 x 86 mm
Hubraum	3205 ccm	3430 ccm
Leistung	252 PS (185 kW) b. 5200 U/min	252 PS (185 kW) b. 4900 U/min
Drehmoment	38,0 mkg b. 2600 U/min	38,0 mkg b. 2200 U/min
Verdichtung	7,0:1 bzw. (ab Sept. 1981) 7,5:1	8,0:1
Gemischbereitung	Elektron. Benzineinspritzung Bosch L-Jetronic	Elektron. Benzineinspritzung Bosch Motronic
Ventile	V-förmig hängend, 1 obenliegende Nockenwelle, Antrieb über Duplex-Kette	
Kurbelwellenlager	7	
Kühlung	Pumpe, 12 Liter Wasser	
Schmierung	Druckumlauf, 5,75 Liter Öl	
Batterie	12 V 66 oder 80 Ah (im Motorraum)	
Lichtmaschine	Drehstrom 80 A = 1120 W	
Kraftübertragung	Antrieb auf Hinterräder, geteilte Kardanwelle	
Schaltgetriebe	Nicht lieferbar	
Automat. Getriebe	ZF 3 Gang Automatic	ZF 4 Gang Automatic
Übersetzungen	I. 2,478	I. 2,478
	II. 1,478	II. 1,478
	III. 1,000	III. 1,000
		IV. 0,73
Antriebs-Übersetzung	3,70	2,93
Fahrwerk	Selbsttragende Ganzstahlkarosserie	
Vorderradaufhängung	McPherson-Federbeine, Schraubenfedern, Drehstab-Stabilisator	
Hinterradaufhängung	Schräglenker, Federbeine, Schraubenfedern	
	Drehstab-Stabilisator, Hydropneumatische Niveauregelung	
Lenkung	ZF Kugelmutter-Hydro-Servolenkung (15,7:1), 3,8 Lenkraddrehungen	
Betriebsbremse	Zweikreis-Hydraulik, Servo, ABS	Zweikreis-Hydraulik, Servo, ABS
	Scheibenbremsen vorn 280 mm ⌀	Scheibenbremsen vorn 280 mm ⌀
	Scheibenbremsen hinten 280 mm ⌀	Scheibenbremsen hinten 284 mm ⌀
Allgemeine Daten	Limousine 4 Türen	
Radstand	2795 mm	
Spur vorn/hinten	1502/1524 mm	
Gesamtmaße	4860 x 1800 x 1430 mm	
Felgen	6,50 J x 14 (Alu) 165 TR 390 (Alu)	
Reifen	205/70 VR 14 oder 220/55 VR 390 TRX	
Wendekreis links/rechts	11,6/11,6 Meter	
Wagengewicht	1670 kg	1650 kg
Zuläss. Gesamtgewicht	2070 kg	2100 kg
Höchstgeschwindigkeit	222 km/h	227 km/h
Beschleunigung 0–100 km/h	8 sec	8 sec
Verbrauch/100 km	19,5 Liter Super	17 Liter Super
Kraftstofftank	100 Liter (im Heck)	100 Liter (im Heck)

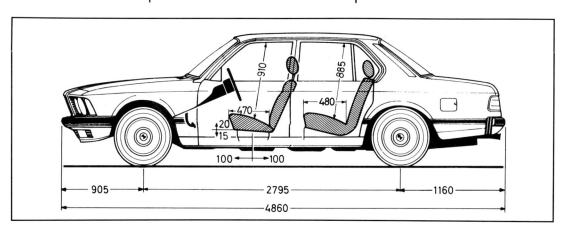

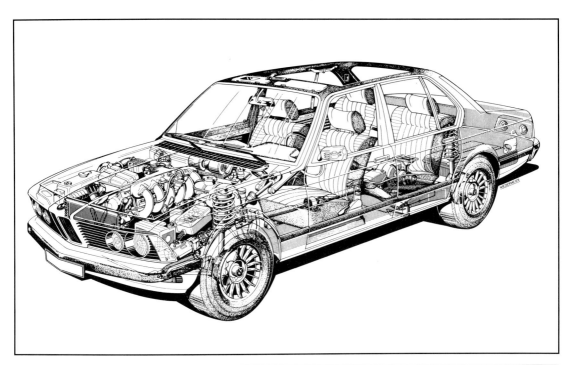

BMW 735 i
Durchsichtzeichnung

BMW 7er-Reihe
Maßzeichnung
◄

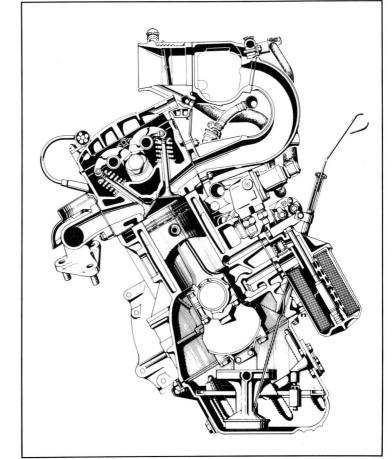

BMW 735 i
6 Zylinder-Einspritz-
Reihenmotor
Querschnittszeichnung

241

BMW 7er-Reihe (ab 1986)

Nie zuvor hatte ein neuer BMW so viel Überraschung und Bewunderung ausgelöst wie der im September 1986 vorgestellte 7er der Baureihe E 32. Schon seine äußere Erscheinung fand enormen Anklang. Es war gelungen, dem an sich großen Auto ein sowohl eigenständiges als auch gefälliges und überdies fast zierliches Aussehen zu geben, ohne daß man sich allzusehr den oft recht problematischen Vorgaben des Windkanals unterworfen hätte. „Wir verkaufen Autos und keine c_w-Werte" hat BMW-Chef von Kuenheim einmal gesagt. Zum anderen sorgte die Einführung des Zwölfzylindermotors für gehöriges Aufsehen, denn so etwas hatte es für eine deutsche Limousine der exklusiven Oberklasse seit über 50 Jahren nicht mehr gegeben. Pläne bestanden bei BMW dafür schon lange Zeit, aber man hatte sie immer wieder verworfen, so daß man bei Daimler schon nicht mehr mit deren Realisierung rechnete und nun dem V12 im neuen 7er-BMW nichts entgegenzusetzen hatte. So kam es, daß das Münchener Wunderauto von der für den Kauf in Betracht kommenden Kundschaft nun vorbehaltlos der oberen Extraklasse zugerechnet wurde. Und tatsächlich brachte es der BMW fertig, auf dem deutschen Markt die S-Klasse von Mercedes eine Zeitlang von ihrer Führungsposition zu verdrängen. Inzwischen freilich sorgten die Stuttgarter mit einer neuen S-Klasse samt adäquatem V12-Motor für die Wiederherstellung der gewohnten Rangordnung. Immerhin aber gilt von nun an ein großer BMW nicht mehr als zweite Wahl. Die Vorserie des BMW Zwölfzylinders hatte im Mai 1987, die Serienproduktion Ende August 1987 begonnen. Von den Sechszylindern unterscheidet sich der Zwölfer vorn durch die breitere „Niere", hinten durch die beiden rechteckigen Auspuffenden.

Im März 1992 (Serie ab Mai 1992) bringt BMW für die 7er-Reihe zwei völlig neue V8-Vierventilmotoren aus Aluminiumguß sowie 3 und 4 Liter Hubraum heraus, die den seitherigen 3,5 Liter Sechszylinder ablösen. Alle 7er erhalten von nun an serienmäßig Fahrer- und Beifahrer-Airbag. Äußeres Merkmal der neuen Achtzylinder ist die Kühlermaske mit der breiteren Niere, die bisher den Zwölfzylindern vorbehalten war. Letztere wiederum heben sich nunmehr durch verchromte Streben innerhalb der Niere ab.

Zum Frühjahr 1994 wird die nächste 7er-Baureihe E 38 erwartet. Sie wächst um einige Zentimeter, Front- und Heckscheibe liegen noch schräger, aber dennoch dürfte sich das kommende Modell optisch kaum gravierend vom jetzt noch aktuellen Vorgänger unterscheiden.

BMW 730 i / 735 i Limousine 4 Türen (ab 1986)

	BMW 730 i ab 1986	BMW 735 i 1986–1992	BMW 735 i L 1986–1992
Motor	Einspritzmotor mit Dreiwege-Katalysator und Lambda-Sonde	Einspritzmotor mit Dreiwege-Katalysator und Lambda-Sonde	
Zylinder	6 (Reihe), Block um 30° rechts seitlich geneigt	6 (Reihe), Block um 30° rechts seitlich geneigt	
Bohrung x Hub	89 x 80 mm	92 x 86 mm	
Hubraum	2986 ccm	3430 ccm	
Leistung	188 PS (138 kW) b. 5800 U/min	211 PS (155 kW) b. 5700 U/min	
Drehmoment	26,0 mkg b. 4000 U/min	30,5 mkg b. 4000 U/min	
Verdichtung	9,0 : 1	9,0 : 1	
Gemischbildung	Elektronische Benzineinspritzung Bosch Motronic		
Ventile	V-förmig hängend, 1 obenliegende Nockenwelle, Antrieb über Duplex-Kette		
Kurbelwellenlager	7		
Kühlung	Pumpe, 12 Liter Wasser		
Schmierung	Druckumlauf, 5,75 Liter Öl		
Batterie	12 V 84 Ah (unter Rücksitzbank)		
Lichtmaschine	Drehstrom 90 A = 1260 W		
Kraftübertragung	Antrieb auf Hinterräder, geteilte Kardanwelle		
Schaltgetriebe	5 Gang		
Übersetzungen	I. 3,83		
	II. 2,20		
	III. 1,40		
	IV. 1,00		
	V. 0,81		
Antriebs-Übersetzung	3,64	3,45	3,45
Automat. Getriebe	Aufpreis: ZF 4 Gang Automatic		
Übersetzungen	I. 2,48		
	II. 1,48		
	III. 1,00		
	IV. 0,73		
Antriebs-Übersetzung	3,64, ab Sept. 1988: 4,10	3,45, ab Sept. 1988: 3,91	3,91
Fahrwerk	Selbsttragende Ganzstahlkarosserie		
Vorderradaufhängung	McPherson-Federbeine, Schraubenfedern, Drehstab-Stabilisator		
Hinterradaufhängung	Schräglenker, Federbeine, Schraubenfedern, Drehstab-Stabilisator		
Lenkung	ZF Kugelmutter-Hydro-Servolenkung (16,2:1), 3,5 Lenkraddrehungen		
Betriebsbremse	Zweikreis-Hydraulik, Servo, ABS Scheibenbremsen vorn (302 mm ⌀) und hinten (300 mm ⌀)		
Allgemeine Daten	Limousine 4 Türen	Limousine 4 Türen	Limousine 4 Türen
Radstand	2833 mm	2833 mm	2947 mm
Spur vorn/hinten	1530/1558 mm	1530/1558 mm	1530/1558 mm
Gesamtmaße	4910 x 1845 x 1411 mm	4910 x 1845 x 1411 mm	5024 x 1845 x 1400 mm
Felgen	6,50 J x 15 (Stahl)	7 J x 15 (Alu)	7 J x 15 (Alu)
Reifen	205/65 VR 15	225/60 ZR 15	225/60 ZR 15
Wendekreis links/rechts	11,6/11,6 Meter	11,6/11,6 Meter	12,0/12,0 Meter
Wagengewicht	1720, Automatic 1740 kg	1720, Automatic 1740 kg	1780, Automatic 1800 kg
Zuläss. Gesamtgewicht	2130, Automatic 2150 kg	2150, Automatic 2170 kg	2180, Automatic 2200 kg
Höchstgeschwindigkeit	224 km/h	233 km/h	235 km/h
Beschleunigung 0–100 km/h	9, Automatic 10,5 sec	8, Automatic 9 sec	8, Automatic 9 sec
Verbrauch/100 km	14 Liter Normalbenzin bleifrei	14 Liter Normalbenzin bleifrei	14 Liter Normalbenzin bleifrei
Kraftstofftank	90 Liter (im Heck)	90 Liter (im Heck)	102 Liter (im Heck)

BMW 730 i / 735 i
Frontansicht der
Sechszylinder-Modelle
mit schmaler BMW-Niere

BMW 730 i / 740 i / 750 i
Frontansicht der
V8- und V12-Modelle
BMW-Niere breiter und flacher

BMW 750 i
Heckansicht
Austrittsrohre des
Doppelauspuffs beim V12
rechteckig statt rund

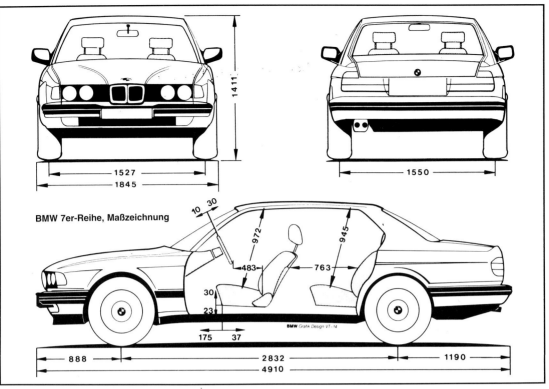

BMW 7er-Reihe, Maßzeichnung

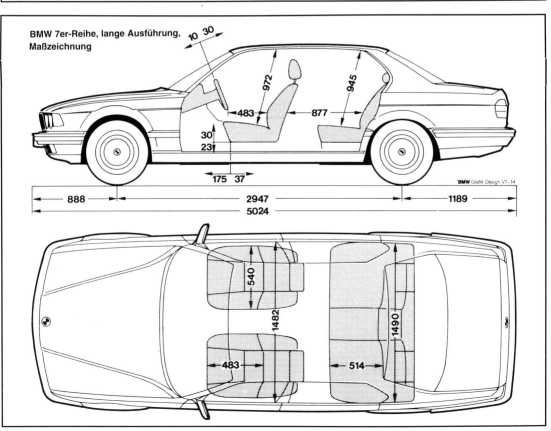

BMW 7er-Reihe, lange Ausführung, Maßzeichnung

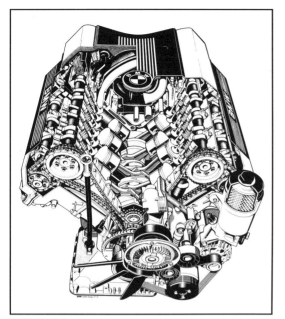

BMW V8-Motor
Durchsichtzeichnung

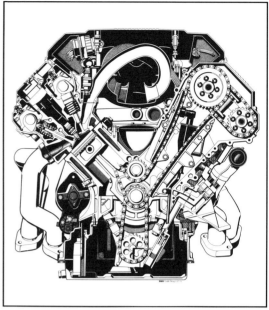

BMW V8-Motor
Querschnitt-Zeichnung

BMW V8-Motor
Längsschnitt-Zeichnung

	BMW 730 i ab 1992	BMW 740 i ab 1992	BMW 740 iL ab 1992
Motor	Einspritzmotor mit Dreiwege-Katalysator und Lambda-Sonde		
Zylinder	V8 (90°-V-Form)		
	Motorblock und Zylinderköpfe aus Aluminium		
Bohrung × Hub	84 × 67,6 mm	89 × 80 mm	
Hubraum	2997 ccm	3982 ccm	
Leistung	218 PS (160 kW) bei 5800 U/min	286 PS (210 kW) bei 5800 U/min	
Drehmoment	29,0 mkg bei 4500 U/min	40,0 mkg bei 4500 U/min	
Verdichtung	10,5:1	10,0:1	
Gemischbereitung	Elektronische Benzineinspritzung Bosch Motronic M 3.3		
Ventile	4 Ventile je Zylinder, V-förmig hängend, Hydrostößel		
	2 × 2 obenliegende Nockenwellen, Antrieb über Duplex-Ketten		
Kurbelwellenlager	5		
Kühlung	Pumpe, 12,5 Liter Wasser		
Schmierung	Druckumlauf, 7,5 Liter Öl		
Batterie	12 V 85 Ah (unter Rücksitz)		
Lichtmaschine	Drehstrom 100 A = 1400 W oder 140 A = 1960 W	Drehstrom 140 A = 1960 W	
Kraftübertragung	Antrieb auf Hinterräder geteilte Kardanwelle	Antrieb auf Hinterräder geteilte Kardanwelle	
Schaltgetriebe	5 Gang	Nicht lieferbar	
Übersetzungen	I. 4,20		
	II. 2,49		
	III. 1,66		
	IV. 1,24		
	V. 1,00		
Antriebs-Übersetzung	3,15		
Automat. Getriebe	ZF 5 Gang Automatic	ZF 5 Gang Automatic	
Übersetzungen	I. 3,67	I. 3,55	
	II. 2,00	II. 2,24	
	III. 1,41	III. 1,54	
	IV. 1,00	IV. 1,00	
	V. 0,74	V. 0,79	
Antriebs-Übersetzung	3,23	2,93	
Fahrwerk	Selbsttragende Ganzstahlkarosserie		
Vorderradaufhängung	McPherson-Federbeine, Schraubenfedern, Drehstab-Stabilisator		
Hinterradaufhängung	Schräglenker, Federbeine, Schraubenfedern, Drehstab-Stabilisator		
	Aufpreis (Serie bei 740 iL): Niveauregelung		
Lenkung	ZF Kugelmutter-Hydro-Servolenkung (16,2:1), 3,5 Lenkraddrehungen		
Betriebsbremse	Zweikreis-Hydraulik, Servo, ABS		
	Scheibenbremsen vorn (302 mm ⌀) und hinten (300 mm ⌀)		
Allgemeine Daten	**Limousine 4 Türen**	**Limousine 4 Türen**	**Limousine 4 Türen**
Radstand	2833 mm	2833 mm	2947 mm
Spur vorn/hinten	1530/1558 mm	1530/1558 mm	1530/1558 mm
Gesamtmaße	4910 × 1845 × 1411 mm	4910 × 1845 × 1411 mm	5024 × 1845 × 1400 mm
Felgen	7 J × 15 (Alu)	7 J × 15 (Alu)	7 J × 15 (Alu)
Reifen	225/60 ZR 15	225/60 ZR 15	225/60 ZR 15
Wendekreis links/rechts	11,6/11,6 Meter	11,6/11,6 Meter	12,0/12,0 Meter
Wagengewicht	1720, Automatic 1750 kg	1810 kg	1850 kg
Zuläss. Gesamtgewicht	2220, Automatic 2250 kg	2310 kg	2350 kg
Höchstgeschwindigkeit	230 km/h	240 km/h	240 km/h
Beschleunigung 0–100 km/h	8, Automatic 9 sec	8 sec	8 sec
Verbrauch/100 km	14 Liter Super bleifrei	15 Liter Super bleifrei	15 Liter Super bleifrei
Kraftstofftank	90 Liter (im Heck) bei Niveauregelung 102 Liter (im Heck)	90 Liter (im Heck) bei Niveauregelung 102 Liter (im Heck)	102 Liter (im Heck)

BMW 750 iL
Limousine 4 Türen
Lange Ausführung
ab 1987

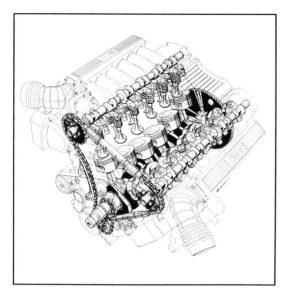
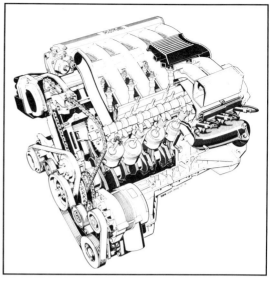

BMW V12-Motor
Durchsichtzeichnungen

BMW V12-Motor
mit Nebenaggregaten

Produktion	BMW 730 6 Zyl.	BMW 735 6 Zyl.	BMW 730 V8	BMW 740 V8	BMW 750 V12
1986	528	6 739	–	–	3
1987	15 304 (+ 372)	34 446 (+ 624)	–	–	4 860
1988	15 454 (+ 420)	26 577 (+1 020)	–	–	14 657 (+ 50)
1989	14 619 (+ 186)	20 840 (+ 732)	–	–	9 064 (+ 115)
1990	13 238 (+ 198)	20 808 (+ 402)	–	–	8 791 (+ 66)
1991	12 033 (+ 276)	16 419 (+ 402)	114	–	6 527 (+ 12)
1992	6 568 (+ 60)	4 740 (+ 120)	7 992 (+ 108)	9 576 (+ 234)	2 816 (+ 18)

Zahlen in Klammern (...) = Produktion in Südafrika

	BMW 750 i ab 1987	BMW 750 iL ab 1987

Motor

Zylinder	Einspritzmotor mit Dreiwege-Katalysator und Lambda-Sonde
	V12 (60°-V-Form)
	Motorblock und Zylinderköpfe aus Aluminium
Bohrung × Hub	84 × 75 mm
Hubraum	4988 ccm
Leistung	300 PS (220 kW) bei 5200 U/min
Drehmoment	45 mkg bei 4100 U/min
Verdichtung	8,8:1
Gemischbereitung	Elektronische Benzineinspritzung Bosch Motronic 1.7
Ventile	V-förmig hängend, Hydrostößel
	beiderseits je 1 obenliegende Nockenwelle, Antrieb über 1 gemeinsame Einfach-Kette
Kurbelwellenlager	7
Kühlung	Pumpe, 12 Liter Wasser
Schmierung	Druckumlauf, 7,5 Liter Öl
Batterie	12 V 85 Ah (unter Rücksitz)
Lichtmaschine	Drehstrom 140 A = 1960 W

Kraftübertragung

	Antrieb auf Hinterräder, geteilte Kardanwelle
Schaltgetriebe	Nicht lieferbar
Automat. Getriebe	ZF 4 Gang-Automatic
Übersetzungen	I. 2,48, II. 1,48, III. 1,00, IV. 0,73
Antriebs-Übersetzung	3,15

Fahrwerk

	Selbsttragende Ganzstahlkarosserie
Vorderradaufhängung	McPherson-Federbeine, Schraubenfedern, Drehstab-Stabilisator
Hinterradaufhängung	Schräglenker, Federbeine, Schraubenfedern, Drehstab-Stabilisator, Niveauregelung
Lenkung	ZF Kugelmutter-Hydro-Servolenkung (16,2:1), 3,5 Lenkraddrehungen
Betriebsbremse	Zweikreis-Hydraulik, Servo, ABS (Bosch)
	Scheibenbremsen vorn (302 mm ⌀ und hinten (300 mm ⌀)

Allgemeine Daten

	Limousine 4 Türen	Limousine 4 Türen
Radstand	2833 mm	2947 mm
Spur vorn/hinten	1530/1558 mm	1530/1558 mm
Gesamtmaße	4910 × 1845 × 1400 mm	5024 × 1845 × 1400 mm
Felgen	7 J × 15 (Alu)	7 J × 15 (Alu)
Reifen	225/60 ZR 15	225/60 ZR 15
Wendekreis links/rechts	11,6/11,6 Meter	12,0/12,0 Meter
Wagengewicht	1870 kg	1930 kg
Zuläss. Gesamtgewicht	2350 kg	2380 kg
Höchstgeschwindigkeit	250 km/h (abgeriegelt)	250 km/h (abgeriegelt)
Beschleunigung 0–100 km/h	8 sec	8 sec
Verbrauch/100 km	16,5 Liter	16,5 Liter
	Normalbenzin bleifrei	Normalbenzin bleifrei
Kraftstofftank	102 Liter (im Heck)	102 Liter (im Heck)

Preise

	BMW 730 i 6 Zylinder		BMW 735 i 6 Zylinder	BMW 735 iL 6 Zylinder	BMW 750 i V12	BMW 750 IL V12
September 1986	DM 60 570,–		DM 72 570,–	DM 77 570,–	DM 98 000,–	DM 115 000,–
April 1987	DM 62 620,–		DM 75 620,–	DM 80 620,–	DM 102 000,–	DM 119 000,–
Februar 1988	DM 64 800,–		DM 78 800,–	DM 83 800,–	DM 107 000,–	DM 125 000,–
Februar 1989	DM 66 850,–		DM 80 850,–	DM 85 850,–	DM 111 000,–	DM 130 000,–
Januar 1990	DM 68 650,–		DM 82 850,–	DM 87 850,–	DM 114 000,–	DM 134 000,–
Oktober 1990	DM 70 350,–		DM 84 850,–	DM 90 350,–	DM 117 000,–	DM 138 000,–
September 1991	DM 72 350,–		DM 87 350,–	DM 93 000,–	DM 121 000,–	DM 142 000,–

	BMW 730 i 6 Zylinder	BMW 730 i V8	BMW 740 i V8	BMW 740 iL V8	BMW 750 i V12	BMW 750 iL V12
März 1992	DM 74 850,–	DM 86 000,–	DM 100 000,–	DM 110 000,–	DM 130 000,–	DM 150 000,–
Januar 1993	DM 75 500,–	DM 86 750,–	DM 100 900,–	DM 111 000,–	DM 131 000,–	DM 151 300,–
April 1993	DM 76 900,–	DM 88 550,–	DM 103 000,–	DM 113 000,–	DM 134 000,–	DM 154 000,–

Alle Preise einschl. Autom. Getriebe

BMW 8er Coupé (ab 1989)

Auf der Frankfurter Automobil-Ausstellung im September 1989 konnte man das Luxus-Sport-Coupé BMW 850 i (intern: E 31) zum ersten Mal betrachten. Der zunächst sachte Beginn seiner Produktion erfolgte noch im gleichen Jahr, die Auslieferung begann im Mai 1990.

Der BMW 850 i besitzt den prestigeträchtigen, bereits vom BMW 750 i her bekannten Zwölfzylinder-Motor. Zum gleichen Preis kann man ein Sechsgang-Schaltgetriebe oder die ZF 4 Gang-Automatic wählen, wobei sich die meisten Käufer mit Recht für die letztere entscheiden. Ein immenser Aufwand an Elektronik und sonstiger Technik soll für bestmögliche Fahreigenschaften sorgen. Das Ergebnis wirkt durchaus beeindruckend, doch der auf inzwischen 152 000 DM hochgejubelte Preis macht nachdenklich, ob und wann die Grenzen erreicht sind, wo sich der Fortschritt in sein Gegenteil verkehrt.

Allerdings liegt es primär nicht am Preis, daß sich der BMW 850 i gegenüber dem ungefähr gleich schweren und gleich teuren Mercedes-Benz SL nur mühsam behaupten kann. Als Ursache hierfür dürften wohl die trotz gleicher Leistung eher vornehm zurückhaltende Gangart des zur Limousine besser passenden 5 Liter Zwölfzylinder-Motors auszumachen sein, ferner der nicht so recht befriedigende Fahr- und Federungskomfort sowie ein gewisser Mangel an Persönlichkeit und Format des ganzen Autos.

Da ist Merkwürdiges passiert. Im Kreis der ziemlich biederen und auch etwas instinktlos (siehe Kühlermaske!) gestylten Mercedes Limousinen zeigt der SL ein attraktives, einmaliges und unverwechselbares Erscheinungsbild. Bei BMW findet das genaue Gegenteil statt. Zwischen den BMW Limousinen, die äußer-

BMW 850 i
BMW 850 Ci
Sport-Coupé 2+2 Sitze
ab 1989

lich durch ihre sehr individuelle und makellose Eleganz bestechen, steht das 8er-Coupé fast gesichts- und belanglos, jedenfalls ohne Faszination und Ausstrahlung da.

Um gegenüber dem breit gefächerten SL-Programm besser bestehen zu können, stellte BMW im Herbst 1992 dem 850 i, jetzt 850 Ci genannt, den 850 CSi zur Seite. Er kann einen auf 5,6 Liter Hubraum und 380 PS Leistung angehobenen Zwölfzylinder-Motor vorzeigen, kostet jedoch über 30 000 DM mehr. Die Preisdifferenz beinhaltet allerdings ferner die sogenannte aktive Hinterachskinematik, grob vereinfacht als Allradlenkung bezeichnet, deren wirklicher Nutzen allerdings mehr eine Glaubensangelegenheit bleibt. Um aber auch die weniger gläubige Kundschaft entsprechend billiger bedienen zu können, brachte BMW als nunmehr dritte Variante des Coupés im Frühjahr 1993 den 840 Ci heraus. Er erfreut sich des erst ein Jahr vorher beim Siebener eingeführten Vierliter V8-Motors, der praktisch nahezu ebensoviel bringt wie die beiden Zwölfzylinder. Er wird vermutlich als relativ meistgekaufter 850er in die Statistik eingehen, es sei denn, daß früher oder später der Dreiliter-V8 in dieser Baureihe ebenfalls zeigen darf, was er kann.

Preise		BMW 850 i	
Oktober 1989		DM 135 000,–	
November 1990		DM 140 000,–	
September 1991		DM 144 000,–	
	BMW 840 Ci	BMW 850 Ci	BMW 850 CSi
September 1992		DM 148 000,–	DM 180 000,–
Januar 1993		DM 149 300,–	DM 181 600,–
April 1993	DM 129 000,–	DM 152 000,–	DM 185 000,–

Produktion	
1989	47
1990	6 704
1991	9 517
1992	2 453

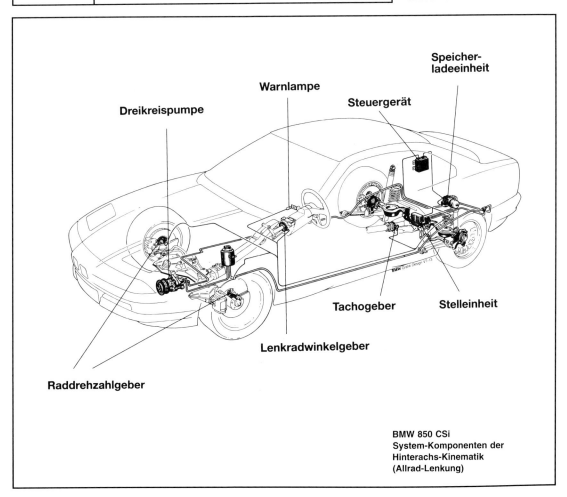

Dreikreispumpe

Warnlampe

Steuergerät

Speicher-ladeeinheit

Tachogeber

Stelleinheit

Lenkradwinkelgeber

Raddrehzahlgeber

BMW 850 CSi
System-Komponenten der
Hinterachs-Kinematik
(Allrad-Lenkung)

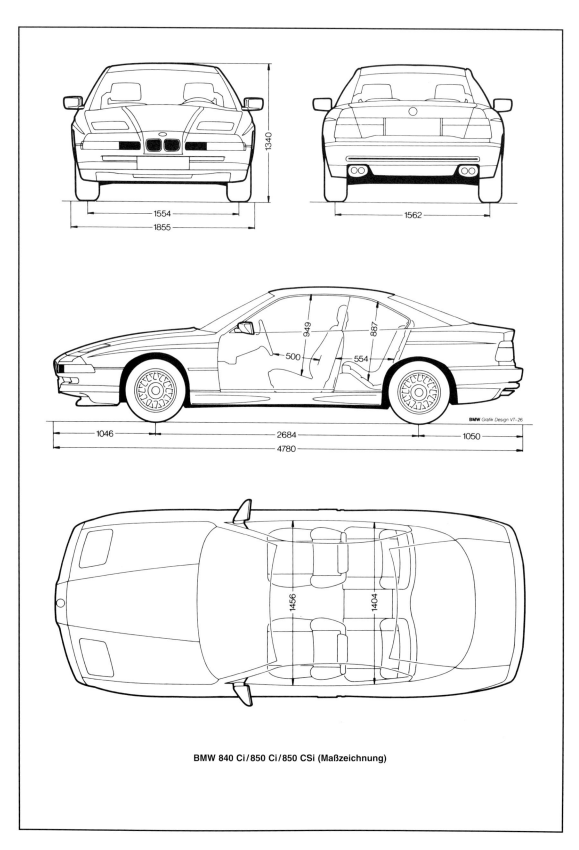

BMW 840 Ci/850 Ci/850 CSi (Maßzeichnung)

	BMW 840 Ci ab 1993	BMW 850 i 1989–1992 BMW 850 Ci ab 1992	BMW 850 CSi ab 1992
Motor	Einspritzmotor mit Dreiwege-Katalysator und Lambda-Sonde Motorblock und Zylinderköpfe aus Aluminium		
Zylinder	V8 (90°-V-Form)	V12 (60°-V-Form)	V12 (60°-V-Form)
Bohrung × Hub	89 × 80 mm	84 × 75 mm	86 × 80 mm
Hubraum	3982 ccm	4988 ccm	5576 ccm
Leistung	286 PS (210 kW) bei 5800 U/min	300 PS (220 kW) bei 5200 U/min	380 PS (280 kW) bei 5300 U/min
Drehmoment	40,0 mkg bei 4500 U/min	45,0 mkg bei 4100 U/min	55,0 mkg bei 4000 U/min
Verdichtung	10,0:1	8,8:1	9,8:1
Gemischbereitung	Elektron. Benzineinspritzung Bosch Motronic DMW 3.3	Elektronische Benzineinspritzung Bosch Motronic M 1.7	
Ventile	4 Ventile je Zylinder V-förmig hängend, Hydrostößel 2 × 2 obenliegende Nockenwellen Antrieb über Duplex-Kette	V-förmig hängend, Hydrostößel beiderseits je 1 obenliegende Nockenwelle Antrieb über 1 gemeinsame Einfach-Kette	
Kurbelwellenlager	5	7	
Kühlung	Pumpe, 12,5 Liter Wasser	Pumpe, 12 Liter Wasser	
Schmierung	Druckumlauf, 7,5 Liter Öl	Druckumlauf, 7,5 Liter Öl	
Batterie	12 V 2 × 65 Ah (Kofferraum)	12 V 2 × 65 Ah (im Kofferraum)	
Lichtmaschine	Drehstrom 140 A = 1960 W	Drehstrom 140 A = 1960 W	
Kraftübertragung	Antrieb auf Hinterräder geteilte Kardanwelle	Antrieb auf Hinterräder geteilte Kardanwelle	Antrieb auf Hinterräder geteilte Kardanwelle
Schaltgetriebe	Nicht lieferbar	6 Gang (Getrag)	6 Gang (Getrag)
Übersetzungen		I. 4,25 II. 2,53 III. 1,68 IV. 1,24 V. 1,00 VI. 0,83	I. 4,25 II. 2,53 III. 1,68 IV. 1,25 V. 1,00 VI. 0,83
Antriebs-Übersetzung		2,93	2,93
Automat. Getriebe	ZF 5 Gang Automatic	ZF 4 Gang Automatic	Nicht lieferbar
Übersetzungen	I. 3,55 II. 2,24 III. 1,54 IV. 1,00 V. 0,79	I. 2,48 II. 1,48 III. 1,00 IV. 0,73	
Antriebs-Übersetzung	2,93	3,15	
Fahrwerk	Selbsttragende Ganzstahlkarosserie		
Vorderradaufhängung	McPherson-Federbeine, Schraubenfedern, Drehstab-Stabilisator		
Hinterradaufhängung	Doppel-Querlenker, Zugstreben, Schraubenfedern, Drehstab-Stabilisator Aufpreis beim 850 Ci, Serie beim 850 CSI: Aktive Hinterachskinematik		
Lenkung	Geschwindigkeitsabhängige ZF Kugelumlauf-Servotronic-Lenkung 15,4:1 (850 CSi: 13,5:1), 3,5 Lenkraddrehungen		
Betriebsbremse	Zweikreis-Hydraulik, Servo, ABS (Bosch) Scheibenbremsen vorn (324 mm ⌀) und hinten (324 mm ⌀) 850 CSi: Scheibenbremsen vorn (345 mm ⌀) und hinten (328 mm ⌀)		
Allgemeine Daten	**Sport-Coupé 2 + 2 Sitze**	**Sport-Coupé 2 + 2 Sitze**	**Sport-Coupé 2 + 2 Sitze**
Radstand	2684 mm	2684 mm	2684 mm
Spur vorn/hinten	1554/1562 mm	1554/1562 mm	1554/1562 mm
Gesamtmaße	4780 × 1855 × 1340 mm	4780 × 1855 × 1340 mm	4780 × 1855 × 1330 mm
Felgen	7,50 J × 16 (Alu)	7,50 J × 16 (Alu)	vorn 8 J × 17 (Alu-Schmiede) hinten 9 J × 17 (Alu-Schmiede)
Reifen	235/50 ZR 16	235/50 ZR 16	vorn 235/45 ZR 17 hinten 265/40 ZR 17
Wendekreis links/rechts	11,5/11,5 Meter	11,5/11,5 Meter	11,5/11,5 Meter
Wagengewicht	1830 kg	1840 kg	1925 kg
Zuläss. Gesamtgewicht	2230 kg	2190–2210 kg	2300 kg
Höchstgeschwindigkeit	250 km/h	250 km/h (abgeriegelt)	250 km/h (abgeriegelt)
Beschleunigung 0–100 km/h	8 sec	7,5, Automatic 8 sec	7 sec
Verbrauch/100 km	16 Liter Super bleifrei	17 Liter Normalbenzin bleifrei	17 Liter Super bleifrei
Kraftstofftank	90 Liter (vor der Hinterachse)	90 Liter (vor der Hinterachse)	90 Liter (vor der Hinterachse)

BMW 5er-Reihe (ab 1988)

Die BMW 5er der Baureihe E 34 wurden im Januar 1988 vorgestellt und unmittelbar darauf ausgeliefert. Nur die Hochleistungs-Sportlimousine M 5 folgte erst im August 1988. Die 5er-Reihe sieht den über ein Jahr älteren 7ern fast zum Verwechseln ähnlich, denn ihre eigenständige und dynamische Karosserieform ist im Prinzip die gleiche. Motoren und Fahrwerk wurden ohne wesentliche Änderungen vom 5er-Vorgänger übernommen. Auf dem deutschen Markt wurden zunächst nur die bewährten Sechszylinder-Motoren angeboten, alle (ab 1990 mit Aufpreis auch beim Turbo-Diesel) selbstverständlich mit Katalysator. Die 5er BMW dieser Baureihe erfreuen sich beim Publikum eines guten Ansehens, wozu gewiß beitrug, daß sie nahezu frei von Anlaufschwierigkeiten geblieben waren.

Mai 1990: BMW 520 i und 525 i mit Vierventil-Sechszylinder-Motoren. Das Verschwinden der seitherigen Zweiventiler, die nur noch bis Juli 1990 in der Produktion blieben, wurde damals viel bedauert, weil deren bewundernswerte Laufkultur von den Nachfolgern nicht mehr erreicht wurde, während für die paar Mehr-PS kein Bedarf bestand. Den BMW 530 i gibt es nicht mehr.

September 1991: Zur Frankfurter Automobil-Ausstellung wird das Programm um den 5er „Touring" (Kombi 4 Türen) erweitert. Turbo-Diesel mit größerem Hubraum und Ladeluftkühler. Alle BMW's, auch die Grundmodelle, werden von jetzt an serienmäßig mit ABS ausgerüstet.

Juli 1992: Die erst kürzlich für die 7er-Reihe eingeführten 3 und 4 Liter V8-Vierventilmotoren sind nun auch in der 5er-Reihe erhältlich. Dafür entfällt der BMW 535 i. Fahrer-Airbag für alle 5er serienmäßig.

März 1993: Ergänzung des Angebots durch BMW 518 i mit 1,8 Liter Vierzylinder-Motor, der bisher nur für den Export lieferbar war, und durch den BMW 525 td, der den Turbo-Dieselmotor ohne Ladeluftkühler besitzt.

Dem Vernehmen nach soll der jetzt aktuelle 5er-BMW im Frühjahr 1995 durch eine neue Baureihe E 39 abgelöst werden.

BMW 518 i 1989–1992 (nur für Export)	BMW 518 i ab 1993	BMW 520 i 1988–1990	BMW 525 i 1988–1990
Einspritzmotor mit Dreiwege-Katalysator und Lambda-Sonde 4 (Reihe), Block um 20° rechts seitlich geneigt 84×81 mm 1796 ccm 113 PS (83 kW) bei 5500 U/min 16,2 mkg bei 4250 U/min 8,8:1		Einspritzmotor mit Dreiwege-Katalysator und Lambda-Sonde 6 (Reihe), Block um 20° rechts seitlich geneigt	
		80×66 mm 1991 ccm 129 PS (95 kW) bei 6000 U/min 16,4 mkg bei 4300 U/min 8,8:1	84×75 mm 2494 ccm 170 PS (125 kW) bei 5800 U/min 22,2 mkg bei 4300 U/min 8,8:1
Elektronische Benzineinspritzung Bosch Motronic V-förmig hängend, 1 obenliegende Nockenwelle, Antrieb über Zahnriemen			
5 Pumpe, 6 Liter Wasser Druckumlauf, 4 Liter Öl 12 V 46 Ah (im Motorraum) Drehstrom 80 A = 1120 W	5 Pumpe, 6 Liter Wasser Druckumlauf, 4 Liter Öl 12 V 50 Ah (im Motorraum) Drehstrom 105 A = 1470 W	7 Pumpe, 12 Liter Wasser Druckumlauf, 5,75 Liter Öl 12 V 50 Ah (im Motorraum) Drehstrom 80 A = 1120 W	7 Pumpe, 12 Liter Wasser Druckumlauf, 5,75 Liter Öl 12 V 50 Ah (im Motorraum) Drehstrom 80 A = 1120 W
Antrieb auf Hinterräder, geteilte Kardanwelle 5 Gang I. 3,72 II. 2,04 III. 1,34 IV. 1,00 V. 0,80 4,27 Nicht lieferbar	Antrieb auf Hinterräder, geteilte Kardanwelle 5 Gang I. 5,10 II. 2,77 III. 1,72 IV. 1,22 V. 1,00 3,46 ZF 4 Gang Automatic I. 2,40 II. 1,47 III. 1,00 IV. 0,72 4,45	Antrieb auf Hinterräder, geteilte Kardanwelle 5 Gang I. 3,72 II. 2,04 III. 1,34 IV. 1,00 V. 0,80 4,45 ZF 4 Gang Automatic I. 2,48 II. 1,48 III. 1,00 IV. 0,73 4,45	Antrieb auf Hinterräder, geteilte Kardanwelle 5 Gang I. 3,83 II. 2,20 III. 1,40 IV. 1,00 V. 0,80 3,73 ZF 4 Gang Automatic I. 2,48 II. 1,48 III. 1,00 IV. 0,73 3,91
Selbsttragende Ganzstahlkarosserie McPherson-Federbeine, Schraubenfedern, Drehstab-Stabilisator Schräglenker, Federbeine, Schraubenfedern, Drehstab-Stabilisator ZF-Kugelmutter-Hydro-Servolenkung (16,1:1), 3,5 Lenkraddrehungen			
Zweikreis-Hydraulik, Servo Scheibenbr. vorn u. hinten	Zweikreis-Hydraulik, Servo Scheibenbr. vorn u. hinten ABS (Bosch)	Zweikreis-Hydraulik, Servo Scheibenbr. vorn u. hinten Aufpreis: ABS (Bosch)	Zweikreis-Hydraulik, Servo Scheibenbr. vorn u. hinten ABS (Bosch)
Limousine 4 Türen 2761 mm 1470/1495 mm 4720×1751×1412 mm 6 J×15 (Stahl) 195/65 HR 15 11,4×11,4 Meter 1400 kg 1840 kg 190 km/h 12,5 sec 11 Liter Normal bleifrei 80 Liter (im Heck)	**Limousine 4 Türen** 2761 mm 1470/1495 mm 4720×1751×1412 mm 6 J×15 (Stahl) 195/65 HR 15 11,4×11,4 Meter 1400, Automatic 1440 kg 1870, Automatic 1910 kg 190 km/h 12,5, Automatic 14 sec 11 Liter Normal bleifrei 80 Liter (im Heck) **Touring (Kombi 4 Türen)** Nicht lieferbar 4720×1715×1417 mm 7 J×15 (Stahl) 205/65 HR 15 1485 kg 2015 kg 13,5 sec	**Limousine 4 Türen** 2761 mm 1470/1495 mm 4720×1751×1412 mm 6 J×15 (Stahl) 195/65 HR 15 11,4×11,4 Meter 1480, Automatic 1510 kg 1900, Automatic 1930 kg 200 km/h 12, Automatic 14 sec 11 Liter Normal bleifrei 80 Liter (im Heck)	**Limousine 4 Türen** 2761 mm 1470/1495 mm 4720×1751×1412 mm 6,50 J× 15 (Stahl) 195/65 VR 15 11,4×11,4 Meter 1530, Automatic 1560 kg 1960, Automatic 1980 kg 220 km/h 9,5, Automatic 11 sec 13 Liter Normal bleifrei 80 Liter (im Heck)

Preise

	BMW 520 i 129 PS	BMW 525 i 170 PS		BMW 524 td 115 PS	BMW 535 i 211 PS
Januar 1988	DM 38 500,–	DM 47 000,–		DM 41 000,–	DM 62 000,–
Juli 1988	DM 39 200,–	DM 47 700,–		DM 41 800,–	DM 63 000,–
Februar 1989	DM 40 300,–	DM 48 900,–		DM 43 000,–	DM 64 500,–
Januar 1990	DM 41 400,–	DM 50 400,–		DM 44 000,–	DM 66 000,–
	BMW 520 i 150 PS	**BMW 525 i 192 PS**			
Mai 1990	DM 42 600,–	DM 51 600,–		DM 44 000,–	DM 66 000,–
Dezember 1990	DM 43 800,–	DM 53 000,–		DM 45 300,–	DM 67 800,–
			BMW 525 i Touring	**BMW 525 tds 143 PS**	
September 1991	DM 46 400,–	DM 55 200,–	DM 59 700,–	DM 49 900,–	DM 69 800,–
April 1992	DM 47 800,–	DM 56 900,–	DM 61 600,–	DM 51 400,–	DM 71 900,–
	BMW 518 i 113 PS				**BMW 530 i 218 PS**
September 1992		DM 48 650,–	DM 57 750,–	DM 62 450,–	DM 52 250,–	DM 69 500,–
Januar 1993	DM 43 500,–	DM 49 100,–	DM 58 250,–	DM 62 950,–	DM 52 700,–	DM 70 100,–
April 1993	DM 44 500,–	DM 50 300,–	DM 59 600,–	DM 64 400,–	DM 52 700,–	DM 71 800,–

BMW 5er-Reihe
Limousine 4 Türen
Durchsicht-Zeichnung

Produktion

	BMW 518 i	BMW 520 i	BMW 525 i	BMW 530 i	BMW 535 i	BMW M 5	BMW 524 TD	BMW 525 TDS
1987	–	90	68	76	1 845	–	57	–
1988	–	51 210 (+ 360)	45 132 (+ 99)	12 279	28 097 (+ 111)	–	14 200	–
1989	2 601	68 416 (+1 886)	70 280 (+3 276)	6 894	25 762 (+1 561)	2 339	22 074	–
1990	9 209	76 877 (+1 800)	70 411 (+3 024)	1 030	22 456 (+ 966)	3 022 (+ 67)	21 317	–
1991	7 445	72 759 (+1 908)	62 915 (+2 976)	–	12 772 (+ 522)	2 153 (+108)	13 262	7 769

Zahlen in Klammern (+ ...) = Produktion in Südafrika

	BMW 524 td 1988–1991	BMW 525 td ab 1993	BMW 525 tds ab 1991
Motor	Wirbelkammer-Dieselmotor mit Abgas-Turbolader Garrett T 03 Ab Frühjahr 1990 mit Aufpreis: Katalysator	Wirbelkammer-Dieselmotor mit Abgas-Turbolader Garrett T 03 und Oxydations-Katalysator	Wirbelkammer-Dieselmotor mit Abgas-Turbolader Garrett T 03 Ladeluftkühlung und Oxydations-Katalysator
Zylinder	6 (Reihe), Block um 20° rechts seitlich geneigt	6 (Reihe), Block um 20° rechts seitlich geneigt	6 (Reihe), Block um 20° rechts seitlich geneigt
Bohrung × Hub	80 × 81 mm	80 × 82,8 mm	80 × 82,8 mm
Hubraum	2443 ccm	2498 ccm	2498 ccm
Leistung	115 PS (85 kW) bei 4800 U/min	115 PS (85 kW) bei 4800 U/min	143 PS (105 kW) bei 4800 U/min
Drehmoment	22,0 mkg bei 2400 U/min	22,2 mkg bei 1900 U/min	26,0 mkg bei 2200 U/min
Verdichtung	22,0:1	22,0:1	22,0:1
Gemischbereitung		Elektronische Bosch Diesel-Einspritzung	
Ventile		Hängend, 1 obenliegende Nockenwelle, Antrieb über Zahnriemen	
Kurbelwellenlager		7	
Kühlung		Pumpe, 12 Liter Wasser	
Schmierung		Druckumlauf, 5,25 Liter Öl	
Batterie		12 V 85 Ah (unter Rücksitz)	
Lichtmaschine	Drehstrom 80 A = 1120 W	Drehstrom 95 A = 1330 W	Drehstrom 95 A = 1330 W
Kraftübertragung	Antrieb auf Hinterräder, geteilte Kardanwelle	Antrieb auf Hinterräder, geteilte Kardanwelle	Antrieb auf Hinterräder, geteilte Kardanwelle
Schaltgetriebe	5 Gang	5 Gang	5 Gang
Übersetzungen	I. 4,35	I. 5,09	I. 5,09
	II. 2,33	II. 2,80	II. 2,80
	III. 1,39	III. 1,76	III. 1,76
	IV. 1,00	IV. 1,25	IV. 1,25
	V. 0,81	V. 1,00	V. 1,00
Antriebs-Übersetzung	3,25	2,65	2,65
Automat. Getriebe	ZF 4 Gang Automatic	ZF 4 Gang Automatic	ZF 5 Gang Automatic
Übersetzungen	I. 2,73	I. 2,86	I. 3,67
	II. 1,56	II. 1,62	II. 2,00
	III. 1,00	III. 1,00	III. 1,41
	IV. 0,73	IV. 0,72	IV. 1,00
			V. 0,74
Antriebs-Übersetzung	3,46	3,46	2,65
Fahrwerk		Selbsttragende Ganzstahlkarosserie	
Vorderradaufhängung		McPherson-Federbeine, Schraubenfedern, Drehstab-Stabilisator	
Hinterradaufhängung		Schräglenker, Federbeine, Schraubenfedern, Drehstab-Stabilisator	
Lenkung		ZF Kugelmutter-Hydro-Servolenkung (16,1:1), 3,5 Lenkraddrehungen	
Betriebsbremse		Zweikreis-Hydraulik, Servo, Scheibenbremsen vorn und hinten, ABS (Bosch)	
Allgemeine Daten	**Limousine 4 Türen**	**Limousine 4 Türen**	**Limousine 4 Türen**
Radstand	2761 mm	2761 mm	2761 mm
Spur vorn/hinten	1470/1495 mm	1470/1495 mm	1470/1495 mm
Gesamtmaße	4720 × 1751 × 1412 mm	4720 × 1751 × 1412 mm	4720 × 1751 × 1412 mm
Felgen	6 J × 15 (Stahl)	6 J × 15 (Stahl)	6,50 J × 15 (Stahl)
Reifen	195/65 HR oder VR 15	195/65 HR 15	205/65 VR 15
Wendekreis links/rechts	11,4/11,4 Meter	11,4/11,4 Meter	11,4/11,4 Meter
Wagengewicht	1480, Automatic 1510 kg	1485, Automatic 1520 kg	1500, Automatic 1535 kg
Zuläss. Gesamtgewicht	1990, Automatic 2010 kg	1975, Automatic 2010 kg	1980, Automatic 2025 kg
Höchstgeschwindigkeit	190 km/h	190 km/h	205 km/h
Beschleunigung 0–100 km/h	13,5 sec	13,5 sec	12 sec
Verbrauch/100 km	10 Liter Diesel	10 Liter Diesel	9,5 Liter Diesel
Kraftstofftank	80 Liter (im Heck)	80 Liter (im Heck)	80 Liter (im Heck)
Abweichende Daten		**Touring (Kombi 4 Türen)**	**Touring (Kombi 4 Türen)**
Antriebs-Übersetzung		2,79, Automatic 3,46	2,65, Automatic 2,65
Gesamtmaße		4270 × 1751 × 1417 mm	4270 × 1751 × 1417 mm
Felgen		7 J × 15 (Stahl)	7 J × 15 (Stahl)
Reifen		205/65 HR 15	205/65 VR 15
Wagengewicht		1565, Automatic 1600 kg	1580, Automatic 1615 kg
Zuläss. Gesamtgewicht		2095, Automatic 2130 kg	2110, Automatic 2145 kg

◄
◄

**BMW 5er-Reihe
(außer V8-Modelle)
Limousine 4 Türen
ab 1988**

**BMW 530 i
BMW 540 i
Limousine 4 Türen
(V8-Modelle mit
breiter BMW-Niere)
ab 1992**

**BMW 5er-Reihe
„Touring"
Kombi 4 Türen
ab 1991**

	BMW 520 i ab 1990		BMW 525 i ab 1990		BMW 525 iX ab 1991
Motor	Einspritzmotor mit Dreiwege-Katalysator und Lambda-Sonde				
Zylinder	6 (Reihe) Block um 30° rechts seitlich geneigt				
Bohrung × Hub	80 × 66 mm		84 × 75 mm		
Hubraum	1991 ccm		2494 ccm		
Leistung	150 PS (110 kW) bei 5900 U/min		192 PS (141 kW) bei 5900 U/min		
Drehmoment	19,0 mkg bei 4300 U/min		25,0 mkg bei 4500 U/min		
Verdichtung	10,5–11,0:1		10,0–10,5:1		
Gemischbereitung	Elektronische Benzineinspritzung Bosch Motronic				
Ventile	4 Ventile je Zylinder, V-förmig hängend, Hydrostößel				
	2 obenliegende Nockenwellen, Antrieb über Einfach-Kette				
Kurbelwellenlager	7				
Kühlung	Pumpe, 10,5 Liter Wasser				
Schmierung	Druckumlauf, 5,75 Liter Öl				
Batterie	12 V 65 Ah (unter Rücksitz)				
Lichtmaschine	Drehstrohm 80 A (1120 W), 90 A (1260 W) oder 140 A (1960 W)				

	BMW 520 i ab 1990		BMW 525 i ab 1990		BMW 525 iX ab 1991
Kraftübertragung	Antrieb auf Hinterräder, geteilte Kardanwelle				Allrad-Antrieb, nicht abschaltbar
Schaltgetriebe	5 Gang (bis Aug. 1990)	5 Gang (ab Aug. 1990)	5 Gang (bis Aug. 1990)	5 Gang (ab Aug. 1990)	5 Gang
Übersetzungen	I. 3,83	I. 4,23	I. 3,83	I. 4,23	I. 4,23
	II. 2,20	II. 2,52	II. 2,20	II. 2,49	II. 2,49
	III. 1,40	III. 1,66	III. 1,40	III. 1,66	III. 1,66
	IV. 1,00	IV. 1,22	IV. 1,00	IV. 1,24	IV. 1,24
	V. 0,81	V. 1,00	V. 0,81	V. 1,00	V. 1,00
Antriebs-Übersetzung	4,27	3,46	3,73	3,23	3,38
Automat. Getriebe	ZF Automatic		ZF Automatic		ZF Automatic
	4 Gang (bis Aug. 1990)	5 Gang (ab Aug. 1990)	4 Gang (bis Aug. 1990)	5 Gang (ab Aug. 1990)	5 Gang
Übersetzungen	I. 2,40	I. 1,366	I. 2,40	I. 1,366	I. 1,366
	II. 1,47	II. 2,00	II. 1,47	II. 2,00	II. 2,00
	III. 1,00	III. 1,41	III. 1,00	III. 1,41	III. 1,41
	IV. 0,72	IV. 1,00	IV. 0,72	IV. 1,00	IV. 1,00
		V. 0,74		V. 0,74	V. 0,74
Antriebs-Übersetzung	4,55	3,64	4,10	3,23	3,38

	BMW 520 i ab 1990	BMW 525 i ab 1990	BMW 525 iX ab 1991
Fahrwerk	Selbsttragende Ganzstahlkarosserie		
Vorderradaufhängung	McPherson-Federbeine, Schraubenfedern, Drehstab-Stabilisator		
Hinterradaufhängung	Schräglenker, Federbeine, Schraubenfedern, Drehstab-Stabilisator		
Lenkung	ZF Kugelmutter-Hydrolenkung (16,1:1)		Zahnstangen-Hydrolenkung (variabel)
	3,5 Lenkraddrehungen		
Betriebsbremse	Zweikreis-Hydraulik, Servo		Zweikreis-Hydraulik, Servo
	Scheibenbremsen vorn und hinten		Scheibenbr. vorn u. hinten
	Aufpreis bzw. ab Sept. 1991 Serie: ABS		ABS

	BMW 520 i ab 1990	BMW 525 i ab 1990	BMW 525 iX ab 1991
Allgemeine Daten	**Limousine 4 Türen**	**Limousine 4 Türen**	**Limousine 4 Türen**
Radstand	2761 mm	2761 mm	2764 mm
Spur vorn / hinten	1470 / 1495 mm	1479 / 1495 mm	1468 / 1495 mm
Gesamtmaße	4720 × 1751 × 1412 mm	4720 × 1751 × 1412 mm	4720 × 1751 × 1412 mm
Felgen	6 J × 15 (Stahl)	6 oder 6,50 J × 15 (Stahl)	7,50 J × 16 (Stahl)
Reifen	195/65 HR oder VR 15	195/65 VR oder 205/65 HR 15	225/55 HR 16
Wendekreis links / rechts	11,4 / 11,4 Meter	11,4 / 11,4 Meter	11,4 / 11,4 Meter
Wagengewicht	1475, Automatic 1510 kg	1525, Automatic 1560 kg	1610, Automatic 1640 kg
Zuläss. Gesamtgewicht	1990, Automatic 2010 kg	1990, Automatic 2025 kg	2080, Automatic 2115 kg
Höchstgeschwindigkeit	190, ab Aug. 1990: 205 km/h	210, ab Aug. 1990: 225 km/h	215 km/h
Beschleunigung 0–100 km/h	13, ab Aug. 1990: 11,5 sec	10,5, ab Aug. 1990: 9 sec	10,5 sec
Verbrauch / 100 km	12 Liter Super bleifrei	12,5 Liter Super bleifrei	13 Liter Super bleifrei
Kraftstofftank	80 Liter (im Heck)	80 Liter (im Heck)	80 Liter (im Heck)
Abweichende Daten	**Touring (Kombi 4 Türen)**	**Touring (Kombi 4 Türen)**	**Touring (Kombi 4 Türen)**
Gesamtmaße	4720 × 1751 × 1417 mm	4720 × 1751 × 1417 mm	4720 × 1751 × 1422 mm
Felgen	7 J × 15 (Stahl)	7 J × 15 (Stahl)	7,50 J × 16 (Stahl)
Reifen	205/65 VR 15	225/60 VR 15	225/55 VR 16
Wagengewicht	1550, Automatic 1585 kg	1595, Automatic 1630 kg	1670, Automatic 1705 kg
Zuläss. Gesamtgewicht	2100, Automatic 2135 kg	2125, Automatic 2160 kg	2200, Automatic 2235 kg

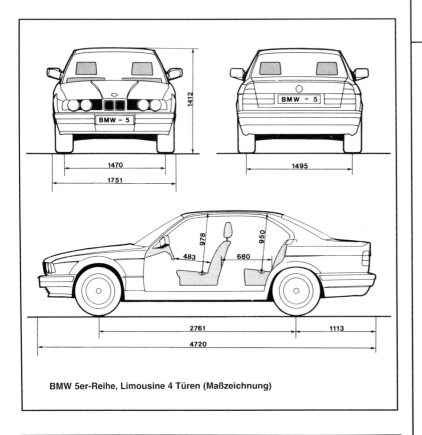

BMW 5er-Reihe, Limousine 4 Türen (Maßzeichnung)

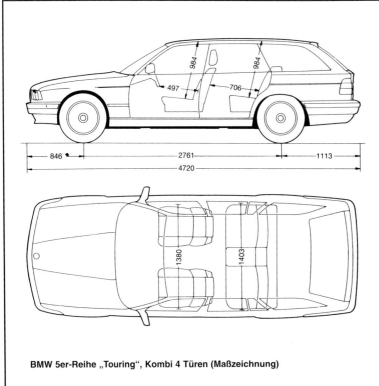

BMW 5er-Reihe „Touring", Kombi 4 Türen (Maßzeichnung)

Motor
Zylinder
Bohrung × Hub
Hubraum
Leistung
Drehmoment
Verdichtung
Gemischbereitung
Ventile

Kurbelwellenlager
Pumpe
Schmierung
Batterie
Lichtmaschine

Kraftübertragung
Schaltgetriebe
Übersetzungen

Antriebs-Übersetzung
Automat. Getriebe
Übersetzungen

Antriebs-Übersetzung

Fahrwerk
Vorderradaufhängung
Hinterradaufhängung

Lenkung
Betriebsbremse

Allgemeine Daten
Radstand
Spurweite vorn / hinten
Gesamtmaße
Felgen
Reifen
Wendekreis links / rechts
Wagengewicht
Zulässiges Gesamtgewicht
Höchstgeschwindigkeit
Beschleunigung 0–100 km / h
Verbrauch / 100 km
Kraftstofftank

Abweichende Daten
Antriebs-Übersetzung
Hinterradaufhängung
Gesamtmaße
Wagengewicht
Zuläss. Gesamtgewicht
Höchstgeschwindigkeit
Verbrauch / 100 km

BMW 530 i 1988–1990	BMW 535 i 1988–1991	BMW 530 i ab 1992	BMW 540 i ab 1992
Einspritzmotor mit Dreiwege-Katalysator und Lambda-Sonde		Einspritzmotor mit Dreiwege-Katalysator und Lambda-Sonde	
6 (Reihe), Block um 30° rechts seitlich geneigt		V8 (90°-V-Form), Motorblock u. Zylinderköpfe aus Aluminium	
89×80 mm	92×86 mm	84×67,6 mm	89×80 mm
2986 ccm	3430 ccm	2997 ccm	3982 ccm
188 PS (138 kW) bei 5800 U/min	211 PS (155 kW) bei 5700 U/min	218 PS (160 kW) bei 5800 U/min	286 PS (210 kW) bei 5800 U/min
26,0 mkg bei 4000 U/min	30,5 mkg bei 4000 U/min	29,0 mkg bei 4500 U/min	40,0 mkg bei 4500 U/min
9,0:1	9,0:1	10,5:1	10,0:1
Elektronische Benzineinspritzung Bosch Motronic		Elektronische Benzineinspritzung Bosch Motronic	
V-förmig hängend,		4 Ventile je Zylinder, V-förmig hängend, Hydrostößel	
1 obenliegende Nockenwelle, Antrieb über Einfach-Kette		2×2 obenliegende Nockenwellen, Antrieb über Duplex-Kette	
7		5	
Pumpe, 12 Liter Wasser		Pumpe, 12,5 Liter Wasser	
Druckumlauf, 6 Liter Öl		Druckumlauf, 7,5 Liter Öl	
12 V 75 oder 85 Ah (unter Rücksitz)		12 V 85 Ah (unter Rücksitz)	
Drehstrom 90 A = 1260 W		Drehstrom 100 A = 1400 W oder 140 A = 1960 W	Drehstrom 140 A = 1960 W
Antrieb auf Hinterräder, geteilte Kardanwelle		Antrieb auf Hinterräder, geteilte Kardanwelle	
5 Gang	5 Gang	5 Gang	Nicht lieferbar
I. 3,83	I. 3,83	I. 4,20	
II. 2,20	II. 2,20	II. 2,49	
III. 1,40	III. 1,40	III. 1,66	
IV. 1,00	IV. 1,00	IV. 1,24	
V. 0,81	V. 0,81	V. 1,00	
3,64	3,45 bzw. (ab Aug. 1990) 3,64	3,08	
ZF 4 Gang Automatic	ZF 4 Gang Automatic	ZF 5 Gang Automatic	ZF 5 Gang Automatic
I. 2,48	I. 2,48	I. 3,67	I. 3,55
II. 1,48	II. 1,48	II. 2,00	II. 2,24
III. 1,00	III. 1,00	III. 1,41	III. 1,54
IV. 0,73	IV. 0,73	IV. 1,00	IV. 1,00
		V. 0,74	V. 0,79
3,73	3,46 bzw. (ab Aug. 1990) 3,91	3,15	2,93

Selbsttragende Ganzstahlkarosserie
McPherson-Federbeine, Schraubenfedern, Drehstab-Stabilisator
Schräglenker, Federbeine, Schraubenfedern, Drehstab-Stabilisator
Aufpreis: Hydropneumatische Niveauregelung
ZF-Kugelmutter-Hydrolenkung (16,1:1), 3,5 Lenkraddrehungen
Zweikreis-Hydraulik, Servo, Scheibenbremsen vorn und hinten, ABS (Bosch)

Limousine 4 Türen	Limousine 4 Türen	Limousine 4 Türen	Limousine 4 Türen
2761 mm	2761 mm	2761 mm	2761 mm
1470/1495 mm	1470/1495 mm	1470/1495 mm	1470/1495 mm
4720×1751×1412 mm	4720×1751×1412 mm	4720×1751×1412 mm	4720×1751×1412 mm
6,5 J×15 (Stahl)	7 J×15 (Alu)	7 J×15 (Alu)	7 J×15 (Alu)
205/65 VR 15	225/60 VR oder ZR 15	225/60 ZR 15	225/60 ZR 15
11,4×11,4 Meter	11,4×11,4 Meter	11,4×11,4 Meter	11,4×11,4 Meter
1590, Automatic 1610 kg	1620, Automatic 1640 kg	1610, Automatic 1630 kg	1650 kg
2020, Automatic 2040 kg	2035, Automatic 2055 kg	2075, Automatic 2105 kg	2160 kg
210–215 km/h	225–230 km/h	230 km/h	240 km/h (abgeriegelt)
11, Automatic 13 sec	9, Automatic 11 sec	8, Automatic 9 sec	7,5 sec
12 Liter Super bleifrei	12,5 Liter Super bleifrei	13,5 Liter Super bleifrei	14,5 Liter Super bleifrei
80 Liter (im Heck)	80 Liter (im Heck)	80 Liter (im Heck)	80 Liter (im Heck)

Touring (Kombi 4 Türen)
3,23, Automatic 3,23
Serie: Niveauregelung
4720×1751×1417 mm
1680, Automatic 1710 kg
2180, Automatic 2210 kg
225 km/h
14 Liter Super bleifrei

BMW M 5
Limousine 4 Türen
1988–1991

BMW M 5
Limousine 4 Türen
ab 1992

BMW M 5 Touring
Kombi 4 Türen
ab 1992

	BMW M 5 **1988–1991**	**BMW M 5** **ab 1992**
Motor	Einspritzmotor mit Dreiwege-Katalysator und Lambda-Sonde	
Zylinder	6 (Reihe) Block um 30° rechts seitlich geneigt	
Bohrung × Hub	93,4 × 86 mm	94,6 × 90 mm
Hubraum	3535 ccm	3795 ccm
Leistung	315 PS (232 kW) bei 6900 U/min	340 PS (250 kW) bei 6900 U/min
Drehmoment	36,0 mkg bei 4750 U/min	40,0 mkg bei 4750 U/min
Verdichtung	10,0:1	10,5:1
Gemischbereitung	Elektronische Benzineinspritzung Bosch Motronic	Elektronische Benzineinspritzung Bosch Motronic M 3.3
Ventile	4 Ventile je Zylinder, V-förmig hängend, 2 obenliegende Nockenwellen, Antrieb über Duplex-Kette	4 Ventile je Zylinder, V-förmig hängend 2 obenliegende Nockenwellen Antrieb über Duplex-Kette
Kurbelwellenlager	7	7
Kühlung	Pumpe, 12,5 Liter Wasser	Pumpe, 13,3 Liter Wasser
Schmierung	Druckumlauf, 7 Liter Öl, Ölkühler	Druckumlauf, 5,75 Liter Öl, Ölkühler
Batterie	12 V 85 Ah (unter Rücksitz)	12 V 85 Ah (unter Rücksitz)
Lichtmaschine	Drehstrom 115 A = 1610 W	Drehstrom 140 A = 1960 W
Kraftübertragung	Antrieb auf Hinterräder, geteilte Kardanwelle	
Schaltgetriebe	5 Gang	
Übersetzungen	I. 3,51	
	II. 2,08	
	III. 1,35	
	IV. 1,00	
	V. 0,81	
Antriebs-Übersetzung	3,91	
Automat. Getriebe	Nicht lieferbar	
Fahrwerk	Selbsttragende Ganzstahlkarosserie	
Vorderradaufhängung	McPherson-Federbeine, Schraubenfedern, Drehstab-Stabilisator	
Hinterradaufhängung	Schräglenker, Federbeine, Schraubenfedern, Drehstab-Stabilisator	
	elektronische Dämpferkraftverstellung, hydropneumatische Niveauregelung	
Lenkung	ZF Kugelmutter-Hydrolenkung (13,5:1)	ZF Kugelmutter-Hydrolenkung (15,64:1)
	3,25 Lenkraddrehungen	3,25 Lenkraddrehungen
Betriebsbremse	Zweikreis-Hydraulik, Servo, ABS (Bosch)	
	Scheibenbremsen vorn (315 mm Ø und hinten (300 mm Ø)	
Allgemeine Daten	**Limousine 4 Türen**	**Limousine 4 Türen**
Radstand	2761 mm	2761 mm
Spur vorn/hinten	1474/1496 mm	1474/1496 mm
Gesamtmaße	4720 × 1751 × 1396 mm	4720 × 1751 × 1392 mm
Felgen	8 J × 17 Alu-Schmiede	8 J × 17 Alu-Schmiede
Reifen	235/45 ZR 17	235/45 ZR 17
Wendekreis links/rechts	11,6/11,6 Meter	11,6/11,6 Meter
Wagengewicht	1720 kg	1720 kg
Zuläss. Gesamtgewicht	2100–2150 kg	2150 kg
Höchstgeschwindigkeit	250 km/h (abgeriegelt)	250 km/h (abgeriegelt)
Beschleunigung 0–100 km/h	6,5 sec	6,5 sec
Verbrauch/100 km	15,5 Liter Super bleifrei	15,5 Liter Super bleifrei
Kraftstofftank	90 Liter (im Heck)	90 Liter (im Heck)
Abweichende Daten		**Touring (Kombi 4 Türen)**
Felgen		hinten 9 J × 17 Alu-Schmiede
Reifen		hinten 255/40 ZR 17
Wagengewicht		1800 kg
Zuläss. Gesamtgewicht		2280 kg

Preise	**BMW M 5** **Limousine**		**BMW M 5** **Limousine**	**BMW M 5** **Touring**
Februar 1989	DM 101 800,–	April 1992	DM 120 000,–	
Januar 1990	DM 104 300,–	September 1992	DM 120 850,–	DM 127 650,–
Dezember 1990	DM 107 500,–	Januar 1993	DM 121 900,–	DM 128 750,–
September 1991	DM 110 500,–	April 1993	DM 124 000,–	DM 131 000,–

BMW Z 1 Roadster (1988–1991)

Im August 1986 überraschte die Zeitschrift auto motor und sport die Fachwelt und das interessierte Publikum mit einer echten Sensation: In einem ausführlichen Bildbericht wurde der bis dahin völlig verborgen gebliebene BMW Roadster Z1 vorgeführt. Technisch war er weitgehend vom BMW 325 i abgeleitet, aber das Aussehen, die Karosserie und vor allem die Philosophie des Wagens muteten unkonventionell und unorthodox an. Selbst Insider meinten, daß es sich bei diesem Auto nur um eine Studie handeln könne, wohl kaum geeignet für eine spätere Serienproduktion. Zur wiederum allgemeinen Überraschung aber wurde der BMW Z1 auf der Frankfurter Automobil-Ausstellung im September 1987 stolz präsentiert, verbunden mit der Ankündigung, daß man ab Juni 1988 täglich bis zu 6 Stück davon bauen wolle. Tatsächlich tröpfelten dann aber erst ab März 1989 die ersten Z1 zu den wartenden Kunden. 5000 Bestellungen lagen inzwischen vor, und die Münchener glaubten, daß demnach die Produktion – zeitweise bis zu 18 Stück täglich – auf Jahre hinaus ausverkauft sei. Als der erste Ansturm vorüber war, stellte sich allerdings schon ein Jahr später heraus, daß ein beträchtlicher Teil der Besteller bloße Spekulanten waren, die sich fünfstellige Gewinne bei der Weitergabe des Autos oder des Kaufvertrages erhofften. Aber statt der Gewinne gab es herbe Verluste, denn nun wurden Z-Einser in jeder Menge weit unter Listenpreis angeboten. Dieser hatte anfangs 80 000 DM betragen und stieg dann bis Oktober 1990 auf 89 000 DM. So viel dürfte freilich kaum jemand bezahlt haben, denn längst wurden

BMW Z 1
Roadster 2 Sitze
1988–1991

Motor	Einspritzmotor mit Dreiwege-Katalysator und Lambda-Sonde
Zylinder	6 (Reihe), Block um 20°, rechts seitlich geneigt
Bohrung x Hub	84 x 75 mm
Hubraum	2494 ccm
Leistung	170 PS (125 kW) b. 5800 U/min
Drehmoment	22,2 mkg b. 4300 U/min
Verdichtung	8,8:1
Gemischbildung	Elektronische Benzineinspritzung Bosch Motronic
Ventile	V-förmig hängend, 1 obenliegende Nockenwelle, Antrieb über Zahnriemen
Kurbelwellenlager	7
Kühlung	Pumpe, 10,5 Liter Wasser
Schmierung	Druckumlauf, 4,75 Liter Öl
Batterie	12 V 66 Ah (hinter Fahrer)
Lichtmaschine	Drehstrom 90 A = 1120 W
Kraftübertragung	Antrieb auf Hinterräder
Schaltgetriebe	5 Gang
Übersetzungen	I. 3,83, II. 2,20, III. 1,40, IV. 1,00, V. 0,81
Antriebs-Übersetzung	3,64
Automat. Getriebe	Nicht lieferbar
Fahrwerk	Selbsttragendes Stahlblech-Rahmengerüst mit eingeklebtem
	Kunststoffboden und Verkleidung aus Kunststoffteilen
Vorderradaufhängung	McPherson-Federbeine, Schraubenfedern, Drehstab-Stabilisator
Hinterradaufhängung	Längslenker und Schrägstreben unten, Querlenker oben,
	Schraubenfedern, Drehstab-Stabilisator
Lenkung	Zahnstangen-Hydro-Servolenkung (18,75:1), 4 Lenkraddrehungen
Betriebsbremse	Zweikreis-Hydraulik, Servo, ABS (Bosch), Scheibenbremsen vorn und hinten
Allgemeine Daten	**Roadster 2 Sitze**
Radstand	2450 mm
Spur vorn/hinten	1456/1470 mm
Gesamtmaße	3925 x 1690 x 1248 (mit Dach 1277) mm
Felgen	7,50 J x 16 (Alu)
Reifen	225/45 ZR 16
Wendekreis links/rechts	10,5/10,5 Meter
Wagengewicht	1290 kg
Zuläss. Gesamtgewicht	1460 kg
Höchstgeschwindigkeit	220 km/h
Beschleunigung 0–100 km/h	9 sec
Verbrauch/100 km	11 Liter Normalbenzin bleifrei
Kraftstofftank	57 Liter (im Heck)

die schwer verkäuflich gewordenen Z1 mit erheblichen Rabatten angeboten. So beschloß man bei BMW, die Produktion des Z1 zu beenden, sobald die Vorräte und vorbestellten Teile aufgebraucht waren. Anfang Juni 1991 rollte der letzte von insgesamt 8000 gebauten Z1 direkt von der Werkstatt ins Museum.

Der BMW Z1 war ein echter Roadster, nämlich ein offener Sport-Zweisitzer mit Klappverdeck und ohne Seitenfenster. Der Aufbau bestand aus einem mit Kunststoffteilen verkleideten Stahlblechgerüst. Ein besonderer Gag waren die elektrisch versenkbaren Türen. Deren ungeachtet erforderte das Ein- und Aussteigen Gelenkigkeit und Routine, weshalb das Auto sowieso nur für junge, sportliche Figuren in Betracht kam. Und richtig Spaß machte der Z1 nur an warmen Sommertagen. Das an sich leicht zu handhabende Verdeck war zwar regen- und wasserfest, verlangte aber in geschlossenem Zustand zum Ein- und Aussteigen eine akrobatische Kunstfertigkeit, wie man sie allenfalls Schlangenmenschen zumuten kann. Zudem eignete sich der Z1 nur für Spazierfahrten im Nahbereich, denn längere Reisen verboten sich mangels Gepäckraum. Für kurze Strecken wiederum mochte man sich einen bissigeren Motor wünschen. Der hochkultivierte 2,5 Liter Sechszylinder paßte prächtig für die BMW 325 i Limousine, aber wegen seines kurzen Atems bei niedriger Drehzahl und auch wegen seines fast unhörbaren Einsatzes war er zu wenig agil für ein sportliches Spaßauto. Doch erstaunlicherweise gab es verhältnismäßig viele Leute, die immerhin ein kleines Vermögen für so ein Spielzeug ausgeben konnten und wollten.

BMW 3er Limousine (ab 1990)
BMW 3er Coupé (ab 1992)
BMW 3er Cabriolet (ab 1993)

Die 3er BMW der Baureihe E 36 präsentierten sich in der Basisausführung als Viertüren-Limousine in grundsätzlich gleicher Gestalt wie zuvor schon die aktuellen 5er und 7er. Die Vorstellung erfolgte Anfang September 1990, die Serienproduktion begann zwei Monate später in den Werken München und Regensburg. Auch diesen BMW hat das Publikum erwartungsvoll begrüßt. Doch bald erhob sich Kritik wegen Qualitäts- und Verarbeitungsmängeln sowie mancherlei Anfangsschwierigkeiten, die um so mehr irritierten, weil bei den 5er- und 7er-Limousinen der Start nahezu klag- und reibungslos vonstatten gegangen war. Indes scheute das Werk weder Mühen noch Kosten, um sowohl die laufende Produktion als auch die betroffenen Kundenfahrzeuge in Ordnung zu bringen, so daß ab dem Modelljahr 1992 aller Kummer vergessen und vor allem vergeben war. Der Ruf des 3er BMW hatte nämlich keinen nachhaltigen Schaden erlitten. Trotz aller Widrigkeiten hat er sich in seiner Klasse überzeugend durchgesetzt. In diesem Zusammenhang mag der Konkurrenz-Vergleich in nebenstehender Übersicht interessieren.

Die neue Baureihe wurde von Anfang an mit dem kompletten Motorenprogramm (1,6 bis 2,5 Liter Hubraum) angeboten. Lediglich den Turbo-Diesel 325 td hat man erst im September 1991 nachgeschoben. Das Coupé folgte im Januar 1992, das Coupé M 3 im Juni 1992 (Serie ab November 1992) und das BMW 325 i Cabriolet war ab November 1992 (Serie ab Juni 1993) präsent.

Im Vergleich zum Vorgänger hat der 3er BMW an Länge und Breite deutlich zugelegt, aber selbst in der Viertüren-Limousine sitzt man hinten nach wie vor so beengt, daß dort Erwachsene auf längeren Reisen kaum genügend Bewegungsfreiheit finden. Aber die vielzitierte „Freude am Fahren" hat hier sowieso hauptsächlich der Chauffeur. Die spurtstarken Motoren gewährleisten in jeder Situation genügend Leistung, wobei es freilich nicht jedem gefällt, daß hier das Auto den Fahrer mehr antreibt als umgekehrt. Wohl am meisten beeindruckt die kaum mehr zu überbietende Fahrsicherheit, zumal die Handlichkeit und Spurfestigkeit in Kurven. Dafür muß man sich an die etwas unruhige Lenkung bei Geradeausfahrt sowie an den eingeschränkten Fahr- und Federungskomfort gewöhnen. Auch fehlen wiederum nicht die markentypischen Windgeräusche bei höheren Geschwindigkeiten.

Neu in dieser Größenklasse ist bei BMW das Coupé, das an die Stelle der früheren Zweitüren-Limousinen getreten und tatsächlich ein echter Sportwagen geworden ist. Das gilt vor allem für das M 3 Coupé, welches auf Anhieb zur Nummer 1 unter seinesgleichen in der 80 000 DM-Region wurde. Dabei ist dieser M 3 nicht nur uneingeschränkt alltagstauglich, sondern ebenso auch als Basisfahrzeug für den Rennsport geeignet.

Zulassungen im Bundesgebiet
Konkurrenz-Vergleich

	1990	1991	1992
BMW 3er-Reihe	86 210	125 472	148 257
Mercedes 190er	85 846	96 122	73 784
BMW 5er-Reihe	82 272	83 199	77 332
Mercedes 124er	137 855	144 960	129 399
BMW 7er-Reihe	16 842	16 126	15 151
Mercedes S-Klasse	15 956	21 047	22 624
BMW 8er Coupé	2 145	3 739	1 797
Mercedes SL	4 547	7 323	11 486
BMW sonstige	3 196	3 080	1 927
Mercedes sonstige	3 129	1 549	1 725
BMW Gesamtzahl	190 655	231 616	244 464
Mercedes Gesamtzahl	247 333	270 800	239 018

Den Beweis erbrachte BMW mit dem M 3 GTR (seit März 1993), wie hier einige Daten zeigen mögen: 3018 ccm (86,4 × 85,8 mm), 325 PS, 6 Gang-Getriebe, 18"-Räder, Gewicht 1300 kg.

Zum Blickfang dieser Baureihe geriet aber zweifellos das BMW 325 i Cabriolet, wie sein Vorgänger wiederum ein bildschönes Auto, sowohl offen wie geschlossen eine Augenweide. Zum elektrischen Verdeck und den völlig versenkbaren Seitenfenstern kommt nun noch (mit Aufpreis) ein versteckter, aber bei Bedarf im Bruchteil einer Sekunde bereitgestellter Überrollbügel. Als billigere Alternative steht noch bis etwa Ende 1993 das 318 i Cabriolet der vorhergehenden Baureihe zur Verfügung.

Familien-Ähnlichkeit:
Von rechts nach links
BMW 3er Limousine
BMW 5er Limousine
BMW 7er Limousine

BMW 316 i
BMW 318 i
BMW 320 i
BMW 325 i
Limousine 4 Türen
ab 1990

BMW 325 td
Limousine 4 Türen
ab 1991

BMW 325 tds
Limousine 4 Türen
ab 1993

Preise

	BMW 316 i Limousine	BMW 318 i Limousine	BMW 320 i Limousine	BMW 325 i Limousine	BMW 325 td Limousine
November 1990	DM 30 800,–	DM 34 800,–	DM 40 000,–	DM 49 000,–	–
September 1991	DM 32 900,–	DM 37 200,–	DM 42 400,–	DM 50 800,–	DM 43 000,–
April 1992	DM 33 500,–	DM 38 300,–	DM 43 600,–	DM 52 300,–	DM 44 200,–
September 1992	DM 34 900,–	DM 39 150,–	DM 44 850,–	DM 53 150,–	DM 45 050,–
Januar 1993	DM 35 200,–	DM 39 500,–	DM 44 850,–	DM 53 600,–	DM 45 450,–
April 1993	DM 35 800,–	DM 39 800,–	DM 45 950,–	DM 56 700,–	DM 45 450,–
	BMW 318 is Coupé	**BMW 320 i Coupé**	**BMW 325 i Coupé**	**BMW M 3 Coupé**	**BMW 325 i Cabriolet**
Januar 1992	DM 42 000,–	DM 45 300,–	DM 52 200,–	–	–
September 1992	DM 44 350,–	DM 47 850,–	DM 54 850,–	DM 80 000,–	–
Januar 1993	DM 44 750,–	DM 48 250,–	DM 55 350,–	DM 80 700,–	–
April 1993	DM 45 950,–	DM 49 500,–	DM 56 700,–	DM 83 000,–	DM 65 000,–

	BMW 316 i ab 1990	BMW 318 i ab 1990	BMW 325 td ab 1991
Motor	Einspritzmotor mit Dreiwege-Katalysator und Lambda-Sonde		Wirbelkammer-Dieselmotor mit Abgas-Turbolader (Garrett)
Zylinder	4 (Reihe), Block um 30° rechts seitlich geneigt		6 (Reihe), Block um 20° rechts seitlich geneigt
Bohrung × Hub	84 × 72 mm	84 × 81 mm	80 × 83 mm
Hubraum	1596 ccm	1796 ccm	2498 ccm
Leistung	100 PS (73 kW) bei 5500 U/min	113 PS (83 kW) bei 5500 U/min	115 PS (85 kW) bei 4800 U/min
Drehmoment	14,1 mkg bei 4250 U/min	16,2 mkg bei 4250 U/min	22,2 mkg bei 1900 U/min
Verdichtung	9,0:1	8,8:1	22,0:1
Gemischbereitung	Elektronische Benzineinspritzung Bosch Motronic		Digitale Diesel-Elektronik
Ventile	V-förmig hängend		Hängend
	1 obenliegende Nockenwelle		1 obenliegende Nockenwelle
	Antrieb über Zahnriemen		Antrieb über Zahnriemen
Kurbelwellenlager	5		7
Kühlung	Pumpe, 6,5 Liter Wasser		Pumpe, 9,7 Liter Wasser
Schmierung	Druckumlauf, 4 Liter Öl		Druckumlauf, 7 Liter Öl
Batterie	12 V 50 Ah (im Motorraum)		12 V 85 Ah (im Motorraum)
Lichtmaschine	Drehstrom 65 A = 910 W		Drehstrom 105 A = 1470 W
Kraftübertragung	Antrieb auf Hinterräder, geteilte Kardanwelle		Antrieb auf Hinterräder, geteilte Kardanwelle
Schaltgetriebe	5 Gang		5 Gang
Übersetzungen	I. 4,23		I. 5,09
	II. 2,52		II. 2,80
	III. 1,67		III. 1,76
	IV. 1,22		IV. 1,25
	V. 1,00		V. 1,00
Antriebs-Übersetzung	3,45		2,65
Autom. Getriebe	ZF 4 Gang-Automatic		ZF 4 Gang-Automatic
Übersetzungen	I. 2,40		I. 2,86
	II. 1,47		II. 1,62
	III. 1,00		III. 1,00
	IV. 0,72		IV. 0,72
Antriebs-Übersetzung	4,45		3,23
Fahrwerk	Selbsttragende Ganzstahlkarosserie		
Vorderradaufhängung	McPherson-Federbeine, Schraubenfedern, Drehstab-Stabilisator		
Hinterradaufhängung	Doppel-Querlenker, Längsschwinge, Schraubenfedern, Drehstab-Stabilisator		
Lenkung	Zahnstange (16,8:1) Ab Juni 1992: Servo 3,5 Lenkraddrehungen	Zahnstange (16,8:1) Servohilfe 3,5 Lenkraddrehungen	Zahnstange (16,8:1) Servohilfe 3,5 Lenkraddrehungen
Betriebsbremse	Zweikreis-Hydraulik, Servo Scheibenbremsen vorn Bis November 1991: Trommel- oder Scheibenbremsen hinten, Aufpreis: ABS Ab November 1991: Trommelbremsen hinten, Serie: ABS (Teves)		Zweikreis-Hydraulik, Servo Scheibenbremsen vorn Scheibenbremsen hinten Serie: ABS (Teves)
Allgemeine Daten	Limousine 4 Türen		Limousine 4 Türen
Radstand	2700 mm		2700 mm
Spur vorn/hinten	1418/1431 mm		1418/1431 mm
Gesamtmaße	4433 × 1698 × 1393 mm		4433 × 1698 × 1393 mm
Felgen	6 J × 15 (Stahl)		6 J × 15 (Stahl)
Reifen	185/65 HR 15		185/65 HR 15
Wendekreis links/rechts	10,5/10,5 Meter		10,5/10,5 Meter
Wagengewicht	1210, Automatic 1250 kg	1225, Automatic 1265 kg	1375, Automatic 1390 kg
Zuläss. Gesamtgewicht	1650, Automatic 1690 kg	1665, Automatic 1705 kg	1975, Automatic 1830 kg
Höchstgeschwindigkeit	192 km/h	198 km/h	196 km/h
Beschleunigung 0–100 km/h	13, Automatic 14,5 sec	11, Automatic 12 sec	12, Automatic 13 sec
Verbrauch/100 km	10, Automatic 11 Liter Normalbenzin bleifrei	10,5, Automatic 11,5 Liter Normalbenzin bleifrei	10, Automatic 10,5 Liter Diesel
Kraftstofftank	65 Liter (unter Rücksitz)	65 Liter (unter Rücksitz)	65 Liter (unter Rücksitz)

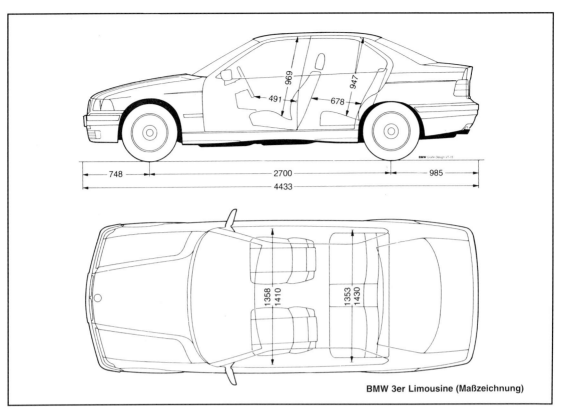

BMW 3er Limousine (Maßzeichnung)

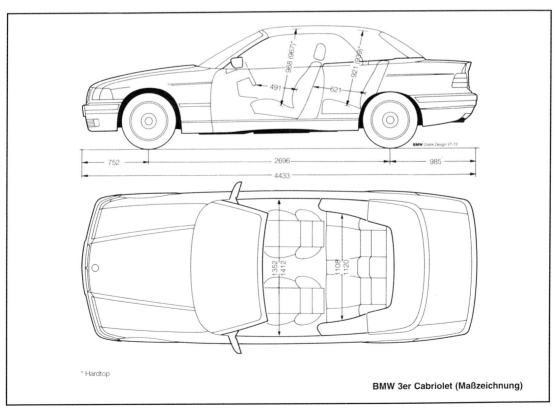

* Hardtop

BMW 3er Cabriolet (Maßzeichnung)

	BMW 318 is Coupé ab 1992	BMW 320 i ab 1990	BMW 320 i Coupé ab 1992
Motor	Einspritzmotor mit Dreiwege-Katalysator und Lambda-Sonde	Einspritzmotor mit Dreiwege-Katalysator und Lambda-Sonde	
Zylinder	4 (Reihe), Block um 30° rechts seitlich geneigt	6 (Reihe), Block um 20° rechts seitlich geneigt	
Bohrung × Hub	84 × 81 mm	80 × 66 mm	
Hubraum	1796 ccm	1991 ccm	
Leistung	140 PS (130 kW) bei 6000 U/min	150 PS (110 kW) bei 5900 U/min	
Drehmoment	17,5 mkg bei 4500 U/min	10,0 mkg bei 4200 U/min	
Verdichtung	10,0:1	11,0:1	
Gemischbereitung	Elektronische Benzineinspritzung Bosch Motronic M 1.7	Elektronische Benzineinspritzung Bosch Motronic M 1.7	
Ventile	4 Ventile je Zylinder V-förmig hängend, Hydrostößel 2 obenliegende Nockenwellen Antrieb über Duplex-Kette	4 Ventile je Zylinder V-förmig hängend, Hydrostößel 1 obenliegende Nockenwelle Antrieb über Zahnriemen	
Kurbelwellenlager	5	7	
Kühlung	Pumpe, 7 Liter Wasser	Pumpe, 10,5 Liter Wasser	
Schmierung	Druckumlauf, 5 Liter Öl	Druckumlauf, 6,5 Liter Öl	
Batterie	12 V 50 Ah (im Motorraum)	12 V 65 Ah (im Kofferraum)	
Lichtmaschine	Drehstrom 70 A = 980 W oder 80 A = 1120 W	Drehstrom 80 A = 1120 W oder 90 A = 1260 W	
Kraftübertragung	Antrieb auf Hinterräder, geteilte Kardanwelle	Antrieb auf Hinterräder, geteilte Kardanwelle	
Schaltgetriebe	5 Gang	5 Gang	
Übersetzungen	I. 4,23	I. 4,23	
	II. 2,52	II. 2,52	
	III. 1,67	III. 1,67	
	IV. 1,22	IV. 1,22	
	V. 1,00	V. 1,00	
Antriebs-Übersetzung	3,45	3,45	
Automat. Getriebe	ZF 4 Gang-Automatic	ZF 5 Gang-Automatic	
Übersetzungen	I. 2,40	I. 3,67	
	II. 1,47	II. 2,00	
	III. 1,00	III. 1,41	
	IV. 0,72	IV. 1,00	
		V. 0,74	
Antriebs-Übersetzung	4,45	4,45	
Fahrwerk	Selbsttragende Ganzstahlkarosserie		
Vorderradaufhängung	McPherson-Federbeine, Schraubenfedern, Drehstab-Stabilisator		
Hinterradaufhängung	Doppel-Querlenker, Längsschwinge, Schraubenfedern, Drehstab-Stabilisator		
Lenkung	Zahnstange (16,8:1), Servo, 3,5 Lenkraddrehungen		
Betriebsbremse	Zweikreis-Hydraulik, Servo, Scheibenbremsen vorn und hinten, ABS (Teves)		
Allgemeine Daten	**Coupé**	**Limousine 4 Türen**	**Coupé**
Radstand	2700 mm	2700 mm	2700 mm
Spur vorn/hinten	1408/1421 mm	1408/1421 mm	1408/1421 mm
Gesamtmaße	4433 × 1710 × 1366 mm	4433 × 1698 × 1393 mm	4433 × 1710 × 1366 mm
Felgen	7 J × 15 (Alu)	6,5 J × 15 (Stahl)	7 J × 15 (Alu)
Reifen	205/60 VR 15	205/60 VR 15	205/60 VR 15
Wendekreis links/rechts	10,5/10,5 Meter	10,5/10,5 Meter	10,5/10,5 Meter
Wagengewicht	1265, Automatic 1300 kg	1335, Automatic 1370 kg	1365, Automatic 1370 kg
Zuläss. Gesamtgewicht	1700, Automatic 1740 kg	1775, Automatic 1810 kg	1775, Automatic 1810 kg
Höchstgeschwindigkeit	213 km/h	214 km/h	214 km/h
Beschleunigung 0–100 km/h	10,5 Automatic 12 sec	10, Automatic 11,5 sec	10, Automatic 11,5 sec
Verbrauch/100 km	10,5, Automatic 11,5 Liter Super bleifrei	11, Automatic 11,5 Liter Super bleifrei	11, Automatic 11,5 Liter Super bleifrei
Kraftstofftank	65 Liter (unter Rücksitz)	65 Liter (unter Rücksitz)	65 Liter (unter Rücksitz)

BMW 316 i
BMW 318 is
BMW 320 i
BMW 325 i
Coupé 2 (2) Sitze
ab 1992/1993

BMW M 3
Sport-Coupé 2 (2) Sitze
ab 1992 ▶

BMW 325 i Cabrio
Cabriolet 2 (2) Sitze
ab 1993

BMW 325 i Cabrio
Cabriolet 2 (2) Sitze
mit Aufsetzdach
ab 1993

BMW 325 i Cabrio
mit elektrischer Dach-
betätigung (Aufpreis)
ab 1993

BMW 3er-Reihe Top-Cabriolet 4 Türen, (Karosserie Baur) (ab 1992)

	BMW 325 i ab 1990	BMW 325 i Coupé ab 1992 BMW 325 i Cabriolet ab 1993	BMW M 3 Coupé ab 1992
Motor	Einspritzmotor mit Dreiwege-Katalysator und Lambda-Sonde		Einspritzmotor mit Dreiwege-Metall-Katalysator und 2 Lambda-Sonden
Zylinder	6 (Reihe)		6 (Reihe)
	Block um 20° rechts seitlich geneigt		Block um 20° rechts seitlich geneigt
Bohrung × Hub	84 × 75 mm		86 × 85,8 mm
Hubraum	2494 ccm		2990 ccm
Leistung	192 PS (141 kW) bei 5900 U/min		286 PS (210 kW) bei 7000 U/min
Drehmoment	24,5 mkg bei 4200 U/min		32,0 mkg bei 3600 U/min
Verdichtung	10,5:1		10,8:1
Gemischbereitung	Elektronische Benzineinspritzung		Elektronische Benzineinspritzung
	Bosch Motronic M 1.7		Bosch Motronic M 3.3
Ventile	4 Ventile je Zylinder		4 Ventile je Zylinder
	V-förmig hängend, Hydrostößel		V-förmig hängend, Hydrostößel
	1 obenliegende Nockenwelle		2 obenliegende Nockenwellen
	Antrieb über Zahnriemen		Antrieb über Duplex-Kette
Kurbelwellenlager	7		7
Kühlung	Pumpe, 10,5 Liter Wasser		Pumpe, 10,7 Liter Wasser
Schmierung	Druckumlauf, 6,5 Liter Öl		Druckumlauf, 7 Liter Öl
Batterie	12 V 65 Ah (im Kofferraum)		12 V 65 Ah (im Kofferraum)
Lichtmaschine	Drehstrom 80 A = 1120 W oder 90 A = 1260 W		Drehstrom 90 A = 1260 W
Kraftübertragung	Antrieb auf Hinterräder,		Antrieb auf Hinterräder,
	geteilte Kardanwelle		geteilte Kardanwelle
Schaltgetriebe	5 Gang		5 Gang
Übersetzungen	I. 4,23		I. 4,20
	II. 2,52		II. 2,49
	III. 1,67		III. 1,66
	IV. 1,22		IV. 1,24
	V. 1,00		V. 1,00
Antriebs-Übersetzung	3,15		3,15
Automat. Getriebe	ZF 5 Gang-Automatic		Nicht lieferbar
Übersetzungen	I. 3,67, II. 2,00, III. 1,41, IV. 1,00, V. 0,74		
Antriebs-Übersetzung	3,15		
Fahrwerk	Selbsttragende Ganzstahlkarosserie		
Vorderradaufhängung	McPherson-Federbeine, Schraubenfedern, Drehstab-Stabilisator		
Hinterradaufhängung	Doppel-Querlenker, Längsschwinge, Schraubenfedern, Drehstab-Stabilisator		
Lenkung	Zahnstange (16,8), Servo		Zahnstange (variabel), Servo
	3,5 Lenkraddrehungen		3,2 Lenkraddrehungen
Betriebsbremse	Zweikreis-Hydraulik, Servo		Zweikreis-Hydraulik, Servo
	Scheibenbremsen vorn/hinten,		Scheibenbremsen vorn/hinten,
	ABS (Teves)		ABS (Teves)
Allgemeine Daten	**Limousine 4 Türen**	**Coupé und Cabriolet**	**Coupé**
Radstand	2700 mm	2700 mm	2700 mm
Spur vorn/hinten	1408/1421 mm	1408/1421 mm	1422/1444 mm
Gesamtmaße	4433 × 1698 × 1393 mm	4433 × 1710 × 1366 mm	4433 × 1710 × 1365 mm
		Cabriolet offen:	
		4433 × 1710 × 1348 mm	
Felgen	7 J × 15 (Alu)	7 J × 15 (Alu)	7,5 oder 8 J × 15 (Alu) bzw.
			hinten auch 8,50 J × 17 (Alu)
Reifen	205/60 VR 15	205/60 VR 15	235/40 ZR 17
Wendekreis links/rechts	10,5/10,5 Meter	10,5/10,5 Meter	11,0/11,0 Meter
Wagengewicht	1360, Autom. 1395 kg	1360, Autom. 1395 kg	1480 kg
		Cabriolet + 110 kg	
Zuläss. Gesamtgewicht	1790, Autom. 1825 kg	1790, Autom. 1825 kg	1930 kg
		Cabriolet + 60 kg	
Höchstgeschwindigkeit	233 km/h	233, Cabr. 229 km/h	250 km/h (abgeriegelt)
Beschleunigung 0–100 km/h	8, Automatic 9 sec	8, Automatic 9 sec	6,5 sec
		Cabriolet + 1 sec	
Verbrauch/100 km	11,5, Autom. 12 Liter	11,5, Autom. 12 Liter	13 Liter
	Super bleifrei	Super bleifrei	Super Plus bleifrei
Kraftstofftank	65 Liter	65 Liter	65 Liter
	(unter Rücksitz)	(unter Rücksitz)	(unter Rücksitz)

BMW Elektrofahrzeug E 1 (Prototyp 1991)

Schon seit bald hundert Jahren gibt es Elektro-Automobile mit Batterieantrieb. Erneute Bedeutung gewann dieses Thema durch die Suche nach alternativen Antriebsenergien. BMW beispielsweise setzte bereits 1972 bei den Olympischen Spielen in München als Begleitfahrzeuge für den Marathonlauf zwei 1602-Limousinen ein, die statt des Benzinmotors jeweils einen 300 kg schweren Batteriesatz unter der Haube installiert hatten. Der Automobilindustrie bereitet ein solcher Umbau keine übermäßigen Schwierigkeiten. Die allgemeine Einführung scheitert bisher an einem einzigen Problem. Trotz jahrzehntelanger Forschungs- und Entwicklungsbemühungen ist es der Elektrotechnik bisher nicht gelungen, eine Batterie auf den Markt zu bringen, die bei annehmbaren Gewicht und Platzbedarf sowie zu konkurrenzfähigen Anschaffungs- und Betriebskosten eine ausreichend hohe Dauerleistung zu liefern imstande ist.

Selbstverständlich kann man diesen Zielen entgegenkommen, indem man den Batterieantrieb nicht erst dem konventionellen Automobil anpaßt, sondern vielmehr ein völlig eigenständiges Elektrofahrzeug schafft. Das bedeutet, daß der Elektroantrieb und seine spezifischen Merkmale die Konzeption des gesamten Fahrzeugs zu bestimmen haben, und nicht umgekehrt.

BMW ist eine der ersten Automobilfabriken, die sich ernsthaft darum bemühen, ein derart eigenständiges Elektrofahrzeug zu entwickeln. Auf der Frankfurter Automobil-Ausstellung im September 1991 erregte der BMW E 1 viel Aufmerksamkeit. Diese fahrbare Studie wollte zeigen, wie die verschiedensten, zum Teil sogar widersprüchlichen Anforderungen bei einem solchen Wagen in Einklang zu bringen sind. So soll ein Elektro-Auto brauchbare Fahrleistungen, also ausreichende Geschwindigkeit und Reichweite, mit unkomplizierter Pflege und Handhabung verbinden. Bei möglichst geringer Verkehrsfläche muß genügend Raum für Mitfahrer und Zuladung vorhanden sein. Trotz geringem Gewicht werden massive Vorsorgen für aktive und passive Sicherheit verlangt. Erwartet wird aber auch ein ästhetisch befriedigendes Aussehen des Fahrzeugs in Verbindung mit einem möglichst BMW-typischen Design.

Das „Herz" des BMW E 1 ist eine Natrium/Schwefel-Hochleistungsbatterie, die freilich heute noch schrecklich teuer und zudem gegen kurzzeitige Überlastung viel zu empfindlich ist. Sie wiegt fast 200 kg, mißt etwa $86 \times 47 \times 34$ cm und besitzt bei 120 Volt Spannung eine Kapazität von rund 19 kWh. Die Batterie speist einen eigens hierfür ausgelegten 45 PS (32 kW) Gleichstrommotor. Ihren Platz fand die Batterie unter den Rücksitzen, während der in die Hinterachse integrierte Motor die Räder direkt antreibt. Die gesamte Elektrik stammt von der Firma ABB (früher BBC).

Die Gesamtmaße des kompakten Stadtwagens, der 2 + 2 Sitze und einen ansehnlichen Stauraum bietet, betragen $3400 \times 1600 \times 1500$ mm bei einem Radstand von 2325 mm. Das vertrauenerweckende Erscheinungsbild wird durch die flott und elegant gezeichnete Karosserie geprägt. Zu den Leichtmetallrädern (vorn 14", hinten 16"⌀) gehören rollwiderstandsarme Spezialreifen von Pirelli. Die Trommelbremsen sind Bestandteil der Felgen. ABS fehlt nicht, und die beim Bremsen entstehende Energie wird der Batterie zugeführt. Bodengruppe und Aufbaugerippe bestehen aus Aluminium, die Außenhaut des Aufbaus aus recyclingfähigem Kunststoff.

BMW Elektrofahrzeug E 1 (Prototyp 1991)

Samt Batterie wiegt der E 1 etwa 900 kg. Seine Höchstgeschwindigkeit beträgt 120 km/h, und beschleunigen kann er von 0 bis 50 km/h in sechs, von 0 bis 80 km/h in achtzehn Sekunden. Je nach Fahrweise und Straßenverhältnissen darf man mit einer Reichweite von 150 bis 250 km rechnen. Etwa 6 bis 8 Stunden dauert das Aufladen der leergefahrenen Batterie.

Zu Versuchs- und Demonstrationszwecken hat das BMW Elektrofahrzeug E 1 viele Einsätze, Testfahrten und sogar eine 480 km weite Reise durch Spanien hinter sich gebracht. Leider fiel es Ende 1992 im Werk einem Brand zum Opfer. Doch das Ende des E 1 bedeutet ganz bestimmt nicht das Ende des Projekts.

BMW E 1 (Prototyp 1993)

Dem BMW E 1 Prototyp 1991 folgt zwei Jahre später, wieder auf der Frankfurter Automobil-Ausstellung, ein BMW E 1 der zweiten Generation. Seine Konzeption blieb im Prinzip die gleiche. Während aber der erste Prototyp (vorläufig) nur für den Elektroantrieb vorgesehen war, kann der zweite je nach der voraussichtlichen Hauptverwendung wahlweise mit Verbrennungsmotor, mit Elektroantrieb oder mit beiden gleichzeitig ausgerüstet werden. Außerdem gedieh das kleine Gefährt zum Viersitzer, was allerdings eine Verlängerung von 3400 auf 3700 mm mit sich brachte.

Als Stromspeicher besitzt der E 1 der zweiten Generation eine Hochtemperatur-Natrium-Nickel-Chlorid-Batterie von AEG, die 200 kg wiegt, 10 kWh leistet und eine Reichweite bis zu 265 km erbringen soll. Der ABB-Unique-Elektromotor (Gewicht 38 kg, Leistung 45 PS) wurde auch hier wieder in die Hinterachse integriert und treibt diese an.

Beim konventionellen Antrieb treibt ein vorn quer eingebauter Reihen-Vierzylindermotor (aus dem Motorrad BMW K 100) die Vorderräder an. Hier kommt man mit 82 PS auf maximal 180 km/h. Angestrebt wird ein Durchschnittsverbrauch von 5 bis 6 Liter.

Jede der beiden Motorisierungen verfügt vorn bzw. hinten über je einen kompletten, voneinander völlig unabhängigen Antriebsblock. Dadurch können beide Blöcke in ein und demselben Auto untergebracht und wahlweise eingesetzt werden. Beim Hybrid-Antrieb, also beim E 1 mit beiden Antriebsarten, wird eine kleinere Batterie eingebaut, um Raum für einen 40 Liter-Kraftstofftank zu gewinnen. Der Benzin-E 1 wiegt etwa 800 kg, der Elektro-E 1 etwa 900 kg und der Hybrid-E 1 etwa 930 kg.

Über den Preis des Fahrzeugs, sofern es je in Serie geht, kann man sich heute noch keine Vorstellung machen. Aber ganz bestimmt wird es nicht billig sein.

BMW E 1 (2. Generation, Prototyp 1993)

BMW Dreisitzer-Limousine Z 13 (Prototyp 1993)

Eine weitere Studie zur Verwirklichung eines platz-, kosten- und energiesparenden Zukunftsautomobils stellte BMW auf dem Genfer Salon im März 1993 vor. Hier sitzt der Fahrer in der Mitte, während beiderseits neben ihm je ein Mitfahrer auf einem weit nach hinten gerückten Sitz Platz finden kann. Die Mittellenkung bringt Vorteile inbezug auf die Übersicht im Verkehr und auch auf die Unfallsicherheit bei seitlichen Kollisionen. Versuchsweise wurde sie bereits des öfteren realisiert (z. B. schon 1921 beim Rumpler Tropfenauto), aus praktischen und psychologischen Gründen aber nie oder kaum in ein Serienprodukt übernommen. Der BMW Z 13 zeichnet sich durch nette Ideen und modernste Technik aus, was freilich in der Serie den Kaufpreis wohl schauderhaft hochtreiben würde. So besitzt dieser kleine, aber feine Zwerg vor der Hinterachse einen 1100 ccm Reihen-Vierzylinder-Motor aus der BMW K 100 RS, zeitgemäß ausgestattet mit Motronic, Vierventiltechnik und geregeltem Katalysator. Etwa 82 PS Motorleistung erlauben eine Höchstgeschwindigkeit von 180 km/h und eine Beschleunigung von 0–100 km/h in 10 Sekunden! Kombiniert mit diesem starken Triebwerk ist ein stufenloser Getriebeautomat. Aufwendige Einzelradaufhängungen mit Schraubenfedern und 16″-Rädern sorgen für bestmögliches Fahrverhalten. ABS fehlt ebensowenig wie der Airbag. Um andererseits aber auch Gewicht zu sparen, besteht sowohl das Gerippe als auch die Außenhaut des Aufbaus aus Aluminium, was allerdings wiederum kontroverse Diskussionen herausfordert. Es erscheint nahezu unglaublich, wie kompakt die Abmessungen sind, mit welchen ein derart aufwendiges Auto dargestellt werden kann. Unter konsequenter Ausnützung des Radstands von 2300 mm und bei geringsten Überhängen betragen die Gesamtmaße nur 3400 × 1640 × 1320 mm, das Leergewicht laut Werksangabe nur 830 kg. Der Ver-

BMW Dreisitzer-Limousine Z 13 (Prototyp 1993)

brauch wird mit 5 bis 6 Liter Super veranschlagt. – Das Beispiel des BMW Z 13 zeigt eine von zahlreichen Möglichkeiten, wie Automobile der Zukunft beschaffen sein könnten. Allerdings kommt es dabei weniger auf die technisch machbaren Gegebenheiten an als vielmehr auf die bis dahin sich entwickelnden Wünsche des Publikums. Serienreif könnte der BMW Z 13 in etwa fünf Jahren sein.

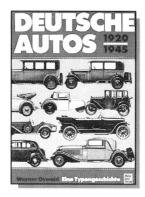

TESTEN SIE AUTO MOTOR UND SPORT.

auto motor und sport testet jedes Jahr über 400 Autos - vom VW Polo mit 45 PS bis zum 500.000 Mark teuren Ferrari F40 mit 478 PS. Moderne Meßmethoden, zwei Millionen Testkilometer pro Jahr sowie eine Test-Mannschaft mit langjähriger Erfahrung und sicherem Beurteilungs-vermögen bilden <u>die</u> Basis für die anerkannte Testkompetenz von Europas großem Automagazin. Für Ein- und Aufsteiger der mobilen Gesellschaft ist auto motor und sport die kompetente Informationsquelle. Testen sie uns. Alle 14 Tage neu bei Ihrem Zeitschriftenhändler und an Ihrer Tankstelle.

Unabhängig. Kritisch. Engagiert.